约瑟夫·布罗茨基,列宁格勒,一九六七年

Иосиф Бродский

Жить между двумя островами

Максим Гуреев

• • • •

布罗茨基传

在两座岛之间生活

• • • •

（俄）马克西姆·古列耶夫 著　　　孔霞蔚 译

广西师范大学出版社
·桂林·

Иосиф Бродский. Жить между двумя островами by Максим Гуреев
Copyright © 2021 text by Максим Гуреев
This edition is published by arrangement with AST Publishers, Russia
The simplified Chinese translation rights arranged through Rightol Media
（本书中文简体版权经由锐拓传媒取得 Email：copyright@rightol.com）

著作权合同登记号桂图登字：20-2023-054 号

图书在版编目（CIP）数据

布罗茨基传：在两座岛之间生活／（俄罗斯）马克西姆·古列耶夫著；孔霞蔚译. —桂林：广西师范大学出版社，2023.10
（文学纪念碑）
ISBN 978-7-5598-6276-1

Ⅰ.①布… Ⅱ.①马… ②孔… Ⅲ.①约瑟夫·布罗茨基-传记 Ⅳ.①K837.125.6

中国国家版本馆 CIP 数据核字（2023）第 153460 号

布罗茨基传：在两座岛之间生活
BULUOCIJI ZHUAN：ZAI LIANGZUODAO ZHIJIAN SHENGHUO

出品人：刘广汉　　　　策　划：魏　东
责任编辑：魏　东　　　封面设计及插画：李婷婷
广西师范大学出版社出版发行
（广西桂林市五里店路9号　　　邮政编码：541004
网址：http://www.bbtpress.com ）
出版人：黄轩庄
全国新华书店经销
销售热线：021-65200318　021-31260822-898
山东临沂新华印刷物流集团有限责任公司印刷
（临沂高新技术产业开发区新华路1号　邮政编码：276017）
开本：787 mm×1 092 mm　　1/32
印张：19　　　　　　　字数：270 千
2023 年 10 月第 1 版　　　2023 年 10 月第 1 次印刷
定价：108.00 元

如发现印装质量问题，影响阅读，请与出版社发行部门联系调换。

目 录

哀　歌　　　　　　　　　　　　　　　001

第一场　　　　　　　　　　　　　　011

第二场　　　　　　　　　　　　　　037

第三场　　　　　　　　　　　　　　065

第四场　　　　　　　　　　　　　　089

第五场前幕间剧　　　　　　　　　　117

第五场　　　　　　　　　　　　　　149

第六场　　　　　　　　　　　　　　175

第七场　　　　　　　　　　　　　　201

第八场前幕间剧　　　　　　　　　　227

第八场　　　　　　　　　　　　　　249

第九场　　　　　　　　　　　　　　273

第十场　　　　　　　　　　　　　　297

第十一场 325

第十二场前幕间剧 355

第十二场 377

第十三场 401

第十四场 425

第十五场 453

第十六场 479

第十六场的副歌(结尾) 493

第十七场 509

哀歌 2 533

剧 终 559

索 引 579

我希望你们能对"可怖的"和"悲剧性的"这两个词加以区分。①

——约瑟夫·布罗茨基

---

① 约瑟夫·布罗茨基:《悲伤与理智》。转引自约瑟夫·布罗茨基著,刘文飞译:《悲伤与理智》(上海译文出版社,2015),页239。

Я хочу, чтобы вы отметили различие между устрашающим и трагическим.

Иосиф Бродский

哀 歌

古希腊悲剧中的哀哭,具有表现剧情高潮及做最后总结的作用。

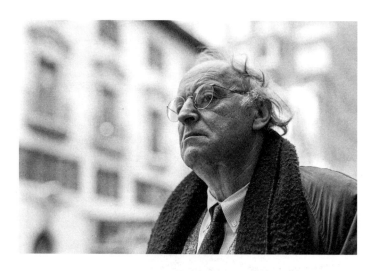

晚年布罗茨基

"发生了这样的事，我们也很遗憾，不过还是要请您打
起精神，详细讲述一下一九九六年一月二十七日至二十八
日夜间的情况。"

"现在谈这件事，对我来说太难了。"

"我们向您表示诚挚的慰问，但我们必须按程序办事，
尽可能还原这个悲伤的夜晚的全部事件的经过。"

"好的，我尽力而为，但是我太难过了，可能会说错。"

"没关系，我们听您说。"

"星期六晚上他在整理手稿和书籍，为开学做准备。"

"为什么布罗茨基先生非要在周六晚上做这些事呢，毕
竟要到周一才开课，而这之前不是还有周日吗？"

"瞧您说的！他在这些问题上非常守规矩，总是提前做
好上课的准备工作。"

"明白了。您接着说。"

"后来，一切都收拾停当了，他说他还要再工作一会儿。
他向我道过晚安就起身进了自己的书房。"

"您有没有觉得布罗茨基先生的举止和平时不太
一样？"

"没有，一切都和平时差不多。当然，尽管他看上去累
了，累极了……"

"为什么呢？"

"最近他一直不太舒服。他没对我说过,但我肯定看得出来。"

"您是说他心情不好还是身体不舒服?"

"我是说他的心脏问题……"

"那么之后呢?"

"之后,早上,我就发现他……回忆这件事太难过了,我受不了……"

"夜里您听到有响动吗?"

"没有。"

"没有——是您没听到,还是没有响动?"

"我没听到,我睡着了。"

"我们知道您很难过,但还是得请您仔细说说,早晨您走进布罗茨基先生的书房时看到了什么? 这非常重要。"

"约瑟夫倒在地上。穿戴得整整齐齐的。"

"也就是说,他没有睡觉,没准备睡觉?"

"确实如此。"

"请问,他是怎么倒着的,脸冲下还是冲上?"

"我也说不清,好像是冲上,他的眼镜放在桌子上,旁边有本书。"

"一本什么书?"

"希腊讽刺诗。"

"一月二十八日早上到过事发现场的一位警员证实,布罗茨基先生的遗体脸冲下倒着,他的眼镜打碎了。您该怎么解释这件事?"

"我不知道……"

"警察赶到之前您翻动过尸体?"

"不……我不记得……这太可怕了……"

"我们同情您,但还有一个非常重要的问题——一月二十七日夜里,布罗茨基先生给什么人打过电话吗?"

"没有,没打过。"

"但我们掌握的情况是,布罗茨基先生给巴雷什尼科夫①先生打过电话。您知道这个电话的事吗?"

"我什么都不知道!请让我静一静!我把能回想起来的情况全都告诉你们了!我现在非常难过,这您能理解吗?"

"当然,夫人,当然能。但我们也是职责所在。"

一九九六年二月一日,约瑟夫·布罗茨基的葬仪在布

---

① 米哈伊尔·尼古拉耶奇·巴雷什尼科夫(1948-),二十世纪杰出的芭蕾舞演员之一。出生于苏联拉脱维亚加盟共和国首府里加。一九七四年离开苏联出国巡演时留在加拿大未归,继续从事舞蹈事业。一九八六年正式成为美国公民。

鲁克林圣公会教区天恩教堂举行。第二天,盛殓着逝者遗体的棺木被临时寄放在哈德逊河岸圣三一教堂所属公墓的一个墓穴中,一直停放到一九九七年六月。

一九九七年六月二十一日,诗人的遗体迁葬圣米歇尔公墓新教徒区,这座公墓坐落在威尼斯潟湖的圣米哈伊尔·阿尔汉格尔岛上。

木质的十字架上写着——约瑟夫·布罗茨基①。

这个十字架后来被一块古希腊风格的石碑所取代,碑上没有预制十字架造型。

14　　　约瑟夫·布罗茨基。

斯德哥尔摩。

一九八七年。

诺贝尔演讲②:

对于一个享受孤独的人来说,对于一个终生视其孤独的存在高于任何社会角色的人来说,对于一个在这种偏好中走得过远的人来说——其中包括远离祖

---

① 原文为英文。
② 原文为英文。

约瑟夫·布罗茨基之墓,圣米歇尔公墓,威尼斯

国,因为做一个民主制度中彻底的失败者,也胜过做专制制度中的殉道者或者精英分子——突然出现在这个讲坛上,让他感到很是窘迫,犹如一场考验。

这一感觉的加重,与其说是因为想到了先我之前在这里站立过的那些人,不如说是由于忆起了那些为这一荣誉所忽略的人,他们不能在这个讲坛上面向"本城和世界",他们共同的沉默似乎一直在寻求,并且始终没有替自己找到通向你们的出口。

唯一可以使我勉强接受这种境遇的是这样一个平常的设想,即首先由于文体风格上的原因,一位作家不能代表另一位作家说话,一位诗人尤其不能代表另一位诗人说话;如果奥西普·曼德尔施塔姆、玛丽娜·茨维塔耶娃、罗伯特·弗罗斯特、安娜·阿赫马托娃和威斯坦·奥登出现在这个讲坛上,他们也会不由自主地只代表自己说话,很有可能,他们也会体验到某些窘迫。

这些身影常使我不安,今天他们也让我不安。无论如何,他们不鼓励我妙语连珠。在最好的时辰里,我觉得自己仿佛是他们的总和,但又总是小于他们中的任何一个。因为,要在纸上胜过他们是不可能的,也不可能在生活中胜过他们,正是他们的生活,无论其多么

布罗茨基展示诺贝尔文学奖奖章,斯德哥尔摩,一九八六年

悲惨,多么痛苦,经常——似乎比应该有的更经常——迫使我去惋惜时间的流逝。如果来世存在——我更无法否认他们拥有永恒生命的可能性,正如我无法忘记他们在现世中的存在——如果来世存在,我希望他们能原谅我和我试图做出的解释,因为归根结底,我们这一行当的尊严是不能用讲坛上的举止来衡量的……[1]

① 约瑟夫·布罗茨基:《表情独特的脸庞——诺贝尔奖演说》。转引自约瑟夫·布罗茨基著,刘文飞译:《悲伤与理智》,页45-46。

演讲持续了二十九分五十七秒。

随后,约瑟夫·布罗茨基在掌声中走下了讲坛。

歌队也紧跟着伊阿宋——埃宋与波吕墨涅之子、阿尔戈英雄的首领——离开了半圆形表演场①。

        永远没有人知道,众神准备为凡人做些什么

        他们无所不能:对千千万万普通人,既可赠与

        也会因其不负责任收回仅有的一切,

        只给我们留下理智,用以感受失去的痛楚。

        众神能言善语,但不可与之商谈,

        不要走得太近,也不必刻意躲避:

        众神不擅区分噩梦

        与不堪的现实,

        他们与我等凡人息息相关。

至少在欧里庇得斯悲剧《美狄亚》的开场与合唱中有这样的描述,这些内容是约瑟夫·亚历山德罗维奇·布罗茨基在去世前不久翻译的。

---

    ① 古希腊戏剧演出中圆形或半圆形的舞台,歌队、演员及乐手在上面表演。

第一场

在古希腊戏剧中，"场"（эписодий）是穿插于歌队的合唱歌曲之间的语言表演，等同于新戏剧中的"场"（явление）。

小约瑟夫和母亲,一九四六年

一九八四年。铸造厂大街。24号楼。28号房。

房屋中央,一位年长者正坐在椅子上收看《时事》节目。

播音员维拉·舍别科正在播报关于苏联最高苏维埃主席团主席尤里·弗拉基米罗维奇·安德罗波夫所患疾病及死因的医疗报告。安德罗波夫是在一九八四年二月九日十六时五十分逝世的,享年六十九岁。

年长者心想,自己比安德罗波夫大十一岁,可他这位苏共中央总书记、苏联克格勃主席就这么死了,而自己却还活着。

随后电视里开始播放追悼大会,全国的各级劳动者庄严致辞,他们垂下眼皮,在工厂的汽笛声中默哀。

年长者走到电视机跟前,关了电视。这个被一堵"隔断墙"一分为二的房间立刻安静了下来。

说得更准确点,这里被一堵匪夷所思的"隔断墙"分隔成了一个半房间。此时房间里弥漫着压抑的沉闷气氛,而那几个摩尔风格的黑漆橡木橱柜进一步强化了这种氛围。橱柜直抵天花板下方,仿佛试图一直向上延伸到(那些对此并不知情的)邻居家去。这些橱柜让人联想到纽约的摩天大楼。年长者虽然从未身临其境,但是在"国际全景"播放的节目里见识过这些大厦。

在这个由黑漆橡木构成的庞然大物内部，以往的全部生活，甚至更早之前、从前的从前的生活，即史前生活，都还保留着。

昔日的常用物品清单上所罗列的也都是博物馆的展品，而且这个清单显然需要随时补充完善。这个清单有可能是这样的：

——老相机：费特原型相机，"莫斯科－4"套机，"天顶－C"相机，"礼炮"相机

——用于冲洗及打印照片的比色皿和小槽

——"列宁格勒"及"涅瓦"照相放大机

——《星火》杂志过刊

——餐具，瓷器

——餐巾，桌布

——"索林根"银制剃须刀

——红色的照片灯

——鞋盒，里面有一双塞着木质鞋楦子的皮鞋

——各种乐器

——老式海军服

——望远镜，镜头

——檐帽，制服帽

——Veimar 3 牌 8 毫米胶片电影放映机

21

——装有赛璐珞及纯棉衬领的圆形盒子

——色彩艳丽的和服

——黑色的列宁半身石膏雕像

——戴包发帽的女性(可能是克鲁普斯卡娅)大理石半身像

——基本上已经无法使用的手电筒

——装着政府奖章的盒子

——安德烈·彼得罗夫拍摄的斯大林同志标准像,上面不小心滴上了墨水

——装着荣誉证书的文件夹

——书籍

——彩瓷制品

……当然还有其他物品,但是回想所有这些东西实在是既无聊又耗费精力。

年长者转身走到房屋中央的椅子前坐下,望着渐渐变暗的电视屏幕,他看到了自己模糊不清的暗淡身影。

然后,他做起了自我介绍:我叫亚历山大·伊兹拉伊列维奇(出于显而易见的原因①,又名伊万诺维奇)·布罗茨

---

① 这里指的是约瑟夫父亲本名中的父称"伊兹拉伊列维奇"暴露了其犹太裔出身。

基,一九〇三年出生于圣彼得堡燃气大街与侧路渠的交界处。一九二四年从列宁格勒大学地理系毕业,之后在红色记者研究所完成了学业。一九四〇年四月被派往第八集团军政治部,成为军内刊物《列宁道路》的摄影记者。参加了对芬兰人的战斗。根据列宁格勒军区军事委员会三月十五日令,我作为苏联西北边疆及列宁城保卫战的参加者受到了嘉奖。

22   我的妻子玛丽娅·莫伊谢耶夫娜·沃利别尔特,一九〇五年生人。

她在去年过世了……

摘自玛丽娅·沃利别尔特自传:

    我出生在德文斯克市(即现在的道加夫比尔斯市)的小市民沃利别尔特·莫伊谢·鲍里索维奇家。我家总共七口人——父亲、母亲和五个孩子。我的童年也和其他几百万个孩子一样,没有什么分别。父亲上班,母亲抚育小孩。第一次帝国主义战争期间,为躲避德军进犯,我们全家被迫逃离德文斯克,沦为难民,在乌克兰颠沛流离将近一年后,辗转来到了列宁格勒。

亚历山大·伊兹拉伊列维奇(伊万诺维奇)接着做自我介绍:一九四〇年五月二十五日,我们的儿子出生了,我

亚历山大·伊万诺维奇和玛丽娅·莫伊谢耶夫娜

们给他起名"约瑟夫"。

战争期间，我是《消息报》、塔斯社列宁格勒分社的摄影记者，与《苏维埃波罗的海报》《波罗的海水兵报》《西北海员报》也有合作。

我拍摄了列宁格勒围困照，还在一九四三年初参加了突破封锁的战斗。

一九四四年，我从《消息报》调到黑海舰队。参加了小地登陆战。在罗马尼亚结束了战斗。

一九四五年，我奉命前往远东，参与对日作战。

一九四八年，我以海军少校军衔返回列宁格勒，之后被安排到海军博物馆工作，主管相片洗印室。

一九五〇年，在日丹诺夫清洗军队里的犹太裔军官期间，我被迫复员。一九五三年以后，在列宁格勒多家报纸及波罗的海航运局担任摄影师和记者。此后，主持列宁格勒记者之家所属的新闻摄影公共进修班。

23　　一九五七年心脏病发作……

终于，亚历山大·伊万诺维奇从灰暗的荧屏上移开了视线。

报道尤里·弗拉基米罗维奇·安德罗波夫逝世的节目大概已经结束了，可以打开电视了。

果然，电视里正在播放天气预报：

明天,堪察加半岛及萨哈林岛,零下十度至零下五度,预计有暴风雪及强风。

马加丹州,零下三十三度至零下二十八度。

雅库特——零下四十度至零下三十五度。

滨海边疆区及赤塔州,零下七度至零下二度……

和列宁格勒气温相同。

不过这也可以理解——都是海洋性气候。

那么然后又怎样了呢?

然后亚历山大·伊万诺维奇在一张巨大的双人床上躺下——这张床还是玛丽娅·莫伊谢耶夫娜在一九三五年低价购买的——双手枕在脑后,望着天花板,天花板上装饰着摩尔风格的石膏雕塑,布满了斑驳的裂纹和楼上邻居家漏水留下的痕迹。

天花板就像一幅地图。

每天晚上这个时候(伴随着天气预报),电视里都会响起《曼彻斯特和利物浦》①的旋律(当时绝对没有人能想到,

_____

① 一首法语歌曲。苏联时期电视里播报天气预报时,把这首歌作为背景音乐。

这首歌是由法国女歌手和演员玛丽·拉福莱演唱的），但今天这支催人泪下的旋律却没有出现，因为整个国家都悲痛欲绝，只适合听柴可夫斯基、格林卡、鲍罗廷、莫杰斯特·彼得罗维奇·穆索尔斯基的经典音乐。

天花板确实像一幅世界地图。就在昨天，约瑟夫从地图上的某个地方打来了电话，这个电话是从地图的最深处、中心位置，从这些裂缝、脱落的墙皮及石膏雕饰中打来的。

"爸爸，想象一下，"儿子的声音里透着兴奋，这让父亲不由得开心起来，"昨天我做了第一个百分之百的纽约梦。我梦见我必须离开这儿，离开格林威治村，去120街或130街上的某个地方。为此我需要乘坐地铁。可是当我走近地铁站的时候，我突然看到，这整个百老汇，也就是说从这里，呃，从哈莱姆或是更远的地方，都在上升，变成垂直的了！也就是说，这一整条长长的街道突然间变成了一座可怕的摩天大楼。地铁因此也不再是地铁了，而是变成了电梯。而我也在上升，当时我感觉百老汇是竖着的！你能想象吗？"

"当然。"亚历山大·伊万诺维奇回答道，他甚至试着想象这幅奇幻的画面就出现在这里，出现在列宁格勒。

"那场面真是惊心动魄，"电话那头继续说，"就这样，我来到了120街，走出电梯，来到了十字路口，就好像来到了一个楼梯平台一样。对于我来说,这是一个全新的梦境,爸爸!"

不,绝对无法想象涅瓦大街上会发生这种事情,要知道如果那样的话,海军部大厦就将高悬在亚历山大-涅夫斯基修道院的上方,或者相反,修道院高悬在海军部大厦的上方,然后倒塌事件在所难免,从而造成大量的人员伤亡和混乱局面。

亚历山大·伊万诺维奇从床上下来,走进了另一个房间,也就是那半个房间,这是他以前冲洗和打印照片的地方。

对于丈夫的这份活计,玛丽娅·莫伊谢耶夫娜总是抱着审慎的理解态度,毕竟有的时候给人拍照是布罗茨基家唯一的收入来源。另外,她一直觉得有人在欺骗萨沙,克扣他的工钱,要不就是萨沙在骗她,而每当事情发生这样的翻转,家里就难免大闹一场。

现在她走了。

25

她是在一九八三年去世的,她耗尽了自己生命中的最后十一年,徒劳地想要和儿子见上一面。

她写信,跑去移民局,然后再写信,给人打电话,还约人见面。

她当然知道有这样一封信:

亲爱的妈妈！

　　我写这封信正式确认我邀请你明年春天来美国看我。我希望你能来住上一个月，也就是说三月份在某地待四个星期。我会替你支付旅费及你在这儿，在美国逗留期间的费用。当然，你将和我一起住在密歇根州的安阿伯，我生活的地方。这封信是移民局要求出具的邀请函或通知单的一部分。

而她也已经知道自己生病了，但她没有放弃希望，直到生命中的最后一天，仍然相信自己能见到约瑟夫。

摘自约瑟夫·亚历山德罗维奇·布罗茨基的随笔《一间半的房子》：

　　尽管她有这么个娘家姓（她在婚后保留了这个姓氏），但是因为长相的缘故，第五点对她来说还是没有起到应有的作用。她长着北欧人的——要我说，就是波罗的海人的——容貌，真的非常迷人。在某种意义上，这是命运的恩赐：她不存在找工作的问题。然而她自觉地工作了一辈子。她显然不善于隐瞒自己的小资产阶级出身，因此不得不放弃了接受高等教育的希望,准备在机关单位当一辈子秘书或会计。战争带来了改变：她成了德国战俘营的翻译,在内务部的军队里获得了少尉军衔。德国投降后,她在这个部门的系统里获得了升迁的机会,但是她由于没有入党的强烈愿望,便拒绝了,重新和预算书及账目打起了交道。"我不想先向丈夫敬礼,"她对上司说,"也不想把衣柜变成军火库。"我们叫她"玛露霞""玛尼娅""玛涅奇卡"(她的姐妹们和我父亲对她的昵称),还有我发明的叫法——"玛希娅"或者"基萨"。渐渐地,后两种叫法越来越走俏,就连父亲也开始这样称呼她了。除了"基萨"外,其他所有叫法都是她的名字"玛丽娅"的爱称。基萨,这个猫咪常用的悦耳的绰号,让她抵触了良久。"你们竟敢这样叫我!"她会生气地叫喊,"你们可别再用猫的词语说话了,否则早晚会长出猫脑子!"她指的是我小时候喜欢像猫叫那样拉长声音说某些字词,这些字词的元音适合那种发音方式……总之,"基萨"这个名字一直纠缠着她,特别是当她真正老了以后。她胖乎乎的,裹着两条褐色的披肩,神情极其温柔、和善。她看上去憨憨的,似乎十分知足,就好像随时都会低声哼唱歌曲似的。然而并非如此,她会对父亲说:"萨沙,你交过这个月的电费了吗?"或者自言自语:"下周就轮到我们打扫房子了。"这里指的是擦洗过道和厨房的地板,还有清洁浴室和厕所。她之所以自言自语是因为她知道,只有她才会迫不得已去做这件事。

是的,亚历山大·伊万诺维奇早就不拍照,不冲洗胶片,也不打印照片了。

他在这一点上很可能是失算了,但他固执地认为,在他这个年纪,这项业务是多余的,而且几乎没有任何意义。该拍的早已经拍过了,真的,干吗还要逗人笑,举着相机在人前跑来跑去呢。让年轻人做这些事吧,他把自己丰富的经验传授给了他们。毫无保留!

老布罗茨基就这样日复一日地安然度日,而他也在其中发现了自己现在活着的意义——循规蹈矩,把自己在工作中的毕生所学原原本本地教给他人。

而这个"他人",首先就是儿子……

此刻他在书桌旁的扶手椅上坐了下来。书桌上先前摆放着约瑟夫的打字机,现在换成了青春牌电子管留声机。

这里还堆放着一些唱片:《黑海之歌》《月夜》《伊奥兰塔》《玉米粉上的雀鸟》《苏联作曲家歌集》《叶甫盖尼·奥涅金》,以及巴赫的《圣诞清唱曲》。

他们在一起生活的时候，这个巴赫不知怎么总是让他感到特别愤怒。也许是因为那时完全是另一种生活节奏，而《圣诞清唱曲》却固执地要求你停下脚步，调整呼吸，保持安静，去发现那些被一摞摞日久泛黄的《真理报》和《红星报》所掩盖而无法看到的东西。这当然让人感到恼火，而这也被视为一种不合时宜的说教，并且每每以吵闹告终，因为约瑟夫总是断然拒绝关掉这恼人的音乐。

当然，迫不得已时也会用皮带来解决问题，特别是在儿子因为精密科学课和英语课考试不及格而留级的时候。

父亲心里清楚，约瑟夫是故意这样做的，但他为什么要故意这样做，父亲却并不明白。

比方说，他不明白自己的儿子为什么要写这样的东西：

我看见冻僵的后辈们的那些纵队、 28
炮架上的一口棺材、马的臀部。
风没有向我刮来
那俄罗斯军号的呜咽声。
我看见打扮整齐挂着勋章的尸体：
热诚的朱可夫正驶向墓地。

一名军人，许多高墙在他面前

陷落,尽管宝剑不如敌人的锋利,

汉尼拔军事机动的光辉

令人联想到伏尔加大草原的中心。

在寂静中去世,在受惩罚的期间,

好像韦利扎里或庞培。①

他们已经很久没有见面了,而现在,他们终将见面的希望也日益渺茫,亚历山大·伊万诺维奇越发确信他不理解自己的儿子,而这也不是什么耸人听闻、不可忍受和令人愤懑的事。这很自然,因为尽管他们是亲父子,但仍然是不同的人。

当然,对于这一点,可惜他明白得太晚了。

此刻,父亲打开了青春牌留声机,把《圣诞清唱曲》放了上去。

摘自约瑟夫·布罗茨基的访谈:

我基本上认为……我只是他的一部分,从本质上来说,我——就是他。不过,就像他们整个那代人一

① 布罗茨基:《悼朱可夫》。转引自约瑟夫·布罗茨基著,娄自良译:《布罗茨基诗歌全集 第一卷(下)》(上海译文出版社,2021),页223。

样,父亲是个讲求"非此即彼"原则的人。我们都有很强的自尊心,因为我们不尽相同。我们都觉得我们懂得更多,知道得更多,觉得我们的洞察力更敏锐,如此等等。不过,如果一定要认真严肃地讲,那么他们的这些"非此即彼"涵盖了我们能够详细而具体地清晰表达的所有范畴,但是这也会把我们推到,怎么说呢,一种对现实完全无能为力的境地。尽管如此,他们这些人还是会做出某些选择。比如说我的父亲,他可不是什么党员,他忍受不了所有这些"善",根本就无法容忍。而且他还特别喜欢嘲讽别人,总之,他对国家、对政权、对亲戚,尤其是对那些在体制内步步高升的人,都嗤之以鼻。他总是取笑他们,总想和他们争论,现在我发现自己也完全一样,也就是说喜欢反驳别人。我想,在这一点上,我很大程度上是受了他的影响,也就是说有所谓的遗传因素、血缘因素。我确实认为"他"就是我。要知道只要他们活着,我们就会认为我们是不同的人,我们是独立的个体,但实际上,我们是由相同的材质构成的。

29

乐声悠扬,延绵不绝,亚历山大·伊万诺维奇坐在扶手椅上睡着了。

他做梦了，梦见自己在暮色中从宫殿桥上走过。

车道上空荡荡的，因此尽可以放心大胆地从闪烁的红绿灯下面走过，步行到海军博物馆的圆柱那儿。这是一年之中最最不可思议的时光——无论是初春还是阳光灿烂的暖秋，这样的日子在列宁格勒屈指可数。

他沿着台阶走了上去，看见约瑟夫左臂佩戴着执勤军官戴的蓝白蓝臂章，身体右侧斜挎着一把带皮套的手枪。儿子为父亲打开了博物馆巨大的双扇门，他俩走了进去。可是他在这里没有看到自己异常熟悉的那些展品。原来，约瑟夫竟然把父亲带到了帕特农神庙。歌队从神庙的圆柱后面走了出来，一边从左向右移动着，一边演唱《安提戈涅》①开场中的诗节：

30
　　　　永远没有人知道痛苦源自何处。

　　　　但是我们被大海包围，

　　　　因此在地平线上，痛苦比歌队的歌声更引人注目。

　　　　但是即便这痛苦确乎盲目，就算光线不足，

　　　　它也不难在海上找到通向我们这里的道路，

---

　　①　此处作者有误。事实上，下面这节诗句摘自《美狄亚》的开场，而非《安提戈涅》。

因为我们的船桨把肮脏的印记留在了这条海路。

"你知道我有多喜欢博物馆里的那部分帆船舰队展。"亚历山大·伊万诺维奇对儿子说。

"当然知道,爸爸。"约瑟夫笑着回答,然后马上开始一一列举:"英国的塞奇莫尔号 50 型护卫舰模型,索尔贝号 20 型单桅炮舰模型,一八二六年建造的友谊号快艇模型,德维纳号 25 型三桅桡船模型,传道者马克号划艇护卫舰模型,锡拉丘兹三桅吊锚复滑车……"

后来父子俩就回家了。他们顺路去了几家商店,买了些食品和胶片、试剂相纸等摄影器材。

最后,约瑟夫和亚历山大·伊万诺维奇在涅瓦大街的书店前停下了脚步。

他俩对视一眼。

"要进去吗?"

"进去吧……"

就这样,约瑟夫身着海军少校制服,左臂佩戴着执勤军官戴的蓝白蓝臂章,身体右侧斜挎着带套手枪,沿着书店的主楼梯上了二楼,这里销售艺术类书籍。他挑选了一本米沙·巴雷什尼科夫的摄影作品集,递给了父亲。

亚历山大·伊万诺维奇梦见自己正在欣赏巴雷什尼科

夫拍摄的照片,照片上全都是自己的儿子。他喜欢这位摄影师的作品,毕竟他本人也是摄影师,而且对自己的技术极有信心,即便如此,他还是完全不明白,为什么自己的儿子在这些照片上看上去如此苍老,而且还是秃顶。

他猛一转身,对约瑟夫说:"老实说吧,你还是像火车头冒烟一样抽烟抽得那么凶吗?"

"是的,父亲,"他回答道,"还那样。"

"这可太糟糕了,医生不许你抽烟。"父亲沉着脸说。

"是的,我知道,但是……"

"不,约瑟夫,问题甚至不在于你惹我生气了,也不在于你没有遵医嘱,而在于你现在把我们家妈妈气得够呛……"

亚历山大·伊万诺维奇睁开了眼睛。

留声机上的指针早已悬垂在了那张停止播放的唱片——约·塞·巴赫的《圣诞清唱曲》的上方。

要知道,这台留声机当初好像是买来顶替那部命运不济的"飞利浦"收音机的……

摘自约瑟夫·布罗茨基的随笔《战利品》:

在我十二岁的时候,我父亲突然拿出一台短波收音机,让我欣喜若狂。这是一台飞利浦牌收音机,它能收到世界各地的电台,从哥本哈根到苏腊巴亚。至少,这台收音机的黄色调台面板上标出了这些城市。

　　这台"飞利浦"收音机就当时的标准看相当轻便，是一个10×14英寸大的褐色塑料匣子，带有上面提及的黄色调台面板和一个用来显示接收信号好坏的绿色信号装置，这装置如猫眼一般，绝对让人着迷。如果我没记错，这台收音机只有六根阴极管，一根两英尺长的金属丝便是它的天线。但这造成一个困难。把天线挑出窗外，这对于警察而言只有一种意思。要把你的收音机连到楼上的公共天线上去则需要专业人士的帮助，而这专业人士会反过来对你的收音机表现出不必要的关注。总之，人们不该拥有一台外国收音机。解决方式就是在你房间的天花板上弄出一个蛛网般的装置，我就是这么做的。当然，我无法利用这种装置收听到布拉迪斯拉法电台，更遑论德里电台。不过，我当时既不懂捷克语也不懂印地语。BBC、美国之音和自由欧洲广播电台的俄语节目也受到干扰。不过，还是可以收听到英语、德语、波兰语、匈牙利语、法语和瑞典语的广播节目。这些外语我全都不懂，但这里有美国之音的"爵士乐时间"，其音乐主持人就是世界上嗓音最浑厚的男中低音歌手威利斯·考诺沃！

　　仰仗这台褐色的、像旧皮鞋一般锃亮的"飞利浦"

收音机，我第一次听到英语，第一次踏进爵士乐的万神殿。在我们十二岁的时候，挂在我们嘴边的那些德国名称开始渐渐地被这样一些人名所替代：路易斯·阿姆斯特朗、杜克·埃林顿、埃拉·菲茨杰拉德、克里夫特·布朗、悉尼·贝切特、姜戈·莱因哈特和查理·帕克。我记得，甚至连我们的步态都发生了某种变化：我们那高度压抑的俄国骨架中的各个关节也开始"摇摆"起来。看来，在我们这一代人中间，我并非唯一懂得如何很好地使用那两英尺普通金属丝的人。

透过收音机背面那六个对称的孔洞，在收音机阴极管闪烁的微光中，在由焊点、电阻和阴极管（这些东西像语言一样难以理解，在不断生成新的意义）构成的迷宫中，我认为我看到了欧洲。收音机的内部看上去永远像一座夜间的城市，到处都是斑斓的灯火。当我在三十二岁真的来到维也纳时，我立即觉得，就某种意义而言，我似乎很熟悉这个地方。至少，在维也纳沉入梦乡的最初几个夜晚，我都能清晰地感觉到，似有一只远在俄国的无形之手拧上了开关。

这是一台很结实的机器。一天，见我终日沉湎于各种广播频道，父亲怒火中烧，把收音机摔在地板上，收音机散架了，但它仍能收听节目。我不敢把它拿到专门的收音机修理铺去,而试图利用胶水和胶带等各种手段来竭尽所能地修复这道如同奥得河-尼斯河线①的裂痕。但是自此时起,这台收音机的存在状态始终是结构松散的两个笨重部分。等到阴极管坏了,这台收音机便寿终正寝了,尽管有一两次,我曾私下在朋友和熟人那里找到替代配件。即便成了一个哑巴盒子,它也依然留在我们家,与我们这个家庭共存亡。②

一九七二年约瑟夫出国。

一九八三年玛露霞③去世。

这个家庭不复存在。

一九八四年四月二十九日,八十一岁的亚历山大·伊兹拉伊列维奇·布罗茨基坐在房间中央的椅子上,在电视机前,因心脏病发作离世。

而这还是公共住宅里的邻居发现的。

摘自约瑟夫·布罗茨基的随笔《小于一》:

---

① 德国和波兰间的边界线。

② 约瑟夫·布罗茨基:《战利品》。转引自约瑟夫·布罗茨基著,刘文飞译:《悲伤与理智》,页3-5。

③ 布罗茨基之母玛丽娅的昵称。

从前,有一个小男孩。他生活在世界上一个最不公正的国家里。其统治者,从人类的各种观念来看都可以被称为堕落者。但是从没有人这样称呼过。

还有一座城市。这是地球上最漂亮的城市。一条无尽的铅灰的河流覆盖着这个城市,如同那无尽的铅灰的天空覆盖着这河流。河的两岸,耸立着许多带有精雕细琢之立面的雄伟宫殿,如果这男孩站在右岸,那么左岸看上去就像那被称之为文明的巨型软体动物的标记。那文明已停止存在。

每天清晨,当天空还挂满星星,这个男孩就该起床了,喝下一杯茶、吃下一个鸡蛋后,伴着广播里传出的关于新的炼钢记录的通报,跟随着士兵们为领袖(这领袖的画像就挂在男孩那还留有体温的床铺上方的墙上)所合唱的颂歌,这男孩沿着白雪覆盖的花岗岩河岸向学校走去。

宽宽的河流静卧着,白茫茫的,裹着冰衣,像是大陆向静谧伸出的舌头,一座巨大的桥在深蓝的天幕中形成一道弯弓,像一副钢铁的腭。如果那男孩有两分钟多余的时间,他会走上冰面,向河中心走上二三十步。在这段时间里他会想象,鱼儿在这厚厚的冰层下正在做什么。然后他会停下来,转个一百八十度的弯,回身跑去,脚步不停地一直跑到学校的门口。他会冲进楼厅,将他的帽子和大衣挂在挂钩上,然后飞跑着上楼,冲进他的教室。

这是一个很大的教室,有三排课桌,领袖的画像在教师座椅后面的墙壁上,还有一张由两个半球构成的地图,其中只有一个半球是合法的。小男孩坐在他的座位上,打开他的书包,将他的钢笔和笔记本摆在课桌上,抬起头,静下心来准备听那胡言乱语了。[1]

歌队一动不动地站在海军博物馆(这里既是证券交易所,又是帕特农神庙)的台阶上,用法语唱道(在古希腊戏剧中,这种一动不动的表演叫作**合唱歌**):

> 曼彻斯特和利物浦
>
> 我又看到自己在街头游荡
>
> 在人群中
>
> 在成千上万的陌生人中间
>
> 曼彻斯特和利物浦

---

[1] 转引自约瑟夫·布罗茨基著,刘文飞译:《文明的孩子》(中央编译出版社,2007),页27。

我来到被遗忘的角落

寻找你我曾经

拥有的美好爱情

我爱你,我爱你

我多么喜爱你的声音,

它曾对我说:

"我爱你,我爱你"

而我对此深信不疑……①

　　这时,就像在对歌一样,响起了中央电视台的播音员维拉·舍别科的声音:"据苏联水文气象中心消息,明日气温,非黑土带五至七度,伏尔加河中部沿岸七至十度,有小雨,摩尔曼斯克州与卡累利阿六至八度,列宁格勒气温相同,阵雨,预计有暴雨。"

---

　　① 《曼彻斯特和利物浦》的歌词。

第二场

布罗茨基在公寓阳台上,列宁格勒

一九五三年三月五日,和平时一样,约瑟夫又被闹钟吵醒了。

他艰难地钻出被窝。

瞥了一眼窗外——天还没亮,街灯黯淡无光。

他在洗手盆前站了很久。

他伸出一根手指,挑了些超越牌牙粉。他觉得这很像母亲擦的那种香粉。他莫名其妙地把牙粉涂抹在脸上。

房间里的桌子上已经摆好了为他准备的早餐——一只鸡蛋和一杯茶。

他百无聊赖地吃着鸡蛋。喝茶时,他被呛了一下。

收音机里先是转播新闻,然后播放了两遍亚历山大红旗歌舞团的合唱歌曲。

妈妈催促道:"赶紧出发吧,否则就要迟到了。"然后把儿子送到走廊上。

约瑟夫刚走进楼梯间,房门就在他身后"砰"的一声关上了,随着这一声响,歌舞团的合唱声也戛然而止。

他磨磨蹭蹭地从主显圣容大教堂前走过。

据妈妈说,他们曾经在这里的地下室躲避轰炸,当时他才一岁,被人放进了烛箱,然后就在里面睡着了。

他穿过铸造厂大街,朝丰坦卡方向走去。

街道上几乎空无一人。

他拐进盐巷，目光落在了一栋教学楼上，这栋楼就像一艘有四层甲板的大型客轮，在三月的晨雾中散发着光芒。

父亲告诉过儿子，有很多客轮是德国在战后赔偿给苏联的，例如苏联最大的蒸汽轮机船苏维埃联盟号就产自汉堡，原名叫"阿尔伯特·巴林"。

约瑟夫停顿了片刻，考虑自己是否要去上第一节课。此刻，他的脑海里清晰地浮现出历史老师、校党组织书记利季娅·瓦西里耶夫娜·利希岑娜那张毛细血管分明的红扑扑的脸蛋：她只要一发现学生没完成家庭作业，就开始声嘶力竭地嚷嚷："滚出教室，弱智！"那枚别在她衣服上的列宁勋章（据说，是日丹诺夫亲自别上去的）便随之晃动起来，仿佛受了惊吓。那场面简直令人喷饭。要知道，学校不是教导学生说列宁无所畏惧么？

他皱了皱眉。

他想象着那艘有四层甲板的大型客轮即将起航，发出悠长的汽笛声，然后开始调整航向。

约瑟夫转身朝丰坦卡快步走去。

他到了那儿，下到冰面上。隐形的鱼儿在冰层下面游弋。

鱼活在冬天。

鱼嚼着氧气。

鱼在冬天游动,

眼睛触及冰凌。

鱼游动。

游向更深的地方。

游向海洋。

成群结队,鱼,鱼,鱼。

鱼活在冬天。

鱼渴望浮出水面。

鱼看不到光线。

冬天的太阳迷茫。

鱼自古都有办法

游动着躲避死亡。

鱼从来不流眼泪:

在寒冷的水中

头枕着岩石,

冰冷的眼睛

一动不动。

鱼总是悄无声息……①

————————

① 约瑟夫·布罗茨基:《冬天的鱼》。此处使用的是谷羽先生译本。

假如父母知道他来到了冰上，父亲大概会揍死他的。

但既然这里连一个人影都没有，那么也就不会有谁知道此事。

除了那些隐形的鱼儿。不过，上帝保佑，鱼儿不会说话，它们总是"悄无声息"的。

时间在不知不觉间飞逝，该回学校上第二节课了。

约瑟夫已经想好怎样应对逃课的指责了——就说闹钟坏了，而父母亲很早就上班去了。

42　　可是约瑟夫一踏进前厅就觉得情况不妙，当他在走廊上遇到利希岑娜时，这种感觉就更加明显了。他已经准备好为自己辩解和听她辱骂自己，但利希岑娜并没有因为他迟到而大喊大叫，而是压低嗓门丢给他一句"布罗茨基，赶紧上楼，去大礼堂"。

她的眼睛里噙着泪花。

约瑟夫万万没想到，她也会哭！

大礼堂里人满为患。

约瑟夫还从未见识过这种情形。

空气中弥漫着一种难以想象的压抑、阴森的气氛。

散发着一股犹如打过蜡的地板、烟草和汗水的酸涩气味。

利希岑娜缓缓登上讲台,用可怕而阴沉的声音挤出两个字:"跪下!"

整个大厅里响起了困惑不解的嗡嗡声。

母亲以前讲过这种事。她说,在主显圣容大教堂里,人们有时候要下跪,那是他们在做祈祷,而在更早以前,人们把跪豌豆当作一种惩罚措施。

困惑不解的嗡嗡声此起彼伏,然后瞬间安静下来,仿佛撞到了一堵无形的墙。

"我说过了——跪下!"历史老师突然间像泼妇一样厉声喊道,她的脸因为抽搐而变了形。学生、教师、清洁工、失去了双腿的残疾人——门卫米沙叔叔(他压根儿就没有膝盖,只装着一对假肢),所有人一看到她这副尊容,就已经双膝发软,瘫倒在地了。

"哭吧,孩子们,哭啊!斯大林逝世了!"

于是,大家在肖邦《葬礼进行曲》的伴奏下失声痛哭——校电台广播员加利姆疆诺夫已经在播放这支曲子了。

摘自布罗茨基的随笔《关于鬼蜮的一些思考》:

于是人们开始哭泣。但我想,他们之所以哭,并不是因为想要迎合《真理报》,而是因为整个时代都是和

43

斯大林联结在一起的(或者,更确切地说,是他把自己和整个时代联结在了一起):五年计划、宪法、战场上的胜利、战后重建、制度观念——尽管他那么令人憎恶。斯大林治下将近三十年间,俄罗斯的几乎每个房间里都悬挂着他的相片,他深入人们的意识之中,成为日常生活的一部分,我们对他的胡须,对他那"鹰一般"的侧影,对那件准军装式的弗伦奇军上衣(既不意味着战争,也不意味着和平),对那支古朴的烟斗,就像对先人的画像或对电灯泡一样,全都习以为常了。在我们这个反宗教的国度,拜占庭的政权神授思想变形为政权与自然相联系的思想,变形为一种感觉,即这种思想就像一年四季一样不可避免。人们长大成人,结婚离婚,生老病死——斯大林的相片始终高挂在他们头顶上方。哭是理所当然的。那么问题来了:没有斯大林可怎么活呢?没有人知道答案。

约瑟夫回家了,他发现,在他和父母亲居住的那栋公寓里,人们也都在放声痛哭。

就连母亲也在哭。

在这伤心欲绝的哭泣声中,在这情真意切的哀嚎声中——人们绞扭着双手,呼喊着"天哪!"——在这群体性的精

神错乱中,蕴含着某种超现实主义的东西,这种群体性的精神错乱,像极了欧里庇得斯的悲剧《美狄亚》开场中的合唱:

> 又听到那声声哀怨、无以慰藉的哭号。
>
> 你若无法压抑苦痛,哪怕藏到墙壁后面也好。
>
> 冰冷的床铺上,有人言辞激烈,
>
> 那是来自科尔喀斯的女儿,在诅咒自己的夫君,
>
> 据说,她还向把她从家中带走的忒弥斯
>
> 发出请求,让她一年后
>
> 帮助航海家们回到
>
> 那些殷切期盼他们的故人身边,
>
> 帮助他们返回故乡希腊的海边——
>
> 在那里,无边的旋涡追逐汹涌的巨浪,
>
> 将巨浪驱赶到天际。

44

只有父亲躺在床上,气定神闲地翻阅尼古拉·阿利别尔托维奇·孔[①]的《古希腊神话传说》。父亲痴迷古风,认为其崇高、优雅、近乎完美,怎么模仿都不过分。

---

① 尼古拉·阿利别尔托维奇·孔(1877-1940),俄罗斯历史学家、教育家、作家。他编著的《古希腊神话传说》在苏联广为流传。

看见儿子后，父亲冲他使了个眼色，神秘地笑了笑。

是的，亚历山大·伊万诺维奇从不纵容自己的儿子，认定他是个粗心大意、游手好闲的家伙，对他甚是严厉，甚至不惜体罚。父亲发起脾气来令人心惊胆战，即便如此，他俩之间仍然保持着某种神秘的、外人无法理解的关系，一种从来都不会逾规越矩的相互理解，一份似乎不会招致他人侧目的友情。

例如，有一天，开除布罗茨基的事基本上确定下来之后，学校教务委员会叫来了老布罗茨基，以便向他通报情况并和盘托出其不肖之子的种种劣迹。听完几位批评者的激烈言辞之后，亚历山大·伊万诺维奇站起身来，令人大感意外的是，他开始热情洋溢地为自家孩子辩护。老师们深受震动，以至于完全无力反驳这位海军少校。约瑟夫这才得以留在了学校。

从一九四七年到一九五五年，他总共换了五所学校。

多年以后，约瑟夫·布罗茨基说：“我在十五岁时退了学。这与其说是有意识的决定，不如说是本能反应。出于父母亲的原因，出于你本人对不可预见的未来的恐惧，要做到这一点很难。因此有一天，没有任何明显的理由，正上着课，我就站起身来，戏剧性地离开了。这是出于本能的举动……”

45

当时他沿着纳尔夫斯基大街行至侧路渠,然后向波罗的海火车站方向走去。

一路上他不时地走到护栏跟前,探出身子,望着河水。

> 暮晚凉飕飕,在我们眼前
>
> 飘过;两片颤抖的雪花
>
> 撞击街车。刺骨而苍白的风
>
> 拍打冻红的手。晚灯漾出
>
> 蜜色的金黄。土耳其松饼
>
> 散发异香。圣诞前夜
>
> 高举在我们头顶之上,
>
> 那天堂的馅饼。①

他一边在侧路渠走着,一边惦记着那些在深水里游弋的鱼儿,想必它们此刻也正盯着他看呢。

它们不知怎么熬过了封锁、战争和寒冬,现在正四处觅食,偶尔才抬起眼皮向上望一眼(主要是出于好奇)。老彼得霍夫大街、罗森斯坦路及施卡皮纳路这三条街因风势凛

---

① 约瑟夫·布罗茨基:《圣诞歌谣》。转引自约瑟夫·布罗茨基著,王希苏、常晖等译:《从彼得堡到斯德哥尔摩》(漓江出版社,1990),页4–5。

冽而著称,寒风自街口袭来,这几条街道的街口颇像原始人居住的峡谷。

摘自约瑟夫·布罗茨基的随笔《小于一》:

灰色和浅绿的建筑物立面上弹痕累累;无尽头的、空旷的街道上少有行人和车辆;一派肃杀的景象后面,你能发现一些更精致的,如果你愿意,可称之为贵族味的特征。一张瘦削、冷峻的脸,其空洞窗户的眼睛反射着它那条河流上抽象的波光……

在那些雄伟的、布满弹洞的建筑立面之后,在旧钢琴、破旧的地毯、嵌在笨重铜框中的落满灰尘的绘画和那些在围困期间没有被铁炉吞食的家具(至少剩有椅子)中间,衰弱的生命正开始复苏。我记得,当我在上学路上经过这些建筑时,总要情不自禁地去想象,在那些墙纸陈旧、起泡的房间里正发生着什么事。我得说,从这些建筑立面和门廊——这些古典的、现代的、折中的、带有雕着神话动物和人物头像的圆柱的立面和门廊中,从立面和门廊上支撑着阳台的装饰和女像中,从立面和门廊入口处的壁龛中的石像躯体中,我学到的关于世界历史的知识,比我后来从任何书本上得到的知识都要多。希腊,罗马,埃及——那儿什么都有,它们

46

都在轰炸中遭到了炮弹的砍削。此外，从那条朦胧的、闪亮的、流向波罗的海的河，那条偶尔有拖轮在其中的激流里逆水而行的河中，我学到的关于无穷和斯多葛主义的知识，比我从数学家和季诺那儿学到的还要多。①

在波罗的海火车站，他走进了一家小吃店。

几位铁路巡道工正在里面开怀畅饮，高谈阔论。女服务员笑了笑，给这位七年级留级生倒了一杯兑了糖浆的汽水。约瑟夫瞥了她一眼，瞬间想起自己的母亲系着围裙的样子：她那涨红的脸，蒙着一层薄雾的眼镜，她那用散沫花染料染过的短发，以及被汗水打湿的、发亮的上嘴唇，当时她正在厨房把儿子从火炉边赶开，"走开！怎么这么没耐心呢！"而后她端着点心走进屋里。他和父亲已经在餐桌旁就座了，手里握着印有"不锈钢"标记的餐叉。

小吃店里烟雾弥漫，散发着煤炭和木焦油的气味。

大围困期间的第一个冬天结束了，一九四二年四月二十一日，玛丽娅·莫伊谢耶夫娜·沃利别尔特带着儿子约瑟夫及双亲（约瑟夫的外祖父母）一起顺利地离开了列宁

① 转引自约瑟夫·布罗茨基著，刘文飞译：《文明的孩子》，页2–3。

格勒,疏散到了沃洛格达州的切列波维茨市。

一开始他们在列宁大街的一座简易木房里安顿下来,随后搬到了新街角的巴萨拉耶夫家,新街角坐落在城郊的北方公路附近。

约瑟夫·布罗茨基后来是这样描述他们在简易木房里的生活的:

> 我还记得通向我们那套半地下室房子(通向列宁大街)的那个坡道。由过道到厨房,有三四级白色的台阶。我一爬下台阶,外婆就会递给我一块刚刚烤好的小面包——这面包被做成鸟的形状,鸟的眼睛是一粒葡萄干。小鸟的翅膀烤得有点糊了,但应该长羽毛的地方还比较白。右边放着一张揉面粉的桌子,左边是炉子,中间就是通向房间的过道,我们大家、外公、外婆、妈妈和我,全都住在那个房间里。我的小床靠着墙,隔壁就是厨房里的炉子。对面是妈妈的床,妈妈床铺的上方有一扇开向街道的小窗子,厨房里的小窗也对着街道……①

---

① 转引自列夫·洛谢夫著,刘文飞译:《布罗茨基传》(东方出版社,2009;即本书后文多次提及的《约瑟夫·布罗茨基:文学传记试笔》一书。下同,不再赘述),页10。

从这个窗口望出去,整座城市清晰可见——它坐落在雅格尔巴河与雷宾斯克水库旁边的舍克斯纳河的交汇处附近。

战争期间,切列波维茨市内驻扎着第286步兵师指挥部及沃洛格达-切列波维茨防空区的几支部队,有一家飞机发动机维修厂(是在前复活修道院的领地上兴建的),"红星"机械制造厂,以及内务人民委员部国家政治保卫总局第158号劳改营,这个劳改营里面关押着战俘和被德国人俘虏后获释的红军战士,玛丽娅·莫伊谢耶夫娜被安置到这里担任文书兼译员。

所罗门·沃尔科夫在其著名的《布罗茨基谈话录》中引用了诗人对那段时光的回忆:

> 有几次,她领我去了战俘营。我和妈妈坐上一只满载的小船,一个身披雨衣的老人在划桨。水与船舷齐平,人非常多。我记得,第一次上船的时候我甚至问过:"妈妈,我们马上就要沉下去了吧?"[1]

---

[1] 转引自列夫·洛谢夫著,刘文飞译:《布罗茨基传》,页11。

渡舍克斯纳河宛如渡冥河。

那个看不清面孔的老人裹着雨衣,好似卡戎①一般。

而码头上已经伫立着由战俘和被囚禁的红军军人组成的歌队,他们就像在古希腊悲剧中那样轮流歌唱。

第一组歌队:

像监狱大门的门闩

获准以敲钟表示由于负重,

由于过去时的卡尔梅克人

微笑时那上唇的小胡子,

在黑暗的夜色里那样

露出期望中的缺齿,

一俄里,一俄里

由于爱得发疯而后退。

第二组歌队:

通过高傲的语言,

隐藏尽心尽力的合法性,

隐藏内心悦耳的声音

———————————

① 希腊神话中冥王哈迪斯的船夫,负责将死者渡过冥河。

无声地潜入记忆

潜入我最后的家园

——也许是一滴泪,也许是一条小柳枝

——而你并不理解,

何况我也听不清,想必:

也许真的是寂静被打破,

好像斯提克斯河上的桨架,

也许是哭着编的一首歌

可以在死后背熟。①

低矮、阴暗的天空下面,一派隆重庄严的景象。

战时的切列波维茨,全部生活都围绕着一座火车站运转：运送疏散人员的列车经这里中转,从西北方向开往科特拉斯和沃尔库塔,而自东向西行驶的则是军用列车。在一九四一年雷宾斯克水库蓄满水②之后,这座城市的部分地区没入了水下,其结果是：几乎所有的老建筑都没有保留下来。根据前线的需要,切列波维茨展开了重建工作,实

49

---

① 约瑟夫·布罗茨基：《像监狱大门的门闩……》。转引自约瑟夫·布罗茨基著,娄自良译：《布罗茨基诗歌全集　第一卷(下)》,页302-303。
② 一九三五年,为打通从里海到波罗的海的水上通道,苏联国家计划委员会批准兴建雷宾斯克水库。一九四一年四月,这一巨型工程完工,伏尔加河与舍克斯纳河被新修建的大坝拦起,超过五千平方千米的土地被淹没。

际上此时这里已经处于战时状态了。车辆维修所，蒸汽机车沉淀池，通往营地和船舶修理厂的单线铁路，锯木厂，修理所，仓库，煤烟、太阳油及杂酚油挥之不去的气味，用白漆在木结构的瞭望台、房屋及围墙上刷写的标识"开水房""装配点""医院""防空洞""禁区""指挥部""禁止入内""止步，否则立即击毙"，源源不断的疏散人员、伤员、囚犯。对于一个已经会认字的小家伙来说，这是一座名副其实的巴比伦城。

摘自约瑟夫·布罗茨基的《安·普拉东诺夫〈基坑〉跋》：

在这个意义上天堂观念是人类思想的逻辑终点：思想无法逾越它，因为天堂之外再也没有任何东西。因此，我们可以说，天堂就是尽头；它是空间的最后幻影，是事物的终结，是巅峰和顶点。在那里无处可去，只能走进柯罗诺斯①——在此引入了永生概念。但这同样适用于地狱。

终极存在没有极限。可以设想一下，它甚至可以决定意识，并产生自己的自我意识，这种自我意识主要

① 柯罗诺斯，古希腊神话中的一位原始神，代表着时间。

表现为语言。应该指出的是，一般而言，关于意愿中的或已然达成的乌托邦的言说，第一个受害者首先是语法，因为跟不上思维的语言被窒闷在假定式中，并开始被永恒的范畴和结构所吸引，因此，即使撇开作为普通名词的表面含义，乌托邦也仍然有一个约定俗成的光环围绕。[①]

玛丽娅·莫伊谢耶夫娜用小雪橇拉着年幼的约瑟夫，自原来的复活教堂前经过，现在这里是飞机发动机维修厂所在地。防空部队的探照灯把夜空照得通亮，这支部队部署在东边——由切列波维茨通向沃洛格达的出口处。

所有这一切像极了一场场面宏大而又不可思议的戏剧演出，切列波维茨的居民以及疏散到这里的普通人、伤员、囚犯则是这场演出的一部分。

"语言跟不上思维"，时间因而获得了纯粹假定性的特征，从此以后没有什么是绝对的。这一点在战争期间尤为明显，因为生命有可能在此刻、明天、后天戛然而止，或者恰恰相反，生命永不终结，而是以房间里墙壁上的纪念牌、纪

---

① 布罗茨基：《安·普拉东诺夫〈基坑〉跋》。此处使用的是基甫先生译本。

念碑、花里胡哨的相片,以及充斥着太多毫无意义致辞的庄严集会的方式永垂不朽。为什么说那些致辞毫无意义呢?这是因为"跟不上思维的语言被窒闷在假定式中"! 在这种情况下,哪还有什么意义可言!

而一旦脚下彻底失去根基,便会有神话传扬开来——例如公用住宅里的居民和睦相处的神话;神秘莫测的(当然是相对于那个年代而言)寻神派的神话;人们既心满意足同时又战战兢兢地等待被捕和处决的神话;最后,还有关于斯大林心地善良,或者与此相反,斯大林嗜血成性的神话。

摘自约瑟夫·布罗茨基接受所罗门·沃尔科夫采访时的谈话:

51　　　　我对斯大林确实没有任何感情。确切地说,我相当讨厌他。说真的! 到处都是他的像! 而且在他穿的大元帅服上到处都是彩条和其他装饰。虽然我特别喜爱军装,但是遇到斯大林这种情况,我总觉得这里面藏着某种谎言。那顶带帽徽和"大白菜"的军帽,以及其他一些事物——所有这些东西,和斯大林本人都不大相称,似乎不十分可信。此外还有那撇小胡子! ……这撇小胡子里蕴含着某种南方的、高加索-地中海式的风情。这样的胡子爸爸! ……一个和弗洛伊德一样的人物就此出现了……西方有很多人……确实非常崇拜斯大林!

地狱和天堂,二者之间隔着一位柯罗诺斯。

内务人民委员部国家政治保卫总局第158劳改营与切列波维茨,二者之间隔着一条舍克斯纳河。

当然,还隔着蒸汽机车不分昼夜、随时鸣响的刺耳汽笛声。不过,人们很快就对此习以为常了。

一九四四年,人们从疏散地回到了列宁格勒。

约瑟夫·布罗茨基:"当时所有的人都在往回冲,闷罐车里挤满了人,虽说去列宁格勒是要通行证的。人们挤在车顶上、车厢的连接处和一切能站人的地方。我还清楚地记得:红色的闷罐车上方是蓝天白云,车厢上挂满了身穿褪色黄棉袄的人,女人们包着头巾。车厢移动了,一个老人瘸着腿还在跟着车厢跑。他在跑动中摘下棉帽,露出了秃顶;他把手伸向车厢,已经抓住了什么地方,可这时却见一位妇人抄起一只茶壶,从横栏上探出身去,把开水浇在那老人的秃顶上。我看见了冒起来的热气。"① 52

儿时的记忆中刚好保留了这幅画面——瘸腿老头光秃

---

① 转引自列夫·洛谢夫著,刘文飞译:《布罗茨基传》,页11。

秃的头顶冒着热气,气体在阳光下升腾;列车车厢连接处发出"轰隆轰隆"的响声;一个老太婆张着嘴巴,不时地蹦出一些让人摸不着头脑的话语;火车站上的一座座建筑物从旁边飘过。所有这一切混合为一种难以想象的刺耳杂音,然后逐渐(火车加速了,那个头顶冒烟的老头最终被甩在了后面)演变为一支乐曲。

若干年后,约瑟夫为这支乐曲配上了这样的诗句:

小鸟咏叹调

我们是歌手,我们是
被称为"小鸟"的女歌手,
我们一边欢唱,一边
挣脱大地的束缚。
即便如此,我们仍在寻觅
与每一片树林的共同语言,
于是不论春夏秋冬,
芭蕾舞剧都会在空中上演……

鱼儿咏叹调

歌声避开视线,

传入河流与湖泊耳中。

我们在深水中摆动鱼尾

当起了音乐指挥。

我们既是合唱者也是独唱者。

我们的歌曲银光闪闪。

却没有一个字,没有一个字

传到捕鱼者耳畔……

树木咏叹调

我们树木本身就是不同的声音。

我们长年累月

分散在小树林里,

祈求,低语,怨诉,

我们分散为一片片树林。

任何事我们都亲力亲为:

不论忧愁还是闪亮,

不论歌唱还是颂扬……①

一九四四年一月二十七日,对列宁格勒的封锁彻底解

53

---

① 约瑟夫·布罗茨基:《夏日的音乐》。

除了。

那些幸存者对这座城市当然有了别样的认识，但是对于四岁的约瑟夫来说，列宁格勒始终如此：一处处废墟被绘有房屋立面图的胶合板遮挡着；在街心花园及大片古典风格的宫殿废墟里，开辟出了一块块菜地；历史悠久的广场上杂草丛生；亚历山大花园里，用毛板钉成的保护框里罩着各种雕像——它们构成了这座城市的风貌。

这一切让人联想到休伯特·罗伯特①风格的古希腊废墟，艾尔米塔什博物馆里收藏着他的画作：优雅的古风与被弹片射断的列柱；不可挽回的时光与被炸毁的柱廊；孤独的灵魂及圣瓦西里岛清冷的景观；当你面对着那些空旷的、一直延伸到地平线的穿廊式房间时油然而生的自卑感。

约瑟夫·布罗茨基在其随笔《易名城市指南》中写道："彼得堡过于年轻了，不足以创造令人轻松的神话，所以每当发生天灾人祸，我们便会在人群中看到一张似乎饥渴难耐的面孔，看不出年龄，眼睛发白，眼窝深陷，并听到一声低语：'都说这是一块被诅咒的土地！'你们将战栗不安。但是瞬间之后，当你试图再瞥一眼那个说话的人的时候，他已

54

---

① 休伯特·罗伯特(1733-1808)，法国浪漫主义学派画家，以风景画、随想画及对意大利与法国废墟的半虚构式的描绘而闻名。

经不见了踪影。你再怎么细看缓慢涌动的人群及旁边龟行的车流，都是枉然；你什么都看不到，除了冷漠的行人及斜风细雨中帝国建筑群雄伟壮丽的轮廓。在这座城市，建筑景观的几何学格外经久耐用。"

经历过大围困的苦难，这座城市苍老了几百岁，它那原本就愚钝不堪的目光也变得越发黯淡了，犹如阴魂附体一般。那是一种体验过临床死亡的人才有的眼神。

据约瑟夫·布罗茨基回忆，疏散归来后，他和母亲发现，他们在雷列耶夫大街公共住宅里的住房被查封了（燃气大街与侧路渠拐角处的那个房间是父亲的）。办理完那套人所共知的手续之后，这个房间最终归还给玛丽娅·莫伊谢耶夫娜·沃利别尔特。后来，直到一九五五年，他们才用两个"单间"顺利地置换了彼斯捷尔街穆鲁济大楼①里的一间半房子。

一九四八年，亚历山大·伊万诺维奇从远东回到了列宁格勒。从那时起，他经常带着儿子去城市围困战博物馆的所在地——丰坦卡河畔的盐城，在那里漫步到深夜。

摘自列夫·洛谢夫的《约瑟夫·布罗茨基：文学传记

---

① 穆鲁济大楼得名于该楼的首位主人亚历山大·德米特里耶维奇·穆鲁济（1750–1816）。他是古老的拜占庭王族——穆鲁济公爵家族的后人。

试笔》：

　　在索里杨街区，从布罗茨基家出发步行几分钟就可以到达列宁格勒围困战博物馆，这里陈列着苏联和德国的各种武器，直至重炮、坦克和飞机。那里有几幅再现几场决定性战斗的全景画，前景是许多真人大小的战士造像，他们有的在冲锋，有的倒下了。父亲从中国回来后担任海军博物馆摄影部的负责人，时间达两年。当时年近十岁的约瑟夫，常利用这种特权于博物馆闭馆之后在馆内来回走动："我在生活中最喜爱的东西，或许就是这些镶着镀金画框的元帅肖像，这些肖像或是正面或是侧面，画面上的元帅们面颊刮得精光，在那些实物大小的舰船模型中间，这些肖像泛出朦胧的光泽。"刚刚结束的战争以及胜利所带来的新鲜感受，与关于帝国的种种神话融合在一起，就像不久前的战争在城市街道上留下的痕迹已经成为彼得堡帝国风格不可或缺的一部分那样。透过自己房间里的那扇窗户，这男孩可以看到救主变容大教堂的围栏，这围栏是用缴获来的大炮做成的，而在彼斯捷尔街（潘捷列依莫诺夫斯基街）的另一端，则矗立着潘捷列依莫诺夫斯基教堂，这座教堂是为纪念俄国舰队在甘古特的胜利而

55

建造的。刀剑,长矛,镖枪,斧钺,盾牌,头盔,束杖,这些东西装饰着丰坦卡河上的潘捷列依莫诺夫斯基桥,同样也装饰着这座帝国前都城的其他许多围墙和建筑立面。

新古典主义的建筑装饰,并不仅仅对于爱国主义情感的培养具有促进作用。"我得说,从这些建筑立面和门廊——这些古典的、现代的、折中的、带有雕着神话动物和人物头像的圆柱的立面和门廊中,从立面和门廊上支撑着阳台的装饰和女像中,从立面和门廊入口处的壁龛中的石像躯体中,我学到的关于世界历史的知识,比我后来从任何书本上得到的知识都要多。"[1]

由海军上将和重装步兵组成的歌队在第二场结束时表演第二合唱歌,海军上将们的胡子刮得干干净净的,重装步兵配备有刀剑、长矛、镖枪、斧钺及沉甸甸的盾牌:

"孩子们必死无疑,他们比成人更早长眠地下。"
"划船追不上扬帆远行之人。"

[1] 转引自列夫·洛谢夫著,刘文飞译:《布罗茨基传》,页14-15。

"黑暗恐魔犹如海水冲击岛屿一般,

吞噬了这几个最好的孩子。应当认清一个道理:

邪恶摧毁的是精神,但最早摧残的是肉体。"

"孩子们必死无疑。是啊,对于他们来说一切都已黯然。"①

街灯渐渐亮了起来。

一艘亮着侧灯的蒸汽拖船把彼得堡一侧与涅瓦河左岸切分开来。拖船向着沃洛达尔斯基大桥方向驶去,但它撕心裂肺的汽笛声久久回荡在涅瓦河上空,直到彼斯捷尔街上那个门厅的大门"砰"的一声关上,才逐渐消失。

---

① 布罗茨基翻译的《美狄亚》片段。

第三场

年轻的约瑟夫·布罗茨基,列宁格勒,一九五七年
(其父亚·布罗茨基摄)

在波罗的海火车站,他走进一家小吃店。几个铁路巡道工正在店里开怀畅饮,高谈阔论。女服务员笑了笑,给这位七年级留级生倒了一杯兑了糖浆的汽水。

小吃店里弥漫着一股烟味,是煤炭和木焦油的气味。人们主要在争论泽尼特队①的后卫马尔科·格克与中卫斯塔斯·扎维多诺夫的表现,当然也骂阿洛夫,是他搞乱了球队,从而使这支球队在循环赛中处于不利地位。

火车站的场院里,货车在卸货,工人们懒洋洋地斗着嘴,扩音器里正在播报通知:从普斯科夫发出的邮政行李车即将驶入三号轨道。

约瑟夫走出小吃店,来到大街上,他第一次觉得这座城市那么地陌生、疏远而又傲慢,一点也不真实,不过,尽管如此,这座城市也并非一无是处。

若干年后,布罗茨基说:"如果说有谁能自战争获益,那便是我们这些孩子。我们不仅活了下来,而且还获得了大量可供浪漫想象的素材。"②

一座城市,你置身其中,只能按照你想象的方式生活。在切列波维茨或莫斯科,沃洛格达或斯摩棱斯克,普斯科夫

---

① 圣彼得堡的一支足球队,成立于一九三一年。

② 约瑟夫·布罗茨基:《战利品》。转引自约瑟夫·布罗茨基著,刘文飞译:《悲伤与理智》,页2。

或诺夫哥罗德，你都不可能过上这样的生活，可是在列宁格勒，其他生活方式根本就行不通。否则，假如你每日每夜、每时每刻都在这些风景和天井院落里，在河堤及像军用机场跑道一样的大街上探索它们的种种细微精妙之处，沉迷其中，那么你可能会精神失常。

摘自约瑟夫·布罗茨基的《易名城市指南》：

　　涅瓦河在市内绵延二十公里，于市中心分出大大小小二十五条支流，为这座城市提供了一块足以使其自恋到无法自拔的、水做的镜面。这座城市每分每秒都映照在奔流数千平方公里的水银当中，仿佛不停地被河流拍照，拍完的胶片顺势流入了芬兰湾。在阳光灿烂的日子里，芬兰湾看上去就像一座仓库，储存着这些令人炫目的相片。难怪有时这座城市会使人产生一种印象，觉得它像一个仅仅专注于自身仪表的极端利己主义者。毫无疑问，在这种地方，你更关注的是外墙装饰，而不是人的外表。所有这些壁柱、廊柱、回廊都在毫无节制、发疯似地成倍增加，暗示着这种顽固自恋的本质，暗示着这样一种可能：至少在无生命的世界里，水可以被视为时间的浓缩形式。

时光从花岗石铸就的河岸旁边流过。

从亚历山大-涅夫斯基大教堂旁边流过。

从冬宫、海军部大厦、证券交易所及停泊在海面上的战舰旁边流过。

假如就这样沿着河堤漫步,你会产生一种感觉,仿佛自己正在和时间齐头并进,你要么加快脚步,超越它,要么就落在它的后面,待在过去、古代,高傲地望着那奔流不息的、阴郁的涅瓦河水。

当然,这种认知极具诱惑力,它会滋生出一些过度膨胀的野心,在时机成熟之前,这些野心被隐藏起来,不过有时候(这种认知)也会发展为一些极端的表现形式——歇斯底里,排斥那些无论如何都不能与既有的现实图景,说得更准确些,与那种不真实的、已然司空见惯的神话图景协调一致的事物。

他回到了位于彼斯捷尔街的家中,竟然发现自己的同班同学全都坐在这一间半房子里——一幅彻头彻尾的超现实主义画面!

母亲看着儿子愤怒的模样,无奈地摊开了双手。

"他们来干吗?"

随即,那些不可理喻、词不达意的话语便噼里啪啦地蹦了出来,就像从厨房的洗手盆里落到褐色的盆底一样,他们说约瑟夫不该辍学,说苏维埃国家需要受过教育的年轻人,说应该遵守纪律、尊敬师长,老师们一心都扑在了学生身上。

从这些话语中能听出某种恶毒的东西——学生们传承了历史老师、校党组织书记、列宁勋章获得者利季娅·瓦西里耶夫娜·利希岑娜的衣钵,因而变得像她一样,走队列,齐声唱歌,从事对社会有意义的工作,参加星期六义务劳动,各门功课都得五分。

气氛骤然间变得压抑、沉闷起来:

> 废墟是氧气和时间的
> 节日。新手阿基米德
> 可以对原有的定律做一补充:
> 存放在某个空间的尸体
> 会被该空间取代。水能粉碎
> 阴森古镜中选帝侯宫殿的
> 废墟;与这座宫殿落成时
> 选帝侯信心十足的
> 日子相比,现在的他,
> 恐怕更能听进河流的预言。有人
> 在废墟间盘桓,翻动

前年的树叶。那是——风，

犹如浪子，刚回到父亲家中

就收到了全部来信。①

是啊，他住在废墟上，因此能自由地呼吸，而他们要去住新建的房舍，里面供应氧气、开水及严格限制用量的电。

结果这件事以闹剧告终，约瑟夫再也没有回到学校，而那些同班同学则怒气冲冲地甩门而去，在随之而来的寂静中，只能听到楼上邻居家钻墙的声音。

大概是在挂搁板或者图画。

例如国立艾尔米塔什博物馆藏品中休伯特·罗伯特的画作《带水渠的建筑景观》。他们从《星火》杂志上抠下这幅图，用玻璃框镶嵌起来，如此一来，现在，这个悬置在水上、装点着蕨类植物与芭蕉树嫩芽的壮美廊柱，便用地中海上夕阳的余晖，照亮了铸造厂大街——彼斯捷尔街街角处24号楼里的这个房间。

这是彼岸的，毫无疑问，绝对是彼岸的光辉。

不过，亚历山大·伊万诺维奇·布罗茨基更喜欢在自

————————

① 约瑟夫·布罗茨基：《来自K城的明信片》。

己家的墙壁上挂他本人拍摄的照片,因为他确信,一个真正的男子汉应当会做所有的事,凡事亲力亲为,其中也包括装饰自己的居所。

63 对于儿子辍学这件事,他表现得非常克制(至少表面上如此),毕竟已经有思想准备了。而当他得知约瑟夫找到了工作,成为 671 厂(在城里更广为人知的名称是"军械库")的一名助理铣工时,他不禁为自家的这个男孩骄傲起来。

不过,约瑟夫从事工人这一职业的时间并不长。

在这个稚嫩的初级铣工的工作记录里,后来又添加了以下一些身份标记:澡堂司炉工,灯塔海员,地质队样本采集员,太平间病理解剖员。

摘自所罗门·沃尔科夫对约瑟夫·布罗茨基所作回忆的记录:

十六岁的时候,我产生了当医生的想法。而且还是当神经外科医生。犹太男孩有这样的志向很正常。紧接着,又出现了一个同样浪漫的念头——要从最令人不快、最难以忍受的事情做起。也就是说从太平间干起。我有一个姨妈在州立医院上班,我和她聊到了这件事。然后我就被安排进了那儿——太平间——工作。担任病理解剖员的助手。也就是说我剖开尸体，掏出内脏，然后再放回去，缝合。摘下天灵盖。由医生来做分析，下结论……因为年轻，你不会考虑任何形而上的东西，只会有相当多的不舒服的感受。比方说，你抱来一具老太婆的尸体，把她摆放好。她的皮肤发黄，异常松弛，很容易弄破，手指一碰就进入了脂肪层。更别提气味了。很多人死前没有排大便，所有东西都留在了体内。因此不仅有分解的气味，还有这种废物的气味。所以仅就嗅觉而言，这是一种极其严峻的考验……但是相对而言，这一切并没有延续太长时间。是这么回事：那年夏天，父亲恰好心脏病发作了。他出院后得知我在太平间工作，当然很不高兴。于是我就辞职了。

64

想要成为一名古希腊英雄，你需要在方方面面付出努力，或者至少要追随俄耳甫斯进入冥府，而——说实在的——苏联医院的太平间，一般来说都设在地下室。

再说卡戎——那个披着雨衣的老头，年幼的约瑟夫在切列波维茨乘坐超载（"水与船舷齐平"）的小船强渡舍克斯纳河的时候，就已经见识过了。

当时所有的人都活了下来，于是，由战俘和被囚禁的工

农红军军人组成的歌队便在码头上欢迎这些骗过了塔纳托斯(古希腊神话中的死神)的人。歌队唱道:

> 河水只能跟在时间之后奔流,一如野兽必定要奔
> 　　跑着进入洞穴。
> 高山之巅若轰然倒塌,也唯有倒向地面,
> 带倒诸神,仿佛掀起的烟尘。
> 世间真理所剩无几,各种荣誉更是稀缺。
> 真理与荣誉不再是男子汉心心念念追逐之物。
> 时光的流逝并不意味着真理必然获胜,
> 也不意味着所有的忧伤必然转化为我们的荣耀:
> 唯有强者才能存活。弱者只会陷入痛苦。①

　　说到底,潜意识中与各种美学——废墟及粗犷的列宁格勒郊区美学,工业区与简易工棚美学,太平间和病理解剖室美学,以及衰败与死亡之美学——的游戏仍在继续,但这已然是一种升华,是对自身之**特异性**、对自己之与众不同的一种再认识。

　　与此同时,约瑟夫刻意夸赞他在侧路渠就读的最后一

------

① 布罗茨基翻译的《美狄亚》片段。

布罗茨基在他的"半个房间"里,列宁格勒,一九六〇年
(亚·布罗茨基摄)

所学校的同班同学(他们基本上都是工人及波罗的海火车站铁路员工的子弟),并对"来自中央的半知识分子流氓"这一说法表示不屑,他凭直觉试图用这种方式来消除他本人在陌生环境里所产生的紧张感。

尝试走"平民化"路线,成为芸芸众生中的一员。做这种尝试只有一个显而易见的目的——在抱有敌意的氛围中,将负能量、消极情绪转化为积极而舒适的存在状态。同时,作为唯一有可能摆脱"灰暗"现实的因素,"浪漫主义幻想"被坚定地传播开来,但事实上它和任何一种(甚至是最美好的)达到极致的创举一样,并非那样人畜无害。

麻木不仁地观察尸体标本制备、脑颅解剖及死后排便现象——这种心态压根不是心理变态造成的,而是形而上学的极度冷漠与青年人的极端主义(玩世不恭、虚无主义)发展到极致所产生的后果,是在社会与民族土壤上所滋生的内心恐慌及各种心理情结的必然后果。结果,弗洛伊德所谓的"我们应当视之为更高级的社会及文化组织之基础的动机结构"便应运而生。

不过,布罗茨基一直对弗洛伊德持怀疑态度。显然,任何"结构"、任何"算数"都令他感到厌烦,当他发现自己正处于依附、从属地位时。不过,好在这一主题当初早已被手持斧头的彼得堡前大学生罗季昂·罗曼诺维奇·拉斯柯尔尼

科夫①——祖国,罗曼诺夫家族,分裂——耗尽了:

> 亲爱的弗洛伊德博士,我向你
>
> 道再见,你凭(我们缺少的)直觉,
>
> 将下体与大脑连成桥梁
>
> 横架在那灵魂之河上。
>
> 别了先知,你说过"的确,
>
> 你们失去的只有锁链"。其实
>
> 还失去良心——如果要深谈。
>
> 这是你的真理,卡尔,老伙计。
>
> 还有你,长着漂亮的胡须,
>
> 尊敬的伯爵,列夫·托尔斯泰,
>
> 你瘦骨伶仃的脚爱踩踏草地,
>
> 我也必须离开你。你也是正确的。
>
> 别了,艾伯特·爱因斯坦,最博学的人,
>
> 我来不及巡视你脑海的纵横,
>
> 可我在时空整体中造了一个小屋:

66

---

① 陀思妥耶夫斯基小说《罪与罚》的主人公。这里的"主题"指的是上文中弗洛伊德的"动机"说。小说中探讨了拉斯柯尔尼科夫杀人的动机。拉斯柯尔尼科夫(Раскольников)名字的三个组成部分与后面的三个词(祖国,罗曼诺夫家族,分裂)有相同的词根。

时间是浪,拱背的空间——鲸鱼。①

可见,时间是有大小写之分的。

小写的时间——是斯大林将死之时,是大围困后把残疾人和精神病患者从列宁格勒迁往瓦拉姆岛上从前的主显圣容修道院之时,是泽尼特队位列积分榜榜尾之时,是"军械库"的工人去午休、中小学生参加列宁星期六义务劳动之时……

同样也有**大写的**时间——这样一种形而上的物质,诗人时常通过调整节奏及删除种种陈词滥调而使其不断重组,在此过程中,他会发现追求完美是其抒情主人公存在的意义之所在——他的抒情主人公绝对不能容忍任何平淡无奇的二流货色。

此外还有大写的空间,它以大写时间的意志为转移,就像一头巨鲸或海怪利维坦,关于后者,《约伯记》中这样写道:"它口里四周的牙齿令人战栗。鳞甲栉比成行,神气十足;紧密排列的鳞甲,仿佛用印封住,紧紧相连,连空气也透不过去,彼此紧贴,互相扣住,不能分开……电光从它口中

---

① 约瑟夫·布罗茨基:《瓶中信》,刘文飞译。转引自约瑟夫·布罗茨基著,王希苏、常晖等译:《从彼得堡到斯德哥尔摩》,页 101–102。

发出,火花迸发。它的鼻孔冒烟,就像灯心草在炉底燃烧冒烟一样。它呼气使炭燃烧,有火焰从它口里喷出。它的颈项坚硬有力,面对它的,都心惊肉跳……在地上没有一样像它的,它被造成什么都不怕。所有巨兽它一概藐视,它是万兽之王。"①

尽管早在十七世纪托马斯·霍布斯就已经赋予了这个神话中的活物某些功能(在现代史上,这种做法显然更切合实际):

在"利维坦"中,"主权"是使整体得到生命和活动的"人造的灵魂";官员和其他司法、行政人员是人造的"关节";用以紧密连接最高主权职位并推动每一关节和成员执行任务的"赏"和"罚"是"神经",这同自然人身上的情况一样;一切个别成员的"资产"和"财富"是"实力";人民的安全是它的"事业";向它提供必要知识的顾问们是它的"记忆";"公平"和"法律"是人造的"理智"和"意志";"和睦"是它的"健康";"动乱"是它的"疾病";而"内战"是它的"死亡"。②

① 《圣经 新世界译本》(简体中文版,2001),页704-705。
② 转引自托马斯·霍布斯著,黎思复、黎廷弼译:《利维坦》(商务印书馆,2013),页1-2。此处引文为付邦译。

由此可见，大写的空间改变着弗洛伊德的"动机结构"，因为从此以后，构成其基础的，是"人造的灵魂"及其"人造的关节"和"自然人的诸多功能"。

梁赞或特维尔省省长米哈伊尔·叶夫格拉福维奇·萨尔蒂科夫–谢德林①就是因为海底沙皇这个古老的俄罗斯文学形象（这个形象本身与利维坦极其相似）脱颖而出的。他恐怖地转动着眼珠，文绉绉地讲述道：

市长身上穿着文官制服坐在书桌后面，他的脑壳空荡荡的，倒在他前面的一叠欠税表上，就像一枚考究的镇纸……文牍员吓得牙齿直打战，惊慌失措地跑了出去……

大家叫来了市医院的院长，并向他请教了三个问题：一、市长的头颅是否有可能在不流血的情况下从市长的躯干上脱落下来？二、是否可以假设，市长本人从肩膀上摘下并掏空了自己的头颅？三、能否假设，市长这个被取下的头颅日后可以借助于某种陌生的操作再

① 米哈伊尔·叶夫格拉福维奇·萨尔蒂科夫–谢德林（1826–1889），俄国现实主义作家。长篇讽刺小说《一个城市的历史》及《格罗夫廖夫一家》是其代表作。

长出来？大医思索片刻,嘟嘟囔囔地说,好像有什么"市长的物质"从市长体内流出来了,然后他发觉自己在胡言乱语,便避免直接解答问题,而是回应道:科学研究尚不足以揭示市长肌体的构造之谜。①

千真万确,经典作家所描写的十九世纪的终结者,与利季娅·瓦西里耶夫娜·利希岑娜(以及她的同类人)没有任何区别,她把自己的灵魂分成若干份发给了毕业生,在这个过程中,那枚别在她上衣翻领左侧的列宁勋章被她弄得叮当作响。

她分发灵魂,但无论如何也无法彻底分发干净。也许,是因为灵魂不朽？对于这个问题,约瑟夫也不知道该如何回答……

与此同时,所谓"市长的物质"堆满了大礼堂和办公室、公共场所及公用建筑、教室和区社会保障部门,而这些场所,就连那位渡过冥河去探望冥王哈迪斯的古希腊英雄②,也无论如何不得不经常踏足。

因此冲突在所难免。

---

① 谢德林:《一个城市的历史》。
② 根据上下文判断,这里指的是前面提及的卡戎。

不过需要指出的是,年轻的布罗茨基并没有反抗他周遭的荒唐世界,也没有和现实发生冲突(至少是公开的冲突),他只是埋头构建自己的现实,更准切地说,他们全家人都默认这种状况:他和父亲在市区久久地沉思、漫步,探讨各种道德话题,为穿堂院落、交通线路及河堤拍照;他与母亲家的亲戚来往,特别是母亲的姐姐——维·费·科米萨尔热夫斯卡娅剧院及大剧院①的女演员朵拉·莫伊谢耶夫娜·沃利别尔特。

最后,他还阅读各种书籍。

摘自约瑟夫·布罗茨基的《安·普拉东诺夫〈基坑〉跋》:

如果说,因为《群魔》中的列别亚德金大尉关于蟑螂的诗作,陀思妥耶夫斯基可以被视作荒诞作家的第一人的话,那么,因为《基坑》中的狗熊铁匠的情节,则应该承认普拉东诺夫是最重要的超现实主义者。我要说的是,超现实主义(首先且不管卡夫卡怎样)绝不是一个美学范畴,不是通常与我们的观念中的个人主义

---

① 这里指的是圣彼得堡的格·亚·托弗斯托诺戈夫大剧院,落成于一九一八年。

处事态度相联系的一种哲学的狂暴形态,一种心理上的极端产品。普拉东诺夫不是一个故弄玄虚者,恰恰相反,他的意识有着明确的大众性和对当下现实的绝对客观的特性。因此,非人化的、民间传说的和在一定程度上类似于古老的(也可以是任意形态的)神话的超现实主义,应该是所谓超现实主义的经典形式。不是那些由神和文学传统赋予危机意识的自我中心的个体,而是传统意义上的无生命的群众,在普拉东诺夫那里成了荒诞派哲学的代言人。因此,他使得这一哲学更为令人信服并超出了完全无法忍受的范围。他不同于卡夫卡、乔伊斯,或者说,那个讲述了关于"改变自我"的完全自然的悲剧的贝克特。普拉东诺夫谈到民族,民族在某种形式上已然是自己的语言的受害者,或者准确地说,他是在谈论语言自身,一种有能力创造虚构世界的语言,和脱离世界而陷入语法依赖的语言。①

70

列宁格勒市内没有一条死胡同。

天井庭院连接着穿堂院落。

---

① 约瑟夫·布罗茨基:《安·普拉东诺夫〈基坑〉跋》。此处使用的是基甫先生译本。

穿堂院落与交通线相通,而交通线本身又汇入了街道,街道延伸至河堤,河堤守护着涅瓦河。

亚历山大·伊万诺维奇给儿子演示拍摄城市的正确方法:首先,建筑物的所有垂线都应该是平直的;其次,不能遮挡住地平线;最后,也是重要的,则是必须调整好光线,以便使建筑物的规模或街道的透视图得到恰如其分的强调。

约瑟夫一边听父亲讲解,一边想:通过类似的方式也会诞生一个虚构的世界,人们会因为它而在看待事物时陷入视觉依赖。这是一座不可思议的城市,因为实际上这里的很多垂线早已变形了,地平线的走向取决于相机的位置或拍摄者头部转动的情况,因此所有的垂线都是相对的;至于光线嘛,既然列宁格勒一年三百六十五天有两百天是阴天,那么又何谈什么有利的照明条件呢。

低矮的天空,雾气腾腾的沼泽,冰冷的雨滴,潮湿的海风,短暂的日照,如幽灵般稀少的行人(他们更像文学作品里的人物,所以在现实生活中相当令人厌恶)——你有充足的理由陷入一场"哲学(注意,是精神上的)风暴",渐渐地,你会对此习以为常,甚至发觉它那么地令人心驰神往、舒心惬意。

多少次在空无一人的老地方

我把自己那枚顶上刻有徽章的铜币

投进电话线的宇宙空间，

绝望地试图延长

相互连接的那一刻……①

相互连接的那一刻。

一九六二年。

海军部大厦滨河街。

约瑟夫走出 10 号楼，来到了涅瓦河畔，倚靠在护栏上。

多年后，约瑟夫已经到了美国，他这样描述自己年轻时在列宁格勒的这段小插曲："我特别清楚地记得这一刻，如果说我在生活中获得了某些启示，那么这就是其中之一。我站在那儿，双手放在护栏上，就这么轻轻地悬在水面上方……天灰蒙蒙的……河水流淌着……那时我无论如何都没有想过我到底是不是诗人……总之我从没有这种感觉，而且时至今日也很少这样……但我记得，我站在那儿，双手仿佛就在水流的上方，周围有人在钓鱼、散步，做各种各样的事……右边是冬宫桥……我看着河水向河湾方向流动，而水面和双手之间有一定的空间……于是我想，此时此刻，

① 约瑟夫·布罗茨基：《POSTSCRIPTUM》。

空气正穿过水面和双手之间,朝着某个方向流转……随后我立马又想到,就在同一时刻,在这个河堤上,谁也不会产生这样的念头……于是我立刻明白了:这件事非同寻常……我还是头一次意识到我的头脑里发生了某种特殊的变化,而这种意识就出现在这个前所未有的时刻。"

如此说来,河面与双手之间是能够容纳"一定的空间"的。不过,当利维坦从大海深处(而在这里,是从河流深处)浮出水面,然后——按照乌斯地的正人君子约伯的说法——开始在"骄傲的水族上做王"之时,就已经有这样的说法了。

堤岸上来来往往的行人丝毫没有注意这位凭栏而立的年轻人,也完全不曾留意那只口中"喷射出火焰"的海怪,很可能,他们只看到一艘亮着红色侧灯的波尔型拖船在涅瓦河上穿梭。

拖船发出凄厉的汽笛声,这让约瑟夫回想起童年时经常和父亲一起在盐城散步的情形,那里有卫国战争时期的军事装备,参观完之后,他俩会来到丰坦卡的河堤上,向着涅瓦河方向缓步而行,逆流而上的弗拉金号拖船高声呼号着,朝沃罗达尔斯基大桥驶去。

可是,五年前父亲心脏病发作,从那以后他们就再也没有一起散步了。医生不许亚历山大·伊万诺维奇长时间行走,所以他现在正坐在主显圣容修道院前面那个街心花园的长凳上,翻阅《星火》杂志。他特别喜欢翻来覆去地欣赏杂志里的彩页,上面有国立艾尔米塔什博物馆藏品、卢浮宫复制品或米特罗方·鲍里索维奇·格列科夫军事艺术工作室作品的图片。

父亲一直不折不扣地遵从医嘱,每次都要记下自己在空气新鲜的户外逗留的时长,因为他觉得自己已经不是一个健康人了,不能像年轻时那样随心所欲。

一九六二年,根据兵役法第 30 条 B 款(患有慢性病或不治之症——神经官能症及先天性心脏病、心绞痛)及第 8 条 B 款(不完全适合服兵役)的规定,以及由于父亲布罗茨基·亚历山大·伊万诺维奇暂时不具备劳动能力,二十二岁的约瑟夫·布罗茨基作为家庭唯一的经济支柱被免除兵役。

两年后,居住在涅瓦河或芬兰湾水底的利维坦再次浮出水面,口中喷射着火焰,借列宁格勒国防之家负责人斯米尔诺夫同志之口怒吼道:"我对神经性疾病防治所为布罗茨基开具的神经性疾病证明心存疑虑……他完全缺乏良知和责任观念。人人都觉得服兵役是一件幸福的事,而他却采取了逃避态度。布罗茨基的父亲打发自家儿子去疾病防治所看病,之后他便从那儿带回一纸证明,而行事草率的兵役局竟然接受了这份证明。"

由"行事草率的兵役局"的工作人员组成的歌队伫立在冬宫桥上,正在演唱欧里庇得斯悲剧《美狄亚》的第三合唱歌:

> 我宁愿快点死去,也不会离开
> 故乡亲切的土地。
> 别对我说什么去见识异国他乡,
> 在那里,人脸和后背同样陌生。
> 别对我说什么去体验放逐的滋味——
> 感受命运的另一面、亲人的无知,
> 倾听痛楚的呻吟
> 和空洞的教导。
> 别对我说什么在异乡广阔的天空
> 能望见日神菲比。

第四场

布罗茨基在公寓阳台上,列宁格勒

摘自约瑟夫·布罗茨基于一九五八年八月七日写给埃列奥诺拉·拉里奥诺娃的信件：

地球上有些人力图创造比现在更加美好的未来。这些人是真正的作家，真正的医生，真正的教师。也就是说，他们是真正的创造者。我甘愿变成某种有价值的东西。为此我需要了解很多事物。假如你打算有所创造，那么你心里必须明白你这样做究竟是为了谁，为了什么……必须找到你赖以倚靠的基石；必须检验其可靠性。此外还要找到一些志同道合、愿意助你一臂之力的人。实际上这才是最主要的。总之，需要探索很久。

我真的感到遗憾，如你所言，我很晚才开始旅行。毫无疑问，这两年没有白白度过。但是，这个结果本身是我可以在更短的时间内获得的。坦白说，我刚开始，刚开始真正做一点事情。我刚开始漫游……是的，我过分关注自我。我给你写了一页半的信，为自己的各种观点唱颂歌，但我还是希望你能牢牢把握我这封回信的内容。你总是写信说我是一只候鸟，说我不求甚解。请理解我，诺尔卡，这就是探索。

我拿自己的命运当儿戏，并不是想为自己谋取什么确定不移、稳定不变的东西。我的意思是说，我完全不打算为自己选择某个等级阶梯然后往上爬……我早已解决了目标问题。现在我正在解决方法问题。我觉得我会做出正确决定的。这话听着既愚蠢又夸张。但是之所以如此，是因为我要用通俗的话来表达思想。我希望你能真正理解我。我现在所做的，都还只是探索。探索新的思想、新的形象，最主要的是，探索新的形式。

这份"宣言"（同时也是行动纲领）是布罗茨基在阿尔汉格尔斯克州进行地质考察时写的，他在那里的地质队当勤杂工。繁重的体力劳动，成群的蚊子和蠓虫，酒精、酽茶，制动液，极其艰苦的生活条件，彻底远离各级监控机构及当局"无处不在的眼睛"——凡此种种，都是开启心灵之旅，或者更准确地说，是心灵之旅得以延续的理想条件。

作为彼得和列宁的城市，圣彼得堡的古代遗迹比尼米亚森林稍显逊色，这座森林从白海海岸延伸到科米大地，再从奥涅日湖延伸到科拉半岛。狰狞的恶魔和妖艳的仙女、凶猛的吸血鬼与邪恶的魂灵藏匿在这里被废弃的乡间墓地中，它们战胜了那些身居偏僻隐修院的隐士，把吸血虫和沼泽地里有毒的爬行动物驱赶到孤独的朝圣者身上。

79

约瑟夫·布罗茨基在地质勘察队(雅库特)

摘自约瑟夫·布罗茨基的谈话：

　　我们绘制北方这个地区的岩层图。这是第四季矿层，亦即离最深处不远的土壤层的图表：黏土等。探井能打一到一点五米。我们一天徒步三十公里，打四口探井。要么就打孔，既然这是在冻土带、沼泽地上。我们干脆拿测杆探进去，然后再把下面的东西拽出来。里面一般什么都没有……当然想找到铀。

但是只要拖拉机和牵引车、运木船和集材机的发动机一熄火，约瑟夫自然而然就会听到牧神潘声嘶力竭的呐喊，这喊声伴随着所有这些阿尔戈、克桑托斯、山林女神庇堤斯、牧神法乌努斯、菲尔曼、福玻斯及艾戈科洛斯①的齐声合唱，响彻在遥远地平线后面的广阔天地上。

　　自愿来到这里（若干年后，布罗茨基将被强行带到此地），这证明他在持续不断地、高度紧张地探索在这个国家的新的存在方式，在这里，你对存在——不言而喻，它决定着人的意识———置若罔闻，却试图窥测自己的内心，这本身就已经是一种应该受到刑事处罚的行为了。

————————

　　①　以上皆为古希腊神话传说中勇士或神明的名字。

"约瑟夫绝对是个田野条件下的自己人,这也就是说,他很清楚他作为矿石收集者和地质队员助手的职责究竟何在。他对我们的职业技艺怀有敬重。他背着背囊,时常是很沉的背囊,他不恐惧那些没有尽头的旅程,尽管那些旅程常常是冒险的、艰难的。需要经常涉水或划船渡过泰加林中宽阔的河流。但是,总会遇上那种不曾有过的渔猎场景,因此通常不会挨饿,虽说也有过这样的时候,会一连好几个星期只吃同一种罐头焖肉。感到寒冷,则是家常便饭。"① 80 地质队的朋友这样评价布罗茨基。

不过,他善于在团队中表现得"跟大伙儿一样",一点儿也不凸显自己(而这团队有可能是"军械库"的铣工和侧路渠的痞子们,也有可能是州立医院的卫生员和受过大学教育的地质工作者们),关于这一点,前面已经谈过了。也许,在这种社会适应能力(随波逐流)当中,隐藏着一个人对生活、对人的认真观察。而这种观察方式在很大程度上带有比较的性质。他拿他本人及其言行举止与他所处的环境及出于种种客观原因而近距离接触的各色人等作比较。与此同时,环境和人员的频繁变更使你无须沉浸在既有的具体环境当中,或"毫无保留地"与他人建立长久的相互关

---

① 转引自列夫·洛谢夫著,刘文飞译:《布罗茨基传》,页38。

系。它(变更与探索)让你能够沿切线方向超越空间和时间,仅仅运用一些色彩和中间色便使想象力变得丰满起来,画家创作时用的调色板上就有这些色彩和中间色的预留位置。

由此可见,对这种存在的理解一定意义上带有超脱的性质,因为就像约瑟夫本人一九六二年夏天在涅瓦河畔感受到的那样,"在这个河堤上,谁也不会产生这样的念头"。比方说,没有人会想到时间是能够超越甚至能停下来的,没有人会想到空间像一头巨鲸,先知约伯在其肚腹内饱受折磨,或者像那头让人联想到俄国作家、记者及副省长米·叶·萨尔蒂科夫-谢德林的利维坦。

米哈伊尔·叶夫格拉福维奇就曾文绉绉地用腹语说:"人生如梦,哲学家-唯灵论者这样说。如果他们的话完全符合逻辑,那么还可以加上一句:历史也如同梦幻。当然,不得不承认,这里的两个比喻同样无比荒唐,然而在历史上确实会遇到一些像盲区一样的地方,面对它们,人会不无困惑地停止思考。生活的洪流仿佛不再自然地流淌,而是形成了一个旋涡,在原地打转,迸溅着水花,泛起泡沫,你无法透过这泡沫分辨出鲜明的典型特征,甚至无法辨别任何孤立现象。自相矛盾而又难以理解的事情纷至沓来,而人们除了捍卫当下,显然没有追逐其他目标。他们时而浑身战

81

栗,时而洋洋自得,两种状态交替出现,他们越是深切地感受到屈辱,就越是激烈地、复仇般地体验着快感。这种不安情绪的源头已经模糊不清了,人们为之斗争的原则渐渐消解;剩下的就是为斗争而斗争,为艺术而艺术,发明烤刑架,走钢丝,等等。"①

那么,可以把什么当成现实呢?

关于这个问题,约瑟夫本人给出的答案是——只有语言,因为它能让时间和空间,让生与死和解。而且这里所指的只能是诗歌,因为它是语言的最高存在形式。布罗茨基认为:"就理想的境界而言,诗歌就是语言对语言大众的否定,就是对引力法则的否定,诗歌就是语言向上方或是向某一方的追求,它在追求词所在的开端。"②也就是说,诗人赋予自己造物主的职权,从不可企及的高度观察(蚁窝般的)人间乱象,观察那些按照神的模样创造出来的人所做的天真尝试——他们试图获取荣誉、财富、爱情、祖国,最后,还有安息之地。

可以想象,每次返回列宁格勒,都是从一种语言状态过

① 转引自萨尔蒂科夫-谢德林著,张孟恢译:《一个城市的历史》(人民文学出版社,1959),页149。

② 约瑟夫·布罗茨基:《诗人与散文》。转引自约瑟夫·布罗茨基著,刘文飞译:《文明的孩子》,页126。

渡到另一种语言状态的独特过程,此时,布罗茨基在西伯利亚、中亚及俄罗斯北方的见闻被压缩至一间半房子大小,拥挤不堪,它们在寻找出口,但一直都没有找到。

直到一九五九年。

布罗茨基是从什么时候起成为一位诗人的?对于叶甫盖尼·莱茵①提出的这个问题,约瑟夫在多年后给出了答案:"大约是在一九五九年,我飞赴雅库茨克,在那儿熬了两个星期,当时天气不好。我记得,就是在雅库茨克,我在这座可怕的城市里游逛,顺便走进一家书店,在那儿淘到了巴拉丁斯基的书——"诗人丛书"那一版。因为手头没什么可读的,当时我找到这本书后就读了一遍,然后就知道自己该做什么了。至少我非常激动,所以似乎一切都是叶甫盖尼·阿勃拉梅奇②的错。"

摘自叶·阿·巴拉丁斯基一八二七年创作的诗歌《最后的覆灭》:

---

① 叶甫盖尼·鲍里索维奇·莱茵(1935-),俄罗斯作家、诗人。二十世纪五十年代末六十年代初,莱茵、布罗茨基、德米特里·瓦西里耶维奇·鲍贝舍夫(1936-)及阿纳托利·根利霍维奇·奈曼(1936-2022)四位诗人与安娜·阿赫马托娃走得很近。阿赫马托娃去世后,鲍贝舍夫在一首诗中称他们四人是"阿赫马托娃的孤儿"。

② 叶甫盖尼·阿勃拉莫维奇·巴拉丁斯基(1800-1844),俄罗斯诗人、翻译家。

有一种存在；但是该如何

为之命名？既非做梦也非失眠：

而是介乎其间，对他们来说，

人的理智与疯狂相差无几。

他陷入沉思，心无旁骛，

此时一群更狂野、更任性的

幽灵，如海浪般

从四面八方向他扑来：

他依稀认为，恐慌是自己

古老祖国的天然属性。

但是每当他燃起理想的火焰，

便看到他人无缘得见的光芒。

　　雅科夫·戈尔丁一九五九年在雅库茨克机场拍摄的一张照片被保存了下来。

　　布罗茨基站在一块铺着方砖的场地上。

　　在他身后，有一排东倒西歪的栅栏、一个白色垃圾桶，以及机场，机场上停着一架"伊尔-14"。

　　照片的分辨率不高，所以天气看上去灰蒙蒙的，特别像 83 列宁格勒阴天时的样子。

　　在翻译家、地矿学副博士柳德米拉·雅科夫列夫

约瑟夫·布罗茨基在雅库茨克机场，
一九五九年夏(雅科夫·戈尔丁摄)

穿着矿业学院制服的柳德米拉·施特恩，
一九五八年，当时她初遇布罗茨基

娜·施特恩①的《无冕诗人：回忆布罗茨基》一书中，我们可以读到下面几段文字：

> 我对约瑟夫的"雅库茨克时期"留有些许记忆。他在出国移民前两天送给我和维佳一张他自己的照片，那是一九五九年夏天在雅库茨克机场拍的。他叉开腿站着，双手揣在衣兜里，他身后的机场上一架飞机正在起飞(也可能是降落)。照片背面题写着"我再也不会在这个机场落地了。请别难过……"总的来说，布罗茨基的"地质队时期"大约从一九五七年延续至一九六一年。

> 不过，在接下来的几年，我好几次顺利地聘请他到列宁格勒国家水资源管理研究所担任"顾问"，我从矿业学院毕业后一直是那儿的水文地质工程师。顾问薪金微薄，但聊胜于无。我记得我们合作完成"俄联邦西北部地区灌溉-排水渠状况"这个项目的情形。我们在列宁格勒州四处奔波，查看绵延数公里的水渠，以确保其边坡稳定无虞。那些水渠的状况令人担忧，边坡看

---

① 柳德米拉·雅科夫列夫娜·施特恩(1935-2023)，俄罗斯作家、翻译家。与布罗茨基有着深厚的友情。创作有布罗茨基传记《布罗茨基：奥夏，约瑟夫，Joseph》。

着也都好不到哪里去，全都坍塌得厉害，长满了乱七八糟的东西。我负责描述状况，布罗茨基负责拍照。他的摄影技术高超，大概是继承了父亲的天赋。况且亚历山大·伊万诺维奇也允许他使用自己的专业器材。总之，我在结项报告中特别提到："照片为项目的描述性部分提供了出色的证明。"时至今日，这些附有胡蜂照片的报告也许仍然保留在列宁格勒国家水资源管理所的档案里，落满了灰尘。

我们当时甚至冒出一个狂妄的念头：写一部关于灌溉渠之稳定性的科普电影剧本，赚点小钱。布罗茨基想出一个吸引眼球的片名：《杜绝灾难》，意思是说，不能让倒塌的边坡"埋葬"任何人。我们写了申请报告，然后有朋友安排我俩与"科普厂"，也就是科普电影制片厂的经理会面。经理当着我们的面瞟了一眼申请报告，说："满足一个条件，这件事就可行：写点新鲜玩意儿，让剧本花哨点。"我俩答应写得花哨点，然后便离开了，但转天我们就打消了写剧本的念头，因为主题实在无聊得可怕……

布罗茨基年轻时就有另一种罕见的天赋——善于从现实中总结出抽象概念。他思考问题的时候，总是全身心投入其中，不在意交谈者的反应，也不顾及对方的理解能力。也许正是这些特质影响了他在地质工作方面的远大前程。

这位来自雅库茨克的"巴拉丁斯基"确实如此——他只倾听自己内心的声音，把现实当作梦想（"哲学家-唯灵论者"如是说），完全沉浸在自己的思想之中。

第二年，约瑟夫再次前往雅库特进行地质勘察（这里的地质队员都知道他的身体有问题——他有心脏病——所以刻意不让这个年轻人干重活），然而令所有人感到意外的是，工作进行到一半的时候，他竟然离开地质队去了列宁格勒，他后来这样解释自己的行为：蚊子"咬死人了"，而且他和党的负责人对生活有不同的看法。

不过，这也能理解。

积累见闻及生活经验的阶段以布罗茨基认为恰当的方式结束了。继续扮演工人、地质工作者、卫生员、锅炉工、看门人等角色已经毫无意义，因为他在探索中（约瑟夫在一九五八年写给诺拉·拉里奥诺娃的信中谈到了这一点）找到了要找的东西——他将成为一名诗人，通过否定万有引力定律（也包括各种社会规则），把语言提升到"太初有道"中"道"的地位。

思想和灵魂真正紧张的时刻就这样到来了，此时，一切与创作及文学没有直接关联的东西全都变得毫无意义。

关于这件事，我们还是宁愿引用柳德米拉·施特恩书中的另一个片断：

> 约瑟夫请求我安排他参加地质考察。我同自己的上司伊万·叶戈洛维奇·鲍贡——一个神情忧郁的男人——谈了这件事，他希望亲自和这位未来的同事谈一谈。
>
> 我给布罗茨基打了个电话，说："明天来面试吧。穿戴得整齐点，刮刮胡子，表现一下你对地质工作的热情。"
>
> 布罗茨基来了，满脸火红的硬胡茬，穿着一条不知熨斗为何物的帆布裤子……
>
> 还没等人邀请，布罗茨基就这么"咚"的一声坐到了扶手椅上，抽起他那要命的普里马牌香烟，对着鲍贡的鼻孔吞云吐雾——鲍贡不会吸烟。
>
> 鲍贡皱了皱眉，在鼻子前摆了摆手，驱赶难闻的烟雾，但是布罗茨基并不觉得这是一种暗示。紧接着，他俩之间开始了这样一场谈话：
>
> "您的朋友说您迷恋地质学，一心想到野外去，想成为一名不可替代的地质工作者。"伊万·叶戈雷奇彬

彬有礼地说。

"我能想象。"布罗茨基嘟哝了一句,涨红了脸。

"今年我们在三个地方考察——科拉、马加丹和中亚。您愿意去哪儿呢?"

"无所谓。"约瑟夫呵呵一笑,揪了揪自己的下巴。

"原来如此! 那么,您更喜欢做什么——制图,还是勘查和勘探矿物……"

"毫无区别,"布罗茨基打断了他的话,"只要能离开这里就好。"

"也许,您喜欢伽马测井?"上司还不死心。

"管他伽马还是德尔塔,全都一样!"布罗茨基驳斥道。

鲍贡沉下脸来,抿起了嘴唇。

"可是……您对地质工作的哪个领域特别感兴趣呢?"

"地质工作?"布罗茨基嘿嘿笑着,又问了一遍。

鲍贡把眼镜拉到鼻尖上,从眼镜上方专注地看着诗人。在他的注视下,布罗茨基尴尬极了,红着脸,在圈椅里坐立不安。

"请问,"伊万·叶戈雷奇冷冰冰地、一字一顿地说,"您在生活中有什么感兴趣的东西吗?"

"当然，"约瑟夫精神一振，"那还用说！世界上最吸引我的是诗歌形而上的本质……"

鲍贡的眉毛和眼睛都皱到天上去了，心不在焉的布罗茨基却没有注意到说话人的神情。

"您懂的，"他接着说道，"诗歌——是语言最高级的存在形式……"

这个话题总算激起了约瑟夫·布罗茨基的兴趣。他跷起二郎腿，坐得更舒服些，又抽出一支"普里马"，点着火柴，心满意足地深吸了一口。

"您发现了吗，"约瑟夫满怀信心地继续说道，仿佛在分享一个秘密，"所有这些三行体、六节诗、十行体——都只是对太初之'道'的回声所做的多次、反复的提炼。它们似乎只是人造的诗歌语言结构形式…… 87我解释得清楚吗？"

伊万·叶戈雷奇目瞪口呆，接不上话来。他缩着脖子，困兽似的望着诗人。与此同时，约瑟夫如夜莺般娓娓道来："我开始认真学习拉丁语了。我对不同风格的拉丁语诗歌很感兴趣。您记得卡图卢斯①的那些短诗吗？他总爱用扬抑格……"约瑟夫略作沉吟，说：

————————

① 卡图卢斯(约前87-约前54)，古罗马诗人。

"我现在就给您举个例子……"

布罗茨基猛然间从扶手椅上站起身来,开始在伊万·叶戈洛维奇·鲍贡的办公室里来回踱步。他挥舞着双臂,朗诵道:

> 一叶轻舟载着阿蒂斯在茫茫深海上飞驰,
> 当他迅疾的足热切地踏入佛里吉亚的林子,
> 女神的地界,那里,在树木笼罩的幽暗中,
> 他顿时心思恍惚,一种狂野炽烈的冲动
> 驱使他用锋利的燧石割掉了腿间的重负。
> 然后,当他感觉自己的肢体已将雄性祛除,
> (片刻以前的血已染红地上的泥土,)
> 便迫不及待地用雪白的手拾起轻巧的鼓,
> (你的手鼓,神母库柏勒,你的接纳仪式,)……①

他停住脚步,沉默片刻,似乎在脑海中重新整理卡图卢斯的诗句,然后继续激情饱满地朗诵道:

---

① 卡图卢斯:《歌集》。转引自卡图卢斯著,李勇毅译注:《卡图卢斯〈歌集〉》(中国青年出版社,2008),页205-207。

经过多少国度,穿过多少风浪,

我才来到这里,哥哥,给你献上

凄哀的祭礼,以了却对你的亏欠,

徒劳地向你沉默的灰烬问安。

既然你从我身边,被不公正的命运

生生劫走,可怜的哥哥,我只能

求你姑且收下这些按祖先的规矩

摆放在你坟前的悲伤礼物——

享用吧,它们已被弟弟的泪水浸透,

永别了,哥哥,保重,直到永远!①

　　伊万·叶戈洛维奇惊恐地望着不可理喻的诗人。后来,当布罗茨基离开他的办公室时,他在布罗茨基身后使劲用手指在太阳穴旁画圈,因为他实在不明白,他面前的这位是什么人——小丑还是诗人,品位高雅的知识分子还是不可救药的骗子手,头脑清醒的人还是醉汉,疾病缠身的病患还是健康人士?

　　而约瑟夫却不在意鲍贡或其他人对自己的看法,因为

----

　　① 卡图卢斯:《歌集》。转引自卡图卢斯著,李勇毅译注:《卡图卢斯〈歌集〉》(中国青年出版社,2008),页365。

他一边在涅瓦大街上走着，一边为自己的种种想法感到喜悦，他在思考卡图卢斯诗中扬抑格的力量，思考他是如何巧妙地使希腊抒情诗的韵律与拉丁语相匹配，如何将热情洋溢的色情之音填满献给美丽的莱斯比娅①和年轻的尤文提乌斯②的情书。

他思考着这些问题，不知不觉来到了书店门口。

他停下脚步。

自问自答道："要进去吗？""可以啊。"

约瑟夫沿着主楼梯上了二楼，那里销售的美术类书籍有《艾尔米塔什古希腊藏品》《乔治·达维一八一二年军事系列画作》《巡回展览派艺术家》《苏联列宁造型艺术品》《雕塑家武切季奇》《美术作品中的列宁格勒》《苏联当代素描展》。

89　　　　他莫名其妙地从书架上取下最后那本书浏览起来，端详着画上那些挽着衣袖、肌肉发达的工人、乳房丰满的集体农庄女庄员、脸蛋圆润饱满的孩子、与学校的拼装机器人相似的宇航员、布尔什维克以及革命水兵。

"您打算买吗？"

---

①　莱斯比娅，卡图卢斯在其作品《歌集》中给他的情人起的名字。

②　尤文提乌斯，卡图卢斯在其《歌集》中给一位以美貌著称的同性恋人杜撰的名字。

约瑟夫吓了一跳,有点慌乱,仿佛被人发现自己正在看下流读物一样,他抬起眼皮,恰好撞上售货员那冷冷的、不满的眼神。

"不。"

"那么请放回原地!"

约瑟夫把书放回书架,出门来到了涅瓦大街。

他抽起烟来,心想,这座城市的每一条街道都通往涅瓦河。

换个角度说,你在涅瓦大街上几乎不会产生任何与当地城市规划相关的其他想法。

河对岸坐落着证券交易所、中央海军博物馆、普希金之家、科学院彼得大帝人类学与民族志博物馆、列宁格勒大学、美术学院。布罗茨基本人也有一些回忆与这座城市的这一地段相关。

第一段回忆

天色将晚,放学后,我穿过市区来到河边,跨越冬宫桥,奔向博物馆去找父亲,和他一起走路回家。有时父亲值夜班,而博物馆已经关门了,这样的时候最美好了。他出现在富丽堂皇的大理石长廊里,左臂上戴着值勤军官才有的蓝白蓝袖章，身体右侧的皮带上挎着一把带皮套的巴拉贝伦自动手枪；一顶带漆皮帽檐和镀金"沙拉"的海军军帽将他那不可救药的秃顶隐藏起来。"您好，大尉。"我说，这是他的军衔；他微微一笑作为回应。他再过一个小时左右才能下班，便让我独自在博物馆里游荡。

第二段回忆

我一度流连于大学校园。我去那儿旁听各种讲座，但这也没有持续多久。我记得我去听过一个姓捷尔卡奇的人的讲座，他是教苏联文学的，他在讲座上使用了"颓废文学"之类的定义范畴——我为此气得要命，于是就再也不去听讲座了。但不管怎样，我还是认识了一大群人……不过这段时光并不长久，持续了半年左右。总的来说，我最喜欢历史系……不过我认为我当时有点过敏，因为只要看到几门必修课——例如马列主义，好像是这么叫的——不知怎的，我就丧失了想去了解的欲望……但我始终记得，我在河对岸一边走，一边眼巴巴地望着校园，为自己不是那里的学生而痛心。这种情结在我心里纠缠了很久。

第三段回忆

我有两位熟识的画家，他们的画室位于特别好的地段，美术学院附近。都是普通画家，各具才华的工艺美术工作者。他们是特别有趣的交谈者，机智极了。于是名士派或那些自认为名士派的便时不时地在他们那儿聚会。他们喜欢躺在地毯和兽皮上，好喝酒。也有姑娘来找。因为艺术家——他们靠什么吸引人呢？他们不是有女模特吗？

基本上聊的都是些和色情沾边的话题。这样一种肤浅的快乐，或者不如说是插科打诨。当然也很可悲：所有这些痛苦的情感只有一个缘由——谁带着谁跑了。因为分配表照例完全是错的。总之就是一场正常演出。有些人来这里只是为了看戏，他们是观众。不过也有演员。比如说我，就是演员……

第四段回忆

还有一座城市。这是地球上最漂亮的城市。一条无尽的铅灰的河流覆盖着这个城市，如同那无尽的铅灰的天空覆盖着这河流。河的两岸，耸立着许多带有精雕细琢之立面的雄伟宫殿，如果这男孩站在右岸，那么左岸看上去就像那被称之为文明的巨型软体动物的标记。那文明已停止存在。①

软体动物——彩虹鹦鹉螺②——一只普普通通的小船。软体动物和鱼儿都在深水里遨游。

然而一切都是相对的——这只彩虹鹦鹉螺待在原地，河水从它旁边流过，甚至穿过它的身体。

> 夜间永不熄灭的小船
>
> 在茫然不解的忧伤中，
>
> 缓缓地飘浮于窒息的砖石之间
>
> 飘出亚历山大花园，
>
> 夜色里孤僻的小灯笼
>
> 好像一朵黄玫瑰
>
> 在自己心爱的人们的头顶上，
>
> 在过路人的脚旁。③

92

---

① 约瑟夫·布罗茨基：《小于一》。转引自布罗茨基著，刘文飞译：《文明的孩子》，页29。

② 原文为拉丁文。

③ 约瑟夫·布罗茨基：《圣诞节浪漫曲》。转引自约瑟夫·布罗茨基著，娄自良译：《布罗茨基诗歌全集 第一卷(上)》(上海译文出版社，2019)，页145。

弗里亚金号拖船(波尔型)厉声长鸣,终于从沃罗达尔斯基大桥下驶过,顺着奥布霍夫防卫大街方向朝乌斯奇-伊若拉镇驶去。而它那凄厉的汽笛声仍然久久地回荡在涅瓦河上空,直到彼斯捷尔与铸造街街角处那栋房子的正门"砰"的一声关上,才沉寂下来。

亚历山大·伊万诺维奇照样非常享受和儿子在列宁格勒的街道、街心花园及河堤上散步。他开玩笑,给妻子讲述散步时发生的趣事,引用约瑟夫的奇谈怪论,还不时地拍拍他的肩膀。

他摘下制帽,伸手擦了擦汗津津的额头。

约瑟夫·亚历山德罗维奇总喜欢这么说:

例如我的父亲,他连党员都不是,他受不了所有这些"好",简直无法容忍……而且他还是个酷爱讽刺挖苦的人,总之,他对国家、对政府、对亲戚,特别是对那些在体制内出人头地的人都抱着一种嘲讽态度。他总是嘲笑他们,动不动就想和人争论,我发现自己现在也是如此,也就是说总想反对什么。我认为我在这一点上主要继承了他的特点,也就是所谓的血统、基因方面的因素。巴拉丁斯基有一首精彩绝伦的诗……

《荒芜》,他在诗中这样描写他的父亲:

> 我将十分清楚地认识他:
>
> 他用灵感使得我不安,
>
> 他用林子、谷地和流水赞扬我;
>
> 他坚定地预测我的国家,
>
> 我在那儿继承了无期限的春天,
>
> 我不曾注意到崩溃的痕迹,
>
> 那儿有的是不谢的柞树的遗迹,
>
> 在不曾枯竭的小溪旁。
>
> 我遇到对我最神圣的影子。①

　　在父母亲的房间里,桌子上面的枝形吊灯已经亮起来了,高高的椅背投下清晰的影子,像锯齿形的栅栏一样把空间分隔开来,犹如卡纳莱托画布上圣马可广场的建筑。

---

① 叶甫盖尼·巴拉丁斯基:《荒芜》。转引自约瑟夫·布罗茨基、所罗门·沃尔科夫著,马海甸、刘文飞、陈方编译:《布罗茨基谈话录》(东方出版社,2008),页219。

第五场前幕间剧

布罗茨基在列宁格勒家中，六十年代初(鲍里斯·施瓦茨曼摄)

一九五一年十二月一日,列宁格勒国立安德烈·日丹诺夫大学语文系的阶梯教室里,来了三位年轻人。

他们穿着及膝的长衫,腰间系着细绳,裤子是麻布做的,手里拎着提篮。这几个年轻人一边哼唱着歌谣《薄薄的小木片》①,一边坐到了讲台正对面的座位上,掏出鹅毛笔和待会儿听俄罗斯文学讲座时用来做笔记的几卷纸,还有几只木碗。他们豪爽地相互拍拍肩膀,把一个黑面包掰碎后放进碗里,浇上自带的克瓦斯。

他们掏出几把木勺:

我的薄木片,薄薄的小木片是用桦木做的。

为何你,我的薄薄的小木片,不能烧得旺旺的。

为何你,我的薄薄的小木片,不能熊熊燃烧。

不能熊熊燃烧,不能熊熊燃烧……

这番故作严肃的高歌(走廊上的人们开始向阶梯教室张望)外加夸张的、表演式的肢体动作,让听众和观众重温了伟大的费奥多尔·伊万诺维奇·沙里亚宾在一九〇七年

---

① 《薄薄的小木片》,十九世纪俄罗斯民谣,在二十世纪初由著名歌唱家费奥多尔·伊万诺维奇·沙里亚宾(1873-1938)演唱后,风靡俄国。这首歌也成为沙里亚宾的歌曲代表作之一。

演唱《薄薄的小木片》时的风采。

"这是托洛茨基-季诺维也夫主义者的挑衅!"有人在"堪察加"①喊道。

后来,我们从一九五二年十二月十一日的《共青团真理报》上读到了这件事的来龙去脉:

这是怎么回事?它是何时何地发生的?不久前,即今年的十二月一日,在列宁格勒大学语文系的俄语讲座(据另一种说法,是十九世纪俄罗斯文学课)上,大二学生米哈伊洛夫、康德拉托夫及克拉西利尼科夫上演了这荒唐的一幕。

当然,他们的同年级学生立即把他们从教室里赶了出去。这几个疯疯癫癫的"怪人"不成体统的反常举动激怒了学校各社团组织。

被激怒的还有共青团委员会。他们既愤怒又尴尬。原来,上述事件的"主人公"——几位共青团员,早已凭借自己取得的一点点成绩和过分高调的言行博得了可疑的名声。

去年语文系就有传言:大学生康德拉托夫、米哈

---

① "堪察加",苏联时期大学校园中对坏学生坐的最后一排座位的戏称。

伊洛夫、克拉西利尼科夫及索科利尼科夫让自己凌驾于大学生集体之上，目中无人，骄傲自大。就在他们的同学刻苦学习、积累知识之际，这帮不学无术之徒却死记硬背他人尖刻的言辞，有意无意地断章取义，冒充真正的文学鉴赏家。

与此同时，他们对文学现象的评价带有一定的倾向性：他们挖苦我们心目中的圣人普希金和果戈理，大肆吹捧象征主义者及其他"东方人"创作的腐朽堕落的诗歌。托老天的福，有人开始把他们这些虚张声势的半瓶子醋称作"新未来主义者"了。刻薄的词语显然符合他们的口味。至少他们不反对这个称谓，而且还竭力强调自己的独特之处。共青团小组讨论过几次克拉西利尼科夫及其友人的品行。尽管如此，还只是涉及了表面现象——违反规章制度及扰乱现有秩序。学校共青团组织的领导干部、高级教师——讲师和教授们——未能帮助共青团员从政治角度对所谓"新未来主义者"的"恶作剧"做出评价。但是毕竟这些"恶作剧"远远地散发着小中产阶级放荡不羁的臭味，因此有必要揭露他们以小丑行径掩盖起来的那些与我们对生活的看法相敌对的思想。然而不幸的是，和列宁格勒另外几所高校一样，这所大学的共青团组织也没有从严格的原则立场及清晰的思想立场出发，去熟悉大学生生活中的种种现象。在形式的背后，在诸多"群众性活动"的背后，青年学生的领路人忽略了最重要的事——关注思想的纯洁性，关注未来专家的政治历练。

经过短暂而激烈（按照当时的惯例）的讨论，"疯疯癫癫的"大学生米哈伊尔·克拉西利尼科夫（1933-1996）及尤里·米哈伊洛夫（1933-1990）被学校除名，两年内不得复学。爱德华·康德拉托夫（1933-2000）——另一位喜欢在大学教室里喝克瓦斯、唱《薄薄的小木片》的大学生——被从轻发落，留在了班里。

斯大林死后，即我们记忆中少年约瑟夫·布罗茨基在盐巷那所学校被要求下跪的时候，语文系最终为"新未来主义者"恢复了名誉，"怪人"重新过上了大学生活。不仅如此，一批才华出众的新人也加入了米哈伊尔·克拉西利尼科夫的团体，他们是弗拉基米尔·乌弗良德（1937-2007）、谢尔盖·库列（1936-1984）、米哈伊尔·叶廖明（1936-2022）、列昂尼德·维诺格拉多夫（1936-2004）、亚历山大·康德拉托夫（1937-1993）、列夫·利弗希茨（洛谢夫；1937-2009）。

据弗拉基米尔·约瑟弗维奇·乌弗良德回忆："一九

五六年四月二日,我和我们非凡的朋友米沙·克拉西利尼科夫在语文系前面的涅瓦河段开启了游泳季。涅瓦河上漂浮着从拉多加湖漂来的冰块,我们在冰块之间潜入水下。有人拿着一点点伏特加严阵以待——如果我们还活着,就赶紧给我们取暖。"

当时列宁格勒很多人都在谈论实验语言学家。

这也是可以理解的,要知道他们一直都在尽力博取他人的关注。

例如,在不知所措的路人中间,这些年轻人就能不拘小节地躺倒在积雪覆盖或夏日骄阳炙烤的涅瓦大街上,因为这样更便于一边仰望星空,一边朗诵诗歌。

通常都是克拉西利尼科夫最先开始朗诵:

> 暴风雨用苦闷袭击了
> 孤独、疲惫的行人。
> 穿着不透水的橡胶套鞋
> 双脚在路面上称王称霸。
> 它们拖着肉体去吃晚餐,
> 屋顶为桌上的饭食挡风遮雨。
> 而此刻就连水洼里
> 也落满了青金石。

101

树木悲伤不已，

因为雨会忘记停雨的时间。

远方炽烈的电光

不知疲倦地装点树木。

烟囱里升起袅袅青烟

描绘低音歌手的歌喉。

柏油路理性的瞳孔

冷眼觑看树木。

思想态度强硬，它说，

是眼睛从树枝上摘下了花朵。

人行道也厌倦了将它淹没的光的洪流，

飘入沉沉夜色中。[①]

随后乌弗良德接着朗诵道：

农民

体格强健。

坚持原则又心地单纯。

我想成为农民，

---

① 米哈伊尔·克拉西利尼科夫：《暴风雨用苦闷袭击了……》。

如果需要，

可以加入

集体农庄。

农民的命运自古如此：

收割，

把种子撒向大地，

有时也

出于偶然

从德意志人、瓦兰人或希腊人手中

拯救俄罗斯。

严寒是他的帮手。

我也会变得体格强健，

坚持原则

又心地单纯。①

所谓的"米哈伊尔·克拉西利尼科夫诗歌小组"（即著 102
名的"语文学派"），是五十年代中期在列宁格勒形成的，到
六十年代初，它给这座矗立在涅瓦河畔的城市的人文界留
下了深刻印象。而在一九五六年，依据刑法第 58-10 条，克

---

① 弗拉基米尔·乌弗良德：《农民》。

拉西利尼科夫被判处四年监禁(因为他在庆祝伟大十月的游行中高呼反苏口号)以及在摩尔多瓦的劳改营里服刑三年,这件事也只是扩大了"语文学家"们的知名度而已。

这里有必要指出,米哈伊尔·克拉西利尼科夫于一九六〇年获释,之后他设法恢复了自己在列大的学业并读完了大学。

这个"诗歌小组"的显著特点,是向马雅可夫斯基和他激进的口号——把过时、迂腐的文学创作形式"从现代的轮船上抛下去"——看齐。"语文学家"们心甘情愿地试着戴上未来主义者与"真实艺术协会"、意象派诗人与阿克梅主义者的面具,别出心裁而又无比机智地在那些相互排斥的诗歌潮流和派别的边缘保持平衡。米哈伊尔·克拉西利尼科夫的朋友们(当然也包括他自己)朗诵诗歌时通常会做一些即兴表演(就像时下人们所说的"快闪行动"一样)。发生在大学食堂里的著名的"消灭果冻"事件令人记忆犹新,当时"语文学家"在大学生们讶异的目光中,吃光了这一大学生喜爱的食品的所有存货,而整个过程中他们一直都在朗诵自己的诗歌作品。

如此奇特的表达方式在当时是绝对不可接受的,而它是知识分子探索自由(既包括内在的,也包括外在的自由)——创作自由、行动自由及世界观自由——的合理结果。

弗拉基米尔·乌弗良德在其札记《表达方式》中写道：

我从小就知道我喜欢杜撰，更准确地说，喜欢把我
看到的东西变得更符合我的口味。后来我发觉很多人
喜欢这些编造的玩意儿。而后我又发现，我会画画和写
韵文。

再后来我才知道，这叫作"自我表达"。

最实惠的自我表达方式就是写韵文。在狱中
(一九五九年，乌弗良德因被指控有流氓行为而在"克列
斯特"①关了几个月——作者注)我既不需要纸张也不需
要铅笔，而是在脑子里写作。后来我回家了，用小纸片
记下了所写的东西。这种自我表达方式让我着迷，直到
我又有了新的发现。

譬如，我在一平方分米见方的小纸片上画的东西，
如果用文字描述并用打字机打出来，那么就需要更多的
纸张。又是一种节俭的表达方式。

只是后来迫于生计，我不得不写一些体量大的东
西，比如戏剧、小说之类。

总之，写韵文和画钢笔画一直是我喜欢的两种节俭

---

① 曾经的审前拘留中心，位于圣彼得堡。

的自我表达方式。况且用来生产纸张和制作铅笔的木材在地球上变得越来越少了。

我还掌握了一些更烦琐的表达方式，但极少用到。

列宁格勒大学生诗歌运动的另一极，是矿业学院的文学协会，由教师及诗人格列勃·谢苗诺夫（1918–1982）领导。

该协会的成员有亚历山大·格罗德尼茨基（1933- ）、安德烈·毕托夫（1937–2018）、叶连娜·库姆潘（1938–2013）、雅科夫·维尼科维茨基（1938–1984）、格列勃·戈尔波夫斯基（1931–2019）、亚历山大·库什涅尔（1936- ）、弗拉基米尔·布里塔尼什斯基（1933–2015）、奥列格·塔卢京（1935–2000）、亚历山大·格达林（1933–2017）及达维德·达尔（1910–1980）。

与那些偏爱乖谬行为的"语文学家"不同，"矿工"们更倾心于理论空谈、对字词进行紧张而细致的钻研（特别需要指出的是，他们当中的很多人后来都成了职业散文家和诗人）以及做极其详尽的说明，而他们的文学会议更像高校的研讨会，会上既有论战方的论述发言，也有指导教师善意的反驳。

格列勃·雅科夫列维奇·戈尔波夫斯基朗诵道：

一截残存的树桩,一捆树枝,

一堆堆篝火及一道道青烟。

烘干你的双脚——越快越好,

假如你饿了——河里有鱼汤。

一道亮光颤抖着潜入绿林,

在三棵松树间迷失了方向。

沼泽地上微风

习习,睡意正浓……

篝火在抱怨,

而我明白:

既然火焰旺盛,

小睡片刻又何妨……

但这里夜晚如此寒冷

让人怎能安然入睡?

……篝火和我……

四下里

只有我们两个活物,两个

链环,彼此相像,

不晓得梦为何物……

接替他朗诵的是弗拉基米尔·利沃维奇·布里塔尼什斯基：

首都气温骤降：

从北方的海上、

从北极、从外乌拉尔、

从北极圈的劳改营吹来阵阵寒风。

它扯开喉咙匆匆道出

全部谎言及空洞的虚伪言辞。

它扬起冰冷刺骨的雪，

毫不留情地甩到莫斯科人脸上。

它是金属丝做的，凶恶，狠毒，

像囚徒，也像逃犯，

它终于发现

他们美满生活的全部脆弱之处。

它是午夜的梦魇，

纠缠不休的禁忌话题。

它全权代表他们，

离开它，那些人便只是哑巴而已。①

---

① 弗拉基米尔·布里塔尼什斯基：《首都气温骤降……》。

若干年后，已经定居美国的约瑟夫·布罗茨基承认："那时地质队出了一位诗人——弗拉基米尔·布里塔尼什斯基……有人给我看了他的一本小册子，名为《探索》……我就想，也许我能把这个题目写得更好一点。"

显然，未来的地质学家、土地测量员、矿山测量员、煤气厂职工、石油工作者们对待文学创作的态度要严肃得多（顺便说一句，苏联的职业作家对"矿工"们颇有好感，还帮助他们出版作品，而对那些"语文学家"-先锋派艺术家，则无法做到这一点，因为他们的反常行为有时让人觉得无异于年轻人的幼稚病，甚至纯粹是耍流氓）。

可见，"克拉西利尼科夫小组"与"谢苗诺夫小组"之间的关系并不十分暖人。

列大团委会的严格监管（特别是克拉西利尼科夫被捕之后）及"谢苗诺夫小组"过分严肃的态度（这种态度消磨了格列勃·谢苗诺夫的弟子们鲜活灵动的诗意），暴露了"语文学家"与"矿工"的相互觊觎之处。

不过弗拉基米尔·布里塔尼什斯基承认："大学的文协 106 里有各种各样的人，其中有些人才华出众，饶有趣味，令人敬佩。一九五九年十二月的一场大学诗人晚会让我对此深信不疑，我在那儿结识了利弗希茨（即后来的洛谢夫——作者注),并聆听了谢尔盖·库列的朗诵。"

这是一场与官方文学进程并行不悖的运动,不过,对于所有参与其中的人而言,无论他们如何看待创作,最紧要的问题,都是出版问题。

当然,在"家庭晚会"和文学晚会上朗诵自己的诗——这种事值得赞许,而且对诗人也有裨益,但是看到自己的作品付梓,把自己的著作或收录自己诗歌的作品集捧在手上,则完全是另外一回事了。那是一种异样的感受,异样的状态,在朋友(和敌人)圈中异样的自我定位。

弗拉基米尔·利沃维奇·布里塔尼什斯基这样描述当时那种情况:"当然,大学生诗歌运动与'地下出版物'最初的萌芽相关联,交织在了一起,这些萌芽包括手抄本和用手摇油印机印制的杂志、集刊、汇编,以及活跃的大学生墙报,大学生墙报原本是合法的,但是后来因为越过了底线而遭到毁灭性的打击。"

苏共列宁格勒市委第一书记伊·瓦·斯皮里多诺夫在苏共市委全体会议上所作的报告中,非常清晰地追溯了三者之间的关系。该报告文本发表在一九五六年十二月十四日的列宁格勒《接班人报》上。布达佩斯事件①之后不久,

---

① 即发生在一九五六年底的匈牙利十月事件。

官方开始狠抓青年工作，但是报告中提到的、当局突然注意到的所有情况，在更早的时候就出现了，这是事态发展了两年半（从一九五四年到一九五六年）的结果，是事态进一步"升级"的结果。但我们现在还是来关注报告文本吧。

> ……部分高校青年中开始出现不良情绪。这些情 107 绪在某些大学生身上尤其明显，他们参加不同的文学团体、业余文艺小组的活动，参与出版各种报纸、集刊。例如，弗·尼·奥勃拉措夫院士铁路交通工程学院的二年级学生小组出版了手抄杂志《新声》。这份杂志公开反对社会主义现实主义，支持所谓的"创作自由"。

在创作热情如此高涨的气氛下（众所周知，诗人是情绪化的动物），对待文学创作的新的立场正在形成，即不应视其为附带任何后续动作（包括务必由编辑部门修改文学作品，"第三方"必须介入作品的创作过程，实施书刊审查及自我审查制度）的官方订货，而是视之为高度个性化的、富有深度的行为，任何人都无权禁止乃至管制自由言论。这是一个至关重要的进程。当然，在五六十年代，这一进程尚且处于萌芽状态，但毕竟已经成为一种可能，这一事实本身就很说明问题。

鉴于我们已经熟知的种种客观原因,二十岁的约瑟夫·布罗茨基既没有加入"克拉西利尼科夫小组",也没有加入"谢苗诺夫小组"。

对于"语文学家"们来说,他在独立进行语言学研究方面过于年轻、过于幼稚了;而对于"矿工"们来说,他太年轻、太狂妄,而且所有人都觉得他的狂妄自大毫无道理,说得重一点,就是蛮不讲理。

一九六〇年二月十四日,在纳尔瓦凯旋门旁边的高尔基文化宫里举行的"赛诗会"上发生了一件事,使情况变得复杂起来。这次活动的发起人是格列勃·谢苗诺夫。

"赛诗会"按部就班地进行着,直到布罗茨基出场前那一刻,也没有人料到会起冲突。

布罗茨基以他特有的咆哮般的、沉思冥想的方式,朗诵了自己的诗《犹太人墓地》。

列宁格勒附近的犹太人墓地。
腐烂的胶合板扎成的栅栏东倒西歪。
歪斜的栅栏后面并排躺着
律师,商人,音乐家,革命者。

他们为自己唱歌。

他们给自己攒钱。

对于别人来说,他们死了。

但他们先前交税,

尊重法警,

在这个不可救药的物质世界,

讲解塔木德,

坚持做理想主义者。

也许,他们看得更长远。

或许,他们也会盲从。

但他们教给孩子

宽容和执着。

他们也不种粮食。

从来不种粮食。

他们只是在冰冷的土地上

躺下,就像种子一样。

然后永远地睡去……

年轻听众对这首《犹太人墓地》反响热烈,然而格列勃·谢尔盖耶维奇却出乎意料地激烈抨击起了这位年轻诗人,指责他在一个绝对不容许显摆的领域和题目上过分地、不合时宜地显摆。

据雅科夫·戈尔丁(也参加了这次"赛诗会")回忆:"格列勃·谢尔盖耶维奇这位品德高尚、命途多舛的诗人养成了高傲孤僻、默默抗争的习惯,他对布罗茨基所流露的幼稚的反抗情绪感到愤慨,对这种似乎不配享有的、不以天赋作为保障的自由感到愤慨。"

不过布罗茨基却并不觉得尴尬,也不愿和导师打嘴仗,他又朗诵了一首自己的诗,题目是"有题词的诗"。

在上帝面前每个人都是

　　　赤裸的。

可怜,

　　　赤裸

　　　　而又赤贫。

每一种音乐里都有

　　　巴赫,

在我们每个人的心里都有

　　　神。

因为永恒属于——

　　　诸神。

短暂易逝是——

公牛的命运……①

　　大厅里爆发出雷鸣般的掌声,约瑟夫在掌声中艰难地
读完了这首诗:

　　　　每个人都有自己的
　　　　　　教堂。
　　　　每个人都有自己的
　　　　　　棺材。
　　　　故作癫狂吧,
　　　　　　偷窃吧,
　　　　　　　　祈祷吧!
　　　　单独生活,
　　　　　　孑然一身!……
　　　　……像公牛一样——
　　　　　　挨鞭子,
　　　　　　　　像诸神的永恒的
　　　　　　　　　　十字架。

110

_____

　　① 转引自约瑟夫·布罗茨基著,娄自良译:《布罗茨基诗歌全集　第一卷(上)》,页 206。

这首诗的卷首语是一句拉丁文谚语：Quod licet Jovi, non licet bovi——朱庇特可以做的事情，公牛不可以。

谢苗诺夫怒不可遏。听着布罗茨基的朗诵，看着这个爱出风头的无名之辈的狂妄之举，参加"赛诗会"的其他"矿工"也流露出了不满。

随后约瑟夫一言不发地走下舞台，离开了高尔基文化宫。这简直是火上浇油。对其诗歌的争论随后演变成了一场闹剧。

不过，如果要说布罗茨基当时还是一位名不见经传的诗人，这样的说法显然是错的。叶甫盖尼·莱茵是在一九五九年与布罗茨基相识的，据他说，布罗茨基经常在各种各样的文学晚会、"家庭晚会"以及公共宿舍朗诵诗歌，有时读着读着便陶醉其中，根本无法让他停下来。那时诗人常常被赶到街头。但他并不觉得失望，而是会去别的地方做客，准备在那儿继续朗诵。

那天也是如此，他默默地离开了高尔基文化宫，沿着罗森斯坦路向侧路渠走去。他既不觉得委屈，也不生这些人（其中也包括格列勃·谢苗诺夫）的气。他只是感到开心，因为他顺利地朗诵了自己的两首诗，而且大厅里的大部分听众都喜欢上了这些诗，也就是说，这一天没有虚度。

约瑟夫一边沉思，一边朝侧路渠走去。

"这可是我童年待过的地方啊。"他想。

他倚着桥栏杆抽起烟来，凝望着肮脏的冰面上裂缝里发黑的河水。睡意蒙眬的鱼儿在冰面下方的深水里游弋。

若干年前，十五岁的约瑟夫逃学后来到侧路渠空旷的堤岸上游荡，观察水下的鱼儿。或许，这正是当年的那些鱼。

在波罗的海火车站，他走进一家小吃店。几个铁道巡路工闷闷不乐地喝着啤酒，争论着泽尼特队在赛季末输给第比利斯迪纳摩队、首都托尔别多队及陆军中央体育俱乐部队的那几场球，他们嗓音沙哑，像得了伤风似的。

小吃店内弥漫着一股烟味，那是煤炭和木焦油的气味。

他也要了些啤酒，在靠近窗户的地方坐下，从那儿能看到火车站后面的场院，货车正在里面卸货。

工人们搬运着箱子，把箱子放到地上，用脚踢来踢去，懒洋洋地相互对骂着。扩音器里发出通知：从普斯科夫发出的邮政–行李车进站了，上了五号轨道。

他发觉服务员正关切地注视着自己，便涨红了脸。此时铁道巡路工已经喝完了啤酒，人造革靴子踩在铺着瓷砖的地板上，噔噔直响，他们默不作声地离开了小吃店。

布罗茨基也和他们一起来到了大街上。

他再一次觉得这座城市陌生、疏远而又傲慢，极不真实，就好像二月的天气一样，反复无常，令人捉摸不透。

摘自约瑟夫·布罗茨基的《易名城市指南》：

这些作家都是特权阶层、贵族、僧侣出身，如果以经济状况划分，他们属于中产阶层——在任何地方，基本上都是唯一对文学之存在负有强烈责任感的阶层。除去两三个特例，他们全都靠写作为生，亦即生活窘迫到足以理解极端贫困者的苦难和高高在上者的奢靡，无须解释，也不会感到惊讶。他们对后者的关注要少得多，尽管只是因为他们成为其中一员的概率小得很。相应地，我们拥有彼得堡内部真实而详尽的、近乎立体式的画卷，因为苟且度日才是现实的根本；小人物通常是形形色色的，而且，他们周遭的环境越好，他们便越是与之形成惊人的反差。难怪退职军官、贫穷的寡妇、被劫掠的政府官员、饥肠辘辘的记者、卑躬屈节的驯狗员、身患肺病的大学生，所有这些在无懈可击的古典式的、乌托邦般的回廊上常见的小人物，总是萦绕在作家们心头，充塞着俄罗斯小说最初的篇章。这些小人物如此频繁地出现在纸上，把他们搬到纸上的作家如此之多，而且作家们对材料——这种材料就是文字——

的占有如此之完美，以至于不久后城里便发生了怪事。

而现在，从"赛诗会"回来，约瑟夫完全明白了，全面透彻地掌握"材料"（请注意，即文字），是他理解这座不可理喻的城市以及从总体上理解周遭世界的唯一机会。

当然，每个人都有各种各样的机会，从这些机会中又会衍生出相应的任务——赚钱，扬名，出国，博取芳心，了解整个世界，也包括了解自己。而这最后一个任务，在约瑟夫·亚历山德罗维奇看来才是意义重大、迫在眉睫的。

五十年代下半期，列宁格勒大学生圈子里弥漫着疯狂的诗歌创作氛围，年轻的布罗茨基也不可能置身事外。

据记者、戏剧及电影评论家娜塔莉娅·沙雷莫娃回忆，当时经常举办文学聚会的地点有丰坦卡的公共图书馆，"东方"饭店及"屋顶"饭店。

也有一大帮人喜欢去"阳光"小镇或科马罗沃镇、普希金城或帕夫洛夫斯克城，这些人包括维克多·格里亚夫金和安德烈·毕托夫、谢尔盖·沃尔夫和谢尔盖·库列、弗拉基米尔·乌弗良德和米哈伊尔·克拉西利尼科夫、康斯坦丁·阿扎多夫斯基和弗拉基米尔·布里塔尼什斯基、格列勃·戈尔波夫斯基和来自莫斯科的斯塔尼斯拉夫·克拉索维茨基。

约瑟夫参加了这些远足和集会,不过,准确地说,他与这些年轻的诗人、作家仅仅是泛泛之交。他既没有找到自己独特的声音,也没有形成自己的调性,因而不可能和这些人平起平坐,而他们当中的很多人已经被私底下视作列宁格勒非主流文学的经典作家了。

布罗茨基仔细观察着这些才华横溢、性格鲜明的人,或许同时也在模仿他们的风格和自我展示的技能,以及对自身之独特性与天赋才华的十足信心。

在这种情况下,至关重要的是,你要意识到,你与他们中间的任何一个人所走的文学道路基本上都有所不同,为此你必须读一读听一听这些人的作品,浸泡在集体创作的知识和氛围里,以便在某个时刻能够大踏步地前进而无须再看别人的脸色行事。令人费解的是,在那些构成布罗茨基诗歌创作主要向量的诗人当中,他总是把莫斯科人鲍里斯·阿勃拉莫维奇·斯卢茨基①列在首位。

114 列夫·洛谢夫在其著作《约瑟夫·布罗茨基:文学传记试笔》中写道:

在已被弃用的十九世纪诗歌形式和纯粹的室内抒

---

① 鲍里斯·阿勃拉莫维奇·斯卢茨基(1919-1986),俄罗斯诗人、作家。

情试验这两者之间,斯卢茨基发现了一个自由的空间。原来,只须对古典格律稍加变动就足够了,诗句并没有失去节奏感,却获得了灵活性。布罗茨基追随斯卢茨基,开始对俄语古典诗歌中未被发掘的资源进行把握……

斯卢茨基的诗句看上去近乎散文,但是其中贯穿着各种起联结作用的诗歌手法,如同音法、元音重复、头语重复、双关语(发音相近的词)等。斯卢茨基这位老师教会布罗茨基将游戏的诗歌元素用于严肃的话题,布罗茨基的长诗《以撒和亚伯拉罕》(一九六二年六月)的开头就是对这位老师独特的致敬。①

我们在布罗茨基的诗中读到:

> 俄罗斯的以撒(Исаак)少了一个音。
> 不论他的身影还是勇气(强弩之末)
> 都并不抱怨以一个字母代替两个,
> 他空有一张嘴(他仅有的肉体)。
> 另一个字母在这里是没有的——你去找也是

---

① 转引自列夫·洛谢夫著,刘文飞译:《布罗茨基传》,页 68、69。

白找。

而这也是——一滴，一点，微不足道。

以撒（Исак）本来就是蜡烛头，

以前人们都把那支蜡烛称为以撒（Исак）。

而一个音是无法让他回头的——只能大声叫喊：

"以撒（Исак）！以撒（Исак）!"——于是回声来
　自右面、左面：

"以撒（Исак）！以撒（Исак）!"——于是就在这
　一瞬间蜡烛

一摆躯干，火焰便冲向天空。①

鲍里斯·阿勃拉莫维奇也有一首诗写的是同一主题：

到处都在颂扬以撒，

从所有的祭坛发出祈祷。

但是对以撒却态度各异，

不愿意放他走进房门。②

———————————

① 转引自约瑟夫·布罗茨基著，娄自良译：《布罗茨基诗歌全集　第一
卷（上）》，页 179。

② 鲍里斯·斯卢茨基：《在阿勃拉姆、伊萨克与雅科夫那儿……》。转
引自列夫·洛谢夫著，刘文飞译：《布罗茨基传》，页 69。

显然，约瑟夫在一九六〇年春天专程赶赴莫斯科就是为了结识斯卢茨基，给他看自己的诗并听取他的建议，年轻的布罗茨基认定自己的目标就是创作斯卢茨基那样的作品。

只是后来这个目标变成了前面提到的叶甫盖尼·阿勃拉莫维奇·巴拉丁斯基。假如没有接触过斯卢茨基本人及其创作，也就不可能"重新"阅读巴拉丁斯基的诗歌。

洛谢夫在其著作中写道：

> 不过，布罗茨基从斯卢茨基这里继承的最为重要的东西，或者至少可以说，他在斯卢茨基这里读到的最为重要的东西，就是诗的总调性，也就是那种能够表明作者世界观的风格属音。[1]

约瑟夫·布罗茨基后来在一九七五年这样评价自己的导师："斯卢茨基几乎凭一己之力改变了战后俄罗斯诗歌的性质。他的诗是官僚政治、军事术语、俗语及口号的集合体。他对和音、扬抑抑格及视觉韵脚、松散的节奏和民间的结束句全都运用自如。在他的诗中，悲剧感时常违背他的

---

① 转引自列夫·洛谢夫著，刘文飞译：《布罗茨基传》，页70。

意愿,从具体的、历史的事物转移到存在主义——所有悲剧的最终来源——上来。这位诗人的确是在用二十世纪的语言说话……他的语调严厉、绝望而又淡漠,是幸存者乐意心平气和地讲述自己如何活下来、怎样安身立命时所用的语调。"

这里的关键词似乎是"乐意讲述"!可以确定的是,抛开意识形态分歧及他俩对生活截然不同的总体看法不提,对于布罗茨基而言,这种前所未有的诗歌创作自由,其分量要重于主题的创新、语言的发明以及斯卢茨基对词语的视觉把握。

所有这一切都超出了他对创作的认知范围。

布罗茨基到了纽约后,曾经对所罗门·沃尔科夫说:"有人拿给我看一份登着斯卢茨基诗歌的《文学报》。我当时大约十六岁。那时候我正在自学,经常去图书馆。我在那儿找到了,比方说,马尔夏克翻译的罗伯特·彭斯的诗。我酷爱这些东西,但是我自己什么都不写,甚至没想过写点什么。也是在这里,有人拿给我看斯卢茨基的诗,那些诗给我留下了非常深刻的印象。"

然而令人惊讶的是,就是这个人——三枚卫国战争勋章、一枚红星勋章及一枚荣誉勋章获得者,"保卫莫斯科""解放贝尔格莱德"奖章获得者,苏联作协成员,一九五八年表态反对鲍里斯·帕斯捷尔纳克、谴责他在西方发表小说《日瓦戈医生》的坚定的共产党员，竟然说出一番话，把矛头指向了布罗茨基这个未完成学业的留级生、勤杂工、太平间卫生员、锅炉工、地质工作者及初出茅庐的诗人。

更令人惊讶的是，他的这番话竟然被约瑟夫听到了！

一九六〇年二月的那一天，约瑟夫从纳尔瓦凯旋门旁边的文化宫出来，很晚才回到家里。

父母亲已经睡了。

他尽量不发出响动，以免吵醒父母，他溜进自己的那半个房间，打开了台灯。

这里一切照旧：几摞写满字的笔记本，几叠相片，如水的玻璃下方柜子里的书，窗台上的花，这些花更像国立艾尔米塔什博物馆收藏的罗伯特·休伯特《带水渠的建筑景观》上的蕨类植物和芭蕉树丛。

约瑟夫在书桌前坐下。

一个带有"颌面外科研究所影像洗印室"字样的制式牛皮纸信封映入眼帘。

说实话，信封里的东西让人看着心惊肉跳，因为他记得太清楚了——有一张照片，上面那个人的脸被熊扯掉了；有一张照片，上面那个孩子的上唇有先天缺陷；有一张照片，上面那个女人被割掉了一只耳朵;还有一张照片,拍的是一位被公共汽车轧死的老人。

父亲安排约瑟夫到这家研究所当洗相员(好歹有点收入),但他在那儿坚持了不到两个月。

他关了台灯,打开台灯。

外面在下雪。

雪花纷纷扬扬,湿漉漉的。

　　　　熟睡着一切。窗户。窗户上的落雪。

　　　　邻居屋顶白色的斜面。屋脊

　　　　像台布。被窗框致命地切割,

　　　　整个街区都睡在梦里。睡了,

　　　　拱顶,墙壁,窗户,一切

　　　　铺路的卵石和木块,栅栏,花坛。

　　　　没有光的闪亮,没有车轮在响动……①

他再次关了台灯。

----

① 约瑟夫·布罗茨基:《献给约翰·邓恩的大哀歌》。此处使用的是刘文飞先生译本。

第五场

亚历山大·金兹堡,一九八〇年

对于堂堂男儿来说,比种田更令人放松的是出海。

在海上有更多机会建功立业、饮酒作乐、谈情说爱

对于堂堂男儿来说,明天总比昨天更令人愉快。

于是乎阿尔戈战士与旋涡的斗争就此开始。

原因就在于无所事事。唉,只有成为真汉子,

才会垂涎于——什么呢? 异乡的金色羊皮。

在海外一切都截然不同——无论语言还是习俗。

那里的人们不惧怕坏名声,也不希求好的名声

　　传出。

他们头脑简单,不服任何管束。①

　　前面的半支歌队结束了演唱,按照严格的次序走下高
尔基文化宫的舞台。这意味着"赛诗会"结束了,第五场演
出即将开始。

　　众所周知,在俄罗斯,散文家或诗人不仅仅是散文家或
诗人,他们不仅进行文学创作,还要(即便不是首要任务)   122
处理好与国家的某些关系。特别是有时候事情会牵涉到作

---

　　①　布罗茨基翻译的《美狄亚》片段。

品的发表问题。

由于显而易见的原因，前面所列举的那些诗人根本不可能在苏联官方杂志及出版社推出任何作品。如此一来，"地下出版物"的主题便自动酝酿成熟了，它在判断上与这一领域（就像在其他所有领域一样）的制度垄断发生了不可化解的矛盾。

五十年代中后期，手写及机器打印的杂志、集刊出现了，遍地开花，而这些期刊的制作和阅读大多带有半地下性质。

不过也有例外。

弗拉基米尔·布里塔尼什斯基在其文章《"解冻"之初的列宁格勒大学生诗歌运动》中写道："工会委员会允许我们'出版'，即用手摇油印机打印和装订我们文协（文学协会）的两本诗集。第一本是在一九五五年底出版的，共三百册，第二本于一九五六年底至一九五七年初出版，共五百册。我们把第一本诗集寄给了国内各高校（而且不仅仅是地质院校），诗集被送达收件人手上。过了很久，我遇到了一些人，他们正是通过这本诗集知道我们名字的。第二本诗集于一九五七年在研究所的院子里被焚烧了，只有屈指可数的几本保留了下来。一九五六年底，《青年近卫军》杂志还组织发表了'列宁格勒矿工诗选'，但这是另外一份只存在了一年半的《青年近卫军》;这份莫斯科的出版物,'莫斯科的认可',帮助我们文协熬过了布达佩斯事件后的艰难岁月,那时当局正着手对付年轻人,但最终对付的却是我们文协。"

莫斯科的诗歌生活如火如荼,其热烈程度不亚于涅瓦
河畔,如果不是更胜一筹的话。

在这里,在首都,一九五九年,亚历山大·伊里奇·金兹堡①开始定期出版用油印机打印的诗集《句法》,每隔两个半月至三个月出版一期。

据阿丽娜·金兹堡(亚历山大·伊里奇的遗孀)回忆:"在五十年代末六十年代初全民醉心诗歌的高潮阶段,阿利克·金兹堡②,二十岁的莫斯科大学新闻系大学生,自然而然地产生了一个想法:所有这些用打字机打印的零零散散的小纸片被人们传阅,在各文学协会和文学小组里诵读,然后反复翻印……应当把它们收集起来,做成文集。"

杂志在好友圈中传播开来,有人请求重印和进一步推广。在复杂的局势下,《句法》刊登了三十多位诗人的诗作以及列宁格勒作家维克多·格里亚夫金(1929–2001)的散

---

① 亚历山大·伊里奇·金兹堡(1936–2002),俄罗斯著名记者、出版家,曾参与编撰苏联时期最早一批地下出版物。
② 即亚历山大·伊里奇·金兹堡。阿利克是亚历山大的昵称。

文。《句法》的印数徘徊在两百到三百份之间,相对于同类出版物,这样的印数创下了一个纪录。

这份集刊与其同时代的地下刊物根本性的区别,在于它是公开出版的,从封面就能读到出版者的姓名及地址。不言而喻,这被当权者视为一种挑战,而读者则感受到了主编前所未有的勇气。

列夫·洛谢夫写道:

> 《句法》是第一份赢得广泛知名度的地下刊物。这份杂志在莫斯科和列宁格勒广为流传,国外也有人知道它,苏维埃报刊则对它进行过攻击,如《消息报》上就曾发表过一篇题为《游手好闲者想攀上帕纳索斯山》的诽谤文章。金兹堡于一九六〇年七月被捕,并被判处两年劳改。[①]

亚历山大·伊里奇总共出版了三期杂志,并且预备好了第四期和第五期。其中第四期是列宁格勒诗歌专辑,列入作者名单的有格列勃·戈尔波夫斯基、亚历山大·库什涅尔、娜塔莉娅·戈尔巴涅夫斯卡娅(其实把娜塔莉娅·叶

---

① 转引自列夫·洛谢夫著,刘文飞译:《布罗茨基传》,页 57。

《句法》杂志

甫盖尼耶夫娜称作"莫斯科-列宁格勒作者"更准确)①以及约瑟夫·布罗茨基。

在集刊停办、集刊的编者与出版者被捕后,克格勃没收了《句法》的全部档案资料。

可以肯定的是,就是从那一刻起,文集的所有参与者都(而有些人在此之前很久就已经)成了"办事机构"的关注对象。

应当指出,《句法》作者们的诗作从字面上看没有任何反苏内容——没有批判制度、苏共及其政党领导人,没有号

---

① 娜塔莉娅·叶甫盖尼耶夫娜·戈尔巴涅夫斯卡娅(1936-2013),俄罗斯诗人,苏联时期的异见人士。

召推翻苏维埃政权或讥笑苏维埃人。不过,列夫·洛谢夫在其著作《约瑟夫·布罗茨基:文学传记试笔》中断言:

> 对于苏维埃的书刊检查制度而言,包括布罗茨基在内的《句法》杂志诗人们的诗作就意识形态而言是不能被接受的……这些年轻诗人还是被传到国家安全委员会去接受审讯,他们受到了这样的恐吓,即如果他们不早日醒悟过来,等待他们的将是悲惨的生活和监狱。如果不是更早的话,那么就是从这个时候起,布罗茨基开始受到列宁格勒克格勃的关注。他本人解释说,镇压机构对他产生兴趣,仅仅是因为克格勃想证明自己的存在。"既然这些国家安全部门的家伙业已存在,他们就得组织起一种告密制度。他们以告密为基础,收集起某些情报。再以这些情报为基础,就可以着手干一些事情了。如果事情牵涉到一位文学家,这就特别地合适了……因为每个人都有一份自己的档案,这份档案会不断增多。如果您是一位文学家,这份档案的增加速度就会快很多,因为可以把您的手稿都摆到那儿去,诗作或是长篇小说……"①

---

① 转引自列夫·洛谢夫著,刘文飞译:《布罗茨基传》,页57–58。

《句法》的覆亡和亚历山大·金兹堡的被捕（他总共三次获罪——分别是在一九六〇年、一九六七年及一九七八年）与其说事关文艺领域，毋宁说与社会政治相关。这两起事件成为在集刊上发表过作品的三十余位诗人的生活的分水岭。

用今天的话来说，启动《句法》这一项目时，亚历山大·伊里奇不会不清楚（特别是当西方开始有人谈论这本集刊时），它的所有参与者都将成为克格勃密切关注的对象，而并非所有人都有足够的内心力量抵御这种"密切关注"。

毫无疑问，他们每个人都有权从所发生的事件当中，从他们与"委员会"的首次（而且并不总是最后一次）冲突中得出自己的结论。

也许唯独娜塔莉娅·戈尔巴涅夫斯卡娅是个例外，她被莫大语文系开除了（克格勃脱不了干系），当时她正在列大语文系上函授课。作为一位特立独行、才华横溢的诗人，娜塔莉娅·叶甫盖尼耶夫娜在莫斯科已经是相当出名的持不同政见者了。她与"办事机构"最初的几次冲突，早在一九五六年就发生了。

值得注意的是，布罗茨基也从所发生的事件当中得出了自己的结论。

一方面，毫无疑问，参加到集刊的工作中来令人备受鼓舞。邀请这位年轻诗人加入这个团体的，是市里极负盛名的"矿工"，他们在不久前还以居高临下的态度对待他。可以想象，一定程度的不满和反对在某种意义上给二十岁的约瑟夫留下了深刻印象，要知道，他是默默地加入这伙受无所不能的克格勃监视的天之骄子当中的。

当然，这种情况令人厌烦，有损尊严，并且十分危险，最终会引起可悲的后果，但是另一方面，它又事关声誉——因为这意味着你所做的事正是国家机要部门感兴趣的（而究竟会得分还是失分，反倒并不重要）。

约瑟夫·布罗茨基在接受所罗门·沃尔科夫采访时说："我认为，全俄肃反委员会的想法，原则上就是防止内部和外部敌人破坏革命的想法，类似的想法在一定程度上是合情合理的。当然，如果认定革命合情合理——那么，总的来说，这就完全不合情理了。但是随着时间的推移，这个不合情理的产物具有了某种浑然天成、合情合理的形态，也就是说占据了一定的空间。"

不仅如此，当你置身于这个"不合情理的"空间，与它产生关联的时候，你便开始以某种本能的方式甚至凭直觉去适应它，开始在这个空间里生活，接受这个时常游走于常理边缘的游戏的规则。

但是另一方面，布罗茨基也和参与地下出版的其他人一样，不得不照旧依靠微薄的收入糊口，同时也做一些无聊的工作；不得不认命，承认你的诗歌永远达不到百万印数，也几乎不可能拥有庞大的读者群。

这种自相矛盾的状况在娜塔莉娅·戈尔巴涅夫斯卡娅的诗歌《双八行诗》中表现得淋漓尽致：

堂吉诃德的国家

不是故乡，

虽然也并非异地他乡。

浪花、波涛从

不同方向涌来，

冲刷着圆润光滑的巨石，

乌鸦在那里筑造起了巢穴，

生儿育女。

是谁骑着一头驴？

是谁在严酷的日子里

像公鸡一样歌唱？

台风呼啸着

扑向四面八方，

将巨石摔成碎屑，

西方与东方的论坛

在这里交锋。

然而对于布罗茨基来说，这种情况并不新鲜。

他在学校、工厂和地质队时对此已经习以为常。

他似乎喜欢从旁观察自己，就像，比方说，就像列夫·托尔斯泰观察马克西姆·高尔基一样，后来他以伟大长者的身份一本正经地说："我不能真诚地对待高尔基，自己也不知道是什么原因，可是我无法做到……高尔基是个坏人。他好像一个被强迫修行的神学校学生，这使他对所有人都发脾气。他生就一副暗探的心肠；他不知从哪儿跑来，竟跑到他生疏的地方迦南来了；他东张西望，注意一切，把看到的东西都向自己的上帝报告。他的上帝却是一个怪物，类似乡下婆娘说的树精或水妖。"①

而一切就以下面这些方式发生了：在大学学生团体的集会上，约瑟夫引用托洛茨基的话，装腔作势；在"矿工"们的文协，他粗暴冷酷而又少言寡语，抨击听众抱有不可思

---

① 阿·马·高尔基：《安·巴·契诃夫》，杨骅译。转引自谢·尼·戈鲁勃夫等编，倪亮等译，耿海英校：《同时代人回忆契诃夫》（广西师范大学出版社，2016），页 535、536。

议、不切实际的避世主义思想;他既是机智灵活的知识分子,又是粗鄙庸俗的普通人。

他在寻找自我,试戴各种面具……

他之所以不能坦诚地面对自我,首先是因为他有着清醒的自我认知,彻底看透了自我。

与此同时,布罗茨基在列宁格勒的熟人渐渐多了起来,在他的周围出现了诗人和作家,地质工作者和"永远的大学生",翻译家和军人,喜欢探讨形而上学的人和单纯漂亮的姑娘。

就在这一时期,在列宁格勒作家定期聚会的青年报《接班人报》的院墙内,约瑟夫结识了音乐家、诗歌创作者奥列格·伊万诺维奇·沙赫马托夫(1933–2006)。

据奥列格·沙赫马托夫回忆:"遇到他的时候,我还是一名空军飞行员。我已经在写诗了,那些诗发表出来后受到了文学协会的赞扬,我在那儿很显眼(因为穿着军装的缘故),总是被一群狂热的人包围着。我注意到了布罗茨基并且马上认出是他……我和他从文学协会出来,来到寒冷的涅瓦大街上,尽管人们建议我继续忙我们的事。我向他索要了几张抄着他的诗的小纸片。他没有对我提出同样的请求。我一路上都在读这些诗,直到我们到了丰坦卡,然后我对他说,他是位大诗人。"

在接受所罗门·沃尔科夫采访时,约瑟夫这样评价自己的新朋友:"我们认识了一个叫奥列格·沙赫马托夫的人。他比我们年长,已经服完兵役,是个飞行员。他是被撵出军队的——不知是因为酗酒,还是因为追求指挥官的老婆。或许二者都有。他在国内东奔西跑,一直找不到安身之地……不过,沙赫马托夫可是个十分了不起的人物:极具音乐天赋,会弹吉他,总之是个天才。和他交往是件很有趣的事。后来……他因为流氓罪被判了一年徒刑。他进去了,获释后又来到了列宁格勒。我对他很好,因为我觉得和他在一起非常有趣……后来他又走了,到了撒马尔罕。"

奥列格·沙赫马托夫也把布罗茨基拉进了亚历山大·乌曼斯基的圈子。乌曼斯基是位神秘学爱好者、印度教研究者及哈他瑜伽迷,此外他还创作音乐,写理论物理及哲学方面的文章。不过,我们对乌曼斯基的相关信息掌握得少之又少:亚历山大·阿尔卡季耶维奇一九三三年出生于列宁格勒,教育程度为美术设计师,大约在七十年代初去了美国。

乌曼斯基家是他的崇拜者们(其中也包括约瑟夫)聚会的场所。这是一处典型的彼得堡知识分子的"熊窝"——天花板有六米高,沉甸甸的窗帘从高大的圆形窗户上垂下来,室内光线昏暗,各种物件摆放得凌乱却富有创造性,有一架钢琴,墙壁上挂着素描草图,写字桌上堆满了手稿,书柜里码放着书。大家在这里阅读黑格尔与伯特兰·罗素、马克思及罗摩克里希那,谈论问题,喝啤酒(尽管布罗茨基更爱喝伏特加),摆弄乐器。

关于"乌曼斯基小组",列夫·洛谢夫写道:"据朋友们回忆,乌曼斯基是个超凡脱俗的人,他的身边总是聚集着一个青年小组,参加者是那些试图在官方意识形态的小框子里探讨'永恒问题'的人,以及一些具有反叛性格的画家和音乐家。这些年轻人或是大学生,或是一些没有固定工作的人,但他们生活的主要内容,却是去多方搜寻当时很难找到的有关东方哲学和其他秘密知识的书籍,并就阅读过的书籍展开讨论。"[①]

奥列格·沙赫马托夫千方百计地袒护自己的这位年轻朋友,介绍他时,说他是一位才华横溢而又别具一格的诗人。乌曼斯基却不太喜欢布罗茨基,有点瞧不起他,觉得沙赫马托夫对他的夸赞言过其实。

而布罗茨基对亚历山大·阿尔卡季耶维奇也没有特殊的好感,尽管他不得不承认乌曼斯基家的聚会氛围极具诱惑力,而那些形而上的、精神层面的主题讨论,对于一个贪婪汲取知识养分的人来说,是一片极其肥沃的土壤,而这种养分

————————————————

① 转引自列夫·洛谢夫著,刘文飞译:《布罗茨基传》,页58。

是你在苏联官方的高校中无法获得的。

来到纽约后，记者娜塔莉娅·沙雷莫娃写道："我记得聊天时有人说，是亚历山大·乌曼斯基把布罗茨基从地质考察队弄回来的，然后指引他走上了诗歌道路，布罗茨基在五十年代末六十年代初与乌曼斯基交好。我从没见过乌曼斯基，不久前得知他在美国，便试着通过阿利克·金兹堡-沃斯科夫（'乌曼斯基小组'成员）找他，但是——唉……阿利克拒绝透露乌曼斯基的任何消息，他说，和乌曼斯基见面毫无意义。无论阿利克还是亚历山大，现在都是不该问的人。"

而约瑟夫以观察者、歌队队员的身份，再次出现在"乌曼斯基小组"，和其他人一起演唱欧里庇得斯悲剧《美狄亚》开场中的歌曲，但他的嗓音已经比其他人的更加嘹亮、高亢：

　　如今，誓言犹如铺在泥地上的地毯，

　　荣誉犹存，但古希腊人不会告诉您它在何处。

　　他只是手指苍天；看来，苍穹已被染白。

　　丈夫和另一个女子正在享用你的床铺，

　　她流着王室的血液，她的肉体更加年轻。

　　父亲的家——你在那里长大成人——远在海外！

131　　遥不可及！你身处这个未知的世界。

　　绝望之下放眼望去，海面似乎越发宽广。

一九六〇年十二月,约瑟夫·布罗茨基答应了亚历山大·阿尔卡季耶维奇的请求——将他的哲学论著手稿转交给当时正在撒马尔罕的奥列格·沙赫马托夫,他好像在那里的音乐学院学习。

接着,布罗茨基生活中所谓的"撒马尔罕事件"就要开始了,我们以回溯的方式开始讲述这件事可能会更有趣。就从作家、持不同政见者及政治犯鲍里斯·鲍里索维奇·瓦伊利(1939–2010)的言论说起吧。

一九六三年,摩尔多瓦"10号特别隔离所"劳改营里(其级别为"苦役犯监狱")新来了一个犯人:奥列格·沙赫马托夫。

鲍里斯·瓦伊利:"新来的奥列格·沙赫马托夫不久前刚从外面进来,但是既然他落到了我们这儿,而不是'锅炉'或'严管'那儿,那么显然他有过不止一次前科。他还是个年轻人(后来我才知道,他比我年长),面部棱角分明,嘴唇薄薄的,头稍微歪向一侧。沙赫马托夫住进了一间不太好的牢房。和我蹲的那间不一样,他的牢房里关的是刑事犯。而他和他们关系不好。但我们要说的是:很多时候是他自己做得不对。事情是这样的,他来劳改营时做了一个奇怪的——我甚至会说,疯狂的——决定:只用英语和其他犯人交谈，或者压根儿不说话。"

　　沙赫马托夫不太愿意跟人聊自己初次犯罪的情况，很是敷衍。而对这次入狱的原因，他倒显然愿意说个明白。

　　鲍里斯·瓦伊利："他是因为触犯了第一卷第70条，即原来的第58-10条（试图'叛国'）而坐牢的。他告诉我，他有个同案犯叫乌曼斯基——据沙赫马托夫说，此人非常聪明，此外还有一个人，有人把他从他们这个案子里'摘了出去'，这个人就是诗人约瑟夫·布罗茨基……据沙赫马托夫说，布罗茨基几乎是位天才诗人。我当然不会平白无故地相信他的话。不过，沙赫马托夫一次也没有对我引用过布罗茨基的诗句，可能是因为他还没背会。"

　　从沙赫马托夫含糊其词、张冠李戴的讲述中，可以勾勒出这样一幅画面：奥列格来到撒马尔罕后，醉心于寻找神秘的宝藏（有一种说法，说他考上了当地的音乐学院，而且还在当地的军人之家学起了音乐）。约瑟夫也从列宁格勒飞过来看望他。

　　鲍里斯·瓦伊利："众所周知，一九六〇年十二月，布罗茨基与沙赫马托夫打算劫机飞往国外。后来他们改变了主意。布罗茨基返回列宁格勒，沙赫马托夫则回到了克拉斯诺亚尔斯克。此外，他们还把一份'反苏'手稿带到了撒马尔罕——据信这份手稿的作者是乌曼斯基——希望将其转交

132

给一位外国游客。"

沙赫马托夫的登记卡上写着:

> 一九六一年九月十一日。克拉斯诺亚尔斯克。被
> 捕原因:非法持有武器。
>
> 一九六一年十月二十日。克拉斯诺亚尔斯克,(斯
> 大林区)人民法院:依据第一卷第218条:剥夺自由
> 两年。

然而,沙赫马托夫来到克拉斯诺亚尔斯克地区后,见到
了克格勃主席,他就存在乌曼斯基-布罗茨基-沙赫马托夫-
舒尔茨"反苏集团"一事报告了一条补充信息,而这条信
息,就是关于亚历山大·乌曼斯基的手稿以及预谋劫机从
撒马尔罕飞往伊朗马什哈德美军基地一事的。

一九六二年一月二十九日,亚历山大·乌曼斯基、约瑟
夫·布罗茨基和谢尔盖·舒尔茨①在列宁格勒被拘捕。

沙赫马托夫的罪状从第一卷第218条换为第一卷第70   133
条,随后他被押解到摩尔多瓦"10号特别隔离所"劳改营。

---

① 谢尔盖·谢尔盖耶维奇·舒尔茨(1934–2004),俄罗斯诗人、作家、历
史学家。

对于一九六〇年十二月发生在撒马尔罕的几起事件，即奥列格·沙赫马托夫向"委员会"补充报告的内容，我们可以依据约瑟夫·布罗茨基本人详尽的讲述做出判断。

一切始于两位年轻的冒险家在"撒马尔罕"宾馆前厅与美国著名法学家、律师及电影制作人梅尔文·贝利（1907-1996）的偶遇。他俩决定将亚历山大·乌曼斯基那部玄奥的论著手稿连同之后在西方发表的东西一齐转交给他。据布罗茨基说，他当时好像凭借一部给他留下深刻记忆的美国电影里的一个镜头认出了贝利先生。

问题在于，梅尔文·贝利是在吉恩·罗登贝瑞①的系列剧《星际迷航》的剧集《由孩子们带路》中首次登上荧幕的，当时是一九六八年，也就是撒马尔罕宾馆会面之后的第八年。而同样毋庸置疑的是，系列剧《星际迷航》压根儿就不可能在苏联的电视上播出。

令人费解的还有：约瑟夫·布罗茨基与奥列格·沙赫马托夫为何偏要向一位专攻美国消费者市场的法学家（同时也是影视制作人），提出发表手稿（俄语版）的请求呢？

最后，贝利先生又是通过怎样的途径来到苏维埃乌兹别

---

① 吉恩·罗登贝瑞（1921-1991），美国编剧、制片、导演、演员。科幻影视系列剧《星际迷航》的初代创作者。

克斯坦的呢？尽管他(这位法学家和制作人)在苏联没有任何正当合理的事情可做。

这些问题全都没有答案。

还有一个情况使我们无法揭开事件的神秘面纱：一九六三年，梅尔文·贝利作为律师为枪杀李·哈维·奥斯瓦尔德(杀害美国总统约翰·菲·肯尼迪的凶手)的杰克·鲁比辩护，他成功地说服法院取消了对鲁比的死刑判决，组建新的法庭对这起案件进行审理。他与联邦调查局局长约翰·埃德加·胡佛的关系非比寻常。倘若考虑到肯尼迪案件中的"克里姆林宫痕迹"这一话题在那几年一直甚嚣尘上，那么"撒马尔罕"宾馆的那次会面就越发显得迷雾重重了。

不过贝利先生礼貌地拒绝了这两位年轻人在"撒马尔罕"宾馆前厅提出的意外(或意料之中的)请求。

亚·乌曼斯基的手稿后来流落到了哪里，没有人知晓。

约瑟夫·布罗茨基："我和沙赫马托夫在那儿倒霉极了：上无片瓦，一无所有。随处过夜。顺便说一句，整个这段经历纯粹就是一部长篇史诗。简而言之，在一个晴朗的日子里，沙赫马托夫又向我抱怨自己太不幸(他认为他吃尽了苏联当局的苦头)，这时我们想到了一个主意——我不记得是谁想到的……多半是我。长话短说，我对沙赫马托夫说：'奥列格，要是我落入你这种境地，我就直接坐上一架像雅克-12

这样的小飞机，开着它飞到阿富汗去。要知道你可是飞行员啊！只要油够用，在阿富汗飞到哪儿算哪儿，然后直接徒步走到最近的城市——喀布尔么，我不知道……' 他提议我俩一起逃往阿富汗。计划是这样的：我们买好这种小飞机的机票。沙赫马托夫坐到飞行员旁边，我拿块石头在后面坐下，朝飞行员头上'啪'的来一下。我捆他，沙赫马托夫接过操作盘。我们升上高空，然后滑翔着在国境上飞行，这样任何雷达都锁定不了我们。"

135 然而随着时间的推移，这个计划有所改变。原来，奥列格·沙赫马托夫有一支枪，所以不用石头就能搞定。飞行路线也有变化。他们决定不飞阿富汗——那里会把逃亡者引渡回苏联——而是改飞伊朗的马什哈德美军基地。

就这样买好了撒马尔罕至泰尔梅兹（与阿富汗接壤）的航班机票。

不过他们并不十分清楚该如何实施这一计划，毕竟雅克-12的有效承载量仅为两个人。

约瑟夫·布罗茨基："我们已经买到了这架飞机的机票——总共四张，一共三个座位，如愿以偿（坐双人座的飞机！）——这时我突然转念一想……那段时间我读了很多圣埃克苏佩里的作品，崇拜所有的飞行员……于是我想，呃，我何必要砸他的脑袋呢？他到底对我做了什么不好的事呢？……我突然想起一位在列宁格勒时和我要好的姑娘，不过她已经嫁人了……我知道自己再也见不到她了。我想，我也见不到其他的朋友、熟人了。这刺痛了我，令我非常动情。总之，我想回家……一句话，我告诉奥列格，无论如何我都不玩这个把戏了。于是我们分头回到了苏联的欧洲部分。"

而奥列格·沙赫马托夫的说法是：航班取消了。

很难相信，当这两个年轻的冒险家在"撒马尔罕"宾馆前厅与梅尔文·贝利会面（如果这次会面的确发生过）并试图向其转交亚历山大·乌曼斯基的手稿之后，"办事机构"会没有对他们实行严密的监控，而"劫持"雅克-12的准备工作会在没有"委员会"参与的情况下进行。

不过几个月后，如我们所知，奥列格·沙赫马托夫因非 136法持有武器而在克拉斯诺亚尔斯克被捕。

显而易见，就是他们打算逃亡伊朗时携带的那把枪。

至此，约瑟夫·亚历山德罗维奇·布罗茨基生命中的"撒马尔罕事件"表面上就这样结束了，尽管，不言而喻，接下来还会有事情发生。

一九六二年一月二十九日，亚历山大·乌曼斯基、约瑟夫·布罗茨基及谢尔盖·舒尔茨因涉嫌犯罪，触犯了俄罗斯苏维埃社会主义共和国刑法第一卷第70条,在列宁格勒被拘捕。

而当他们返回列宁格勒之后,(至少)表面上看来一切照旧:参加诗歌晚会,走访各文学协会,去野外游玩,在市里闲逛,打零工,与各编辑部的同行会面。

摘自(小)谢尔盖·舒尔茨的回忆录:

我是在一九六一年二月第一次见到约瑟夫·布罗茨基的。那天晚上,"青年诗人晚会"在铸造厂大街39号,原皇室地产厅的房子里举行,这里从一九四七年起成为全苏石油地质勘探研究所(简称"维尼格里")的所在地……发言的人相当多,有十五个左右。直到晚会下半场,主持人才宣布:"约瑟夫·布罗茨基!"大厅里掌声雷动,显然大家都知道这位诗人,期待他的发言……他的声音响起来了,那么地庄重、嘹亮,以至于一开始我都觉得那不是他在说话,而是从舞台后面的某个地方传来的声音。你能感觉到节奏华美,每一行都很严整。

约瑟夫首先朗诵了一首《花园》……他刚朗诵完——瞬间的沉默,之后便响起热烈的掌声。"《孤独》!""《哀诗》!""《朝圣者》!""《朝圣者》!"座位上发出的叫喊声表明,他的诗已经广为人知。

137

于是他又朗诵了《孤独》和《哀诗》，最后还朗诵了著名的组诗《朝圣者》。但最吸引我的，仍然是他朗诵的第一首诗。是啊，他已进入他所描绘的那个令人惊讶的大花园。他站在这个讲台上，热情洋溢，朝气蓬勃。望着他，我的脑海中不可避免地迅速闪过一个念头：他是多么充满活力，多么超凡脱俗啊！晚会结束后，我们一起走出了地质勘探所……原来，他家就住在不远处穆鲁济家族的房子里。后来，他在密密匝匝的狂热崇拜者的簇拥下回家了。

大花园！
请将旋转的树干、旋转的真理
赠予我的话语……
我踩着落叶，在欲望弥漫的黄昏
漫步走向弯曲的枝条。

哦，你的树干，我忧伤的灵魂
怎样才能活到
即将来临的春天，
那时你的果实将被夺去，
唯有你的虚空才真实存在。

不,你走吧!

让那些巨大的列车车厢

不拘何时,载着我奔赴远方。

我的尘世之路与你的通天之路——

它们现在同样广阔……①

四年前亚历山大·伊万诺维奇·布罗茨基的心脏病发作了,从那以后医生便禁止他在市里长时间散步。

他常去夏园,那里离他家不远。在那儿他通常会坐到长凳上,这样就能看到丰坦卡和盐城,然后他打开一本《星火》杂志。亚历山大·伊万诺维奇喜欢翻来覆去地欣赏杂志里的彩页——上面有国立艾尔米塔什博物馆藏品、卢浮宫复制品或者米特罗方·鲍里索维奇·格列科夫军事艺术工作室作品的图片。

---

① 约瑟夫·布罗茨基:《大花园》。

第六场

约瑟夫与和他同名的猫"奥夏",列宁格勒家中,
一九六〇年(亚·布罗茨基摄)

约瑟夫把安东尼奥·维瓦尔第的唱片《格罗索协奏曲》放到电唱机上，尴尬的沉默即刻消失在快板与行板、急板与柔板密集交替的乐声中。

一位姑娘站在窗边，她的面色异常苍白，额头高高的，太阳穴上青筋暴露。

她交叉着双手放在胸前。

姑娘透过纱帘望着街上，但她的眼神空洞无物，因为呆滞无神而显得冷若冰霜。

她不知哪儿长得有点像克里斯蒂安–雅克《帕尔马修道院》[1]里的法国女演员玛丽娅·卡萨雷斯[2]。

纱帘碰到了她的下巴，但她没有发觉。

姑娘沉默不语。只是因为她觉得现在没必要说话。她无话可说，但并不是因为不知道该说些什么，而是因为不想开口。

窗户。

铸造厂大街与彼斯捷尔街的交界处。

公用住宅里的那一间半房子空荡荡的——亚历山大·伊万诺维奇·布罗茨基出门散步去了，玛丽娅·莫伊谢耶

---

[1]　克里斯蒂安–雅克(1904–1994)，法国导演、编剧、演员，《帕尔马修道院》是其一九四八年执导的一部电影。

[2]　玛丽娅·卡萨雷斯(1926–1992)，西班牙电影演员，而非法国演员。

夫娜·沃利别尔特则在上班。

安东尼奥·维瓦尔第。

一切都再清楚不过了，还有什么可说的呢。

终于，约瑟夫打破了压抑、沉默的气氛，提议读一读今晚他新写的诗歌。

姑娘只是耸耸肩作为回应。

布罗茨基把电唱机的音量调到最低，走到桌前，拿起几张密密麻麻写满字的纸片，打开台灯，背对着窗户和姑娘坐了下来。

"玛丽娜，请听。"一个低沉的声音在这酷似古玩店里体积巨大的箱子的半间房子深处响起。

倒数第二层楼

比周围其他景观

更早感受到黑暗；

我要拥抱你

用雨衣将你裹起，

因为窗外的雨

——明明在哭泣

为你，也为我。

我们是该离开了。

一根银线

将玻璃切为两段……①

厨房里"轰隆"一声,盘子和锅从烘干机上掉了下来,143显然,邻居家又有人绊倒了,被狼狈地挂住了——就在厨房门口。

玛丽娜浑身一颤,回过神来,猛地从窗边转过身去,看着约瑟夫,但他充耳不闻,旁若无人地继续沉醉于诗歌朗诵。

要知道从一开始这就是一种自我陶醉式的朗诵。

由于约瑟夫调低了电唱机的音量,《格罗索协奏曲》的尾声部分低得让人几乎难以听清。之后唱针平稳地跳离了PVC槽道,青春牌电唱机安静了下来……

后来,约瑟夫和玛丽娜沿着彼斯捷尔街向丰坦卡方向走去,而此时亚历山大·伊万诺维奇散完步正朝着相反的方向从夏宫往回走,但他们没有看到彼此。

雨点滴滴答答地落了下来。

就要到盐巷了,约瑟夫开始向玛丽娜讲述斯大林逝世

---

① 约瑟夫·布罗茨基:《倒数第二层楼》。

时,那个衣服上佩戴着列宁勋章的疯狂的历史老师是如何让他们下跪的。

玛丽娜微笑着回应道:"每次我们路过这个地方,你都会给我讲这件事……是利季娅·彼得罗夫娜·利希岑娜吧,如果我没记错的话。"

"是瓦西里耶夫娜。"

"有什么区别呢……"

约瑟夫是在一九六二年与玛丽安娜·帕夫洛夫娜·巴斯马诺娃①相识的。

"新年晚会上,一位长着一双绿宝石色眼睛的彼得堡画家被介绍给了布罗茨基。"叶甫盖尼·莱茵回忆道。

根据另一种说法,他俩是一九六二年三月二日在作曲家鲍里斯·季先科(1939–2010)的晚会上相遇的。

144 玛丽娜(朋友们都这么称呼她)比约瑟夫大两岁。

从母亲这一支来说,玛丽娜出身于科学院院士格奥尔基·费奥多罗维奇·兰格家,而她的父亲则是帕威尔·伊万诺维奇·巴斯马诺夫———一位著名画家及美术造型艺术家。

巴斯马诺夫一家住在格林卡街 15 号,画家亚历山大·

---

① 即玛丽娜·巴斯马诺娃。

玛丽娜·巴斯马诺娃

尼古拉耶维奇·贝努瓦①的故居中。这里所笼罩的特殊氛围必定会给年轻的玛丽娜的性格打上独特的烙印——她沉默寡言，孤僻内向，难以捉摸，似乎经常沉浸在想象的世界里，她有音乐才能，而且，不必说，极其迷恋绘画。

柳德米拉·施特恩是这样描述玛丽娜的："她似乎非常腼腆。我们相互间磨嘴皮子的时候，她表现得不是很机智，也不参与到唇枪舌剑中来。她经常整个晚上一句话都不说，不肯开口。但有时她那双绿眼睛会流露出一丝放肆的神情。每当这种时候你就会产生疑问：她这是深藏不露吧？"

看来布罗茨基并不在意这类问题。

他特意把自己的意中人带到艾尔米塔什，让玛丽娜站在克拉纳赫②的画作《苹果树下的圣母》旁边，这样他就能听到来自远古之地的诗句：

披着狐狸皮做的披肩——她
比树木茂密的山岗上的狐狸

---

① 亚历山大·尼古拉耶维奇·贝努瓦(1870-1960)，俄罗斯画家、艺术史家、文艺评论家，十九世纪末二十世纪初俄罗斯美术派别"艺术世界"及同名杂志的创始人。

② 卢卡斯·克拉纳赫(约1475-1553)，文艺复兴时期德国重要的画家、雕刻家。

还要狡猾,远方的

山坡在河水中荡漾,

她逃出树林,上帝在那里

狩猎时,将箭头

射入野猪的肋侧,

那里的树木激烈摇摆,

她离开熟悉的角落,

来到结了十五个苹果的

苹果树下……①

为了这短短的几分钟,布罗茨基不惜代价,因为他知道,只要和玛丽娜在一起,灵感每时每刻都有可能造访他。

柳德米拉·施特恩在其著作《无冕诗人》中写道:"他无法把目光从她身上挪开,他欣喜地注视着她的每一个动作——她怎样撩动头发,怎样端碗盘,怎样照镜子,怎样用铅笔在活页本上画草图。"

约瑟夫和玛丽娜可以在城里一连逛好几个小时,他俩

------

① 约瑟夫·布罗茨基:《插图》。

特别喜欢新荷兰①——那里有"海军部造船厂",与中世纪城堡相类似的大型公寓楼群,以及半废弃的现代派风格私家宅院,这些地方尽管坐落在列宁格勒市中心,但仍然不怎么受外来游客的欢迎,而且也不受列宁格勒人的欢迎。

他俩沿着新海军部运河的河堤向涅瓦河走去,河对岸伫立着乌斯宾斯基大教堂,教堂的穹顶已经发黑、掉漆了。对于孩子们自己的选择,布罗茨基和巴斯马诺娃的父母都不甚满意。玛丽娜的双亲打心底里讨厌布罗茨基,不许他登门,这让他非常难过。但他心里一次也没有抱怨过他们的反犹主义。而亚历山大·伊万诺维奇和玛丽娅·莫伊谢耶夫娜同样不喜欢玛丽娜。老布罗茨基时常反反复复地说:"她那么疏远,那么冷漠,他俩之间能有什么共同之处?……就好像她血管里流的不是血,而是稀释过的牛奶。"

自然,紧张的家庭关系、父母的告诫与威胁只会让约瑟夫和玛丽娜原本就不够牢固的关系变得更加复杂。他俩的和睦相处可能骤然之间就无缘无故地演变成一场闹剧,每当遇到这种情况,布罗茨基就会陷入歇斯底里的状态,而玛

146

---

① 新荷兰,圣彼得堡市内的一座人工小岛,面积约七百八十公顷。岛上有大量古典主义建筑风格的优雅的拱形建筑。

丽娜恰好相反,缩在一旁,不再作声,这给布罗茨基留下了极其糟糕的印象。他俩可以一连几个星期不联系,但再次见面的时候一切又重来一次,周而复始。

据柳德米拉·施特恩回忆:"在那些暴风骤雨般的日子里,在费尽心思弄明白各种关系之后,约瑟夫独自一人出现了,披头散发,心事重重,而我们能做的只是尽力安慰他,让他平静下来……有一次约瑟夫中午过来了,没提前打电话,看他苍白的面色和疯狂的样子就能明白:又闹翻了。但假如只是看上去疯狂就好了!他的左手手腕上缠着一条脏兮兮的绷带。直说吧,那场面不是神经脆弱的人能承受得起的。我们什么都不敢问,而他也不做任何解释——沉着脸喝了一碗汤,然后就离开了。"

就这样,他们从盐巷旁走过,"181 学校"就矗立在盐巷深处,这所学校看上去很像那艘灯火通明、带有四个甲板的阿尔伯特·巴林号客轮。他们到了丰坦卡,然后转身向涅瓦大街方向走去。

雨越下越大。

约瑟夫问玛丽娜,是否喜欢他新写的诗。她回答说,是的,喜欢。片刻沉默后,她又补了一句:"你干吗总这么问呢,反正你是知道答案的。"

她话不多，但有时一开口就会强烈地刺激到约瑟夫，这时候接下来的谈话何去何从，只取决于布罗茨基。他有可能勃然大怒，脸色变得刷白，也有可能冷不丁提出一个有深度的问题，自问自答，握住玛丽娜的一只手。

但也有可能沉默不语。

现在的情况就是如此。

约瑟夫竖起衣领。河面上吹来的风将成串的小冰珠甩到他的脸上。

"你生气了?"

"没有。"

他俩走进涅瓦大街与鲁宾斯坦大街交汇处的一家咖啡馆。

当然是顺道进去的，毕竟约瑟夫不喜欢这种场所，认为它过于苏维埃化了，但是他俩都快冻僵了，所以想喝点热乎东西。

摘自约瑟夫·布罗茨基的随笔《猫的"喵呜"》:

> 由于人类的生命是有限的，他们的因果关系体系便是线性的，亦即自指的。他们关于偶然的概念同样如此，因为偶然并非没有起因;它只不过是另一种因果关系体系突然介入的某一时刻，不论那套体系的模式

147

在我们的体系中显得多么反常。这样一个字眼的存在本身——更遑论与其相伴的各种修饰语了(如"盲目的")——便表明,我们关于秩序和偶然的概念实际上都是类人的。

如果人类的探究范围仅限于动物王国,这样的概念便是可行的。但情况显然并非如此;我们的探究范围要大得多,而且人类还坚持要去认知真理。真理的概念自身也是类人的,它预先假定其研究对象——亦即世界——隐瞒了事情的全貌,如果不是公然欺骗的话。①

约瑟夫说他不生气,他当然是在骗人。

玛丽娜说她喜欢诗歌,当然也是在骗人。

现在最应该喝的,当然是伏特加,而不是从那个像船舰 148
上的枪炮管一样的圆柱形容器里倒出来的热咖啡。但是这里不提供伏特加,只提供啤酒。

然而啤酒是绝对不想喝的。

认识真理不仅要通过拟人化的方式,而且完全依靠直觉,就好比在黑暗的房间或夜晚的都市徘徊,街上最多只有

---

① 转引自约瑟夫·布罗茨基著,刘文飞译:《悲伤与理智》,页339-340。

两盏闪烁不定的街灯。

喝完咖啡之后，他俩每次都要散步很久，直到深夜。

多年后，麦克·纳乌缅科（1955-1991）创作了一首歌曲，描述的就是这种身心状态：

　　　　男孩和女孩走在大街上，希望发生些什么。

　　　　男孩和女孩坐在长椅上，在大厅和影院里。

　　　　他们的私生活取决于居所和日常生活问题，

　　　　假如没有这些问题，每个人都会为自己私设后宫。

　　　　家里有爸爸妈妈，旅馆里没有空房。

　　　　宿舍有倔强的值班员值守，他是你的穆罕默德。

　　　　在大厅里接吻不那么方便，特别是到了冬天。

　　　　浑身冻得冰凉，人们从旁边走过，内心无法平静。

他们在格林卡街那栋楼的正门，即"阿夫托沃"地铁站的前厅道了别。玛丽娜说她不能邀约瑟夫去家里做客，因为她的叔叔，即外交官米哈伊尔·伊万诺维奇·巴斯马诺夫①从中国回来了，要住一些日子，现在全家人正欢聚一堂。

---

　　① 米哈伊尔·伊万诺维奇·巴斯马诺夫（1918-2006），俄罗斯诗人、翻译家，同时也是一名外交官，曾被派驻中国及蒙古工作多年。

而且天色已晚……

一九六二年一月二十九日,依据俄罗斯苏维埃社会主义共和国刑法第一卷第 70 条,亚历山大·阿尔卡季耶维奇·乌曼斯基(1933-)、约瑟夫·亚历山德罗维奇·布罗茨基(1940-)及谢尔盖·谢尔盖耶维奇·舒尔茨(1934-)因涉嫌犯罪在列宁格勒被捕。

"撒马尔罕事件"被翻了出来。

约瑟夫·布罗茨基:"第一次被捕的时候,我害怕极了。要知道通常都是一大早就来抓人的,早晨六点左右,这时您刚起床,身上还热乎着,您的自我防御能力也很弱……有人把您带到一所大房子里,审问您,审问后把您押送到牢房。当我在人生中第一次被押送到牢房的时候,顺便说一句,我就喜欢上了那儿。真的,喜欢上了!因为那是个单间。砖墙,但是上面刷了油漆——如果我没记错的话,是那种泛着金属光泽的绿漆……您会被锁起来。这时就只有您自己和板床、洗脸池及茅房一起待着了。如果我没记错的话,有八九步到十步那么长。就和我在纽约的这个房间差不多……还有什么?一扇啥也看不见的窗户。因为那儿照例除了有格栅外,外面还装了挡板……天花板上嵌着一盏挂灯,也被格栅隔开了,免得您想打碎它。门里当然有监视孔和递送食物的小窗口……问题是,我在那儿的时候一直都没有看见它打开过。因为这里是拘役所。他们十二小时连续审问我。所以我回到牢房的时候,发现饭菜已经在小柜子上了。从他们那方面来说,这么做相当文明了。"

谢尔盖·舒尔茨:"一九六二年一月二十九日早晨,有人按我家的门铃,铃声响过之后,紧接着传来巨大的敲门声和叫喊声:'快开门!'当时是早晨五点……三个克格勃工作人员和两名证人刚一进门就冲进了我的房间。为首的是一个结实、矮壮的人——盖达伊少校,不算年轻,长着一副哈巴狗一样的面孔。他把搜查令递给我看……

搜查令

一九六二年一月二十六日　列宁格勒市

本人叶列辛少校,苏联列宁格勒州部长会议克格勃分局特别重大案件侦查部高级侦查员。本人在审读乌曼斯基·亚历山大·阿尔卡季耶维奇(1933 年出生,列宁格勒市本地居民)刑事案件资料后,认为应依据俄罗斯苏维埃社会主义共和国刑法第一卷第 70 条,对乌曼斯基·亚·阿提起刑事诉讼。

据乌曼斯基案件资料显示,作为乌曼斯基的熟人及联系人之一,舒尔茨·谢尔盖·谢尔盖耶维奇有可能掌握该案的相关资料。根据俄罗斯苏维埃社会主义共和国刑事诉讼法第108条,我下令:对舒尔茨·谢尔盖·谢尔盖耶维奇所在的列宁格勒市莫伊卡滨河街11／82栋42号进行搜查。

本人将向列宁格勒市检察院检察长提交搜查令副本。

"我不认识什么乌曼斯基,就连这个名字也是头一回听说……

"搜查结束后,他们把我连同我那些没收的手稿及电影(有勘察期间拍的,也有在家、在市里拍的)胶片,一起带到了铸造厂大街4号克格勃大楼。

"审讯结束后,盖达伊收到了拘留我的裁定书,上面清楚地写着,我因涉嫌实施俄罗斯苏维埃社会主义共和国刑法第一卷第70条所规定的犯罪行为,应关进列宁格勒州克格勃分局看守所。他们让我脱光衣服,换上一件既没有绳子也没有纽扣的肥大衣裳,然后用电梯把我送到一间地下室,一个特别小的、像水井一样的单人牢房。我在里面待了两天两夜——一月三十日和三十一日,被提审了两次……一月三日深夜我被送回家中。"

根据司法调查的结果,在对嫌疑人布罗茨基和舒尔茨做过"预防性工作"后,便将他俩释放了。

依据俄罗斯苏维埃社会主义共和国刑法第一卷第70条,乌曼斯基·亚历山大·阿尔卡季耶维奇被列宁格勒市法院判处有期徒刑五年,服刑地点是杜勃拉夫劳改营(即摩尔多瓦共和国杜勃拉夫斯基劳改营管理局)及弗拉基米尔监狱。他的罪状是"写反苏作品",尽管谁也没有见识过这部"作品"。(后来,依据俄罗斯苏维埃社会主义共和国最高苏维埃主席团一九六六年一月十九日令,亚·阿·乌曼斯基被赦免,一九六六年一月三十一日获释。一九九三年六月十四日,圣彼得堡市检察院以《关于为政治迫害受害者恢复名誉》为法律依据,决定为其恢复名誉。)如我们所知,同一时间,奥列格·沙赫马托夫已经在克拉斯诺亚尔斯克的某地坐牢了。

作家、持不同政见者、政治犯鲍里斯·瓦伊利在查阅了"撒马尔罕事件"的档案后困惑不解:为何"企图劫机"这一话题除了在克格勃列宁格勒分局的内部文件中出现过,在其他任何地方都没有被提及?这份文件中称:"业已查明,沙赫马托夫及布罗茨基确实就劫机飞往国外一事进行过谈话。至于他俩谁是这段谈话的发起人,尚不确定。"

一方面,这件事看上去十分奇怪,因为约瑟夫·亚历山德罗维奇从未隐瞒过自己是这个疯狂想法的始作俑者。但是另一方面，对假想的"劫持"视而不见，则救了布罗茨基，使他免于承受极严重的后果。

比方说这样的后果：

一九五四年，空勤机械员 B. 波里亚科夫自行挟持一架"伊尔-12"客机飞往新西伯利亚市。他被判处死刑，后改为监禁。

一九五八年，一架"安-2"客机（从雅库特出发，目的地不明）在下克列斯特市机场遭遇未遂劫持，要求飞往美国。恐怖分子被制服并被判处长期监禁。

一九六一年，一架"安-2"客机在阿什哈巴德市（土库曼斯坦苏维埃社会主义共和国）机场遭遇未遂劫持。恐怖分子被捕并被判处长期监禁。

一九六二年，亚历山大·弗谢沃洛多维奇·索科洛夫（即萨沙·索科洛夫，他作为作家的名气更大一些）图谋劫机逃离苏联。获刑三个月，之后被送到了卡先科精神病院。

一九六四年，一架从基希纳乌起飞的客机遭遇未遂劫持。一名劫机犯被击毙，另一人被判刑。

一九六九年，一架"伊尔-14"飞机在执行从列宁格勒飞往塔林的内部任务时遭挟持。恐怖分子被击毙。

一九七〇年，克格勃机构在列宁格勒"普尔科沃"机场挫败了某团伙武装夺取并劫持飞机飞往国外的图谋。该团伙成员——爱德华·库兹涅佐夫及马克·德穆希茨被判处死刑,后改为长期监禁。

当时这种信息大体上都是严格保密的。假如让案件走司法程序的话,约瑟夫未必能猜到等待他的将会是什么。不过,零零星星的消息还是完全有可能传到布罗茨基周围那些人的耳朵里的。约瑟夫的很多朋友和他一样,都喜欢收听"美国之音"(当时"自由广播电台"及"德国浪潮"几乎完全被"屏蔽"了)。

在经历了数小时的搜查、克格勃审前拘留中心的单独囚禁和审讯,以及"办事机构"的"预防性谈话"后,再明显不过,这次"双向治疗"的所有参与者都做出了自己的选择,此外别无他法。

摘自谢尔盖·舒尔茨的回忆录:

> 获释之后,他[布罗茨基]仍旧处于无休无止的监视之下。密探肆无忌惮、毫不掩饰地跟踪他,这令他心烦意乱,怒火中烧。

他突然发现,这座城市并不像他不久前还认为的那样庞大,在这里,就像在彼斯捷尔街那一间半房子里一样,你无法避开任何人。你的一举一动、一言一行都成了旁人的财富，这令约瑟夫感到恐惧。如果说从前的穿堂大院和天井院落能救人一命，在大街上、河堤边能融入人群、隐藏形迹，在朋友们杂乱的公用住房里也能找到藏身之所，那么现在，他仿佛落入了掌心，别人的掌心，任何时候，只要拳头一握紧，他就会粉身碎骨。

也许，当时在列宁格勒唯一能让约瑟夫觉得自己不会被旁人窥视的地方，就是海军部大厦滨河街 10 号，画家、雕塑家和摄影师尤里·采赫诺维采尔（1928-1993）的寓所。

据作家、地质学家戴安娜·维尼科维茨卡娅回忆："尤里的房子无论就位置还是摆设而言，都是独一无二的，它坐落在涅瓦河畔，正对着大学，房子里有画作、雕塑、相对于图书馆来说大得惊人的家具。各种珍本图书，写着给其父赠语的原版书——他的父亲是一位记者，也是列宁格勒大学新闻系的首位系主任。好像有些自由派艺术家从尤里家的图书馆里偷东西，然后据为己有……'去采赫家时，你会戴上一顶帽子，身边还有一群姑娘……' 约瑟夫后来在一篇随笔中写道。采赫诺维采尔寓所里的氛围比哲学氛围还要高雅。采赫——朋友们都这样称呼他——与美女们的关系混乱不堪，而抽象的哲学却与他无缘。巨大的长沙发——寓所里的文物——显然对潜意识构成了威胁。很多名人，甚至连马雅可夫斯基也在这张长沙发上打过盹儿。"

这座位于海军部大厦滨河街 10 号的传奇寓所，同样留在了柳德米拉·施特恩的记忆里。

她写道："他[尤里·采赫诺维采尔]有一栋两层楼的豪华(就当时的观念而言)寓所。窗户正下方是涅瓦河，对岸则是罗斯特拉灯塔柱、科学院、珍藏馆、十二书院。寓所里有五米高的雕饰天花板，笨重的雕纹胡桃木门，美纹桦木，青铜烛台，用重镀金画框镶嵌的画作，直抵天花板的巨型书架，普希金死后拓下的面具复制品。前厅的圆形衣架上挂着几顶高筒帽——一言以蔽之，没有任何一样东西会让你联想到苏联的真实存在。你简直就像走进了十九世纪。"

能让人清醒地意识到窗外仍旧是二十世纪的唯一物品，乃是这里的一部电话，它挂在那个像理查德·瓦格纳歌剧《帕西法尔》的舞台布景一样壮观的、一眼望不到头的走廊上。

约瑟夫摘下听筒，贴近耳边，食指插入拨号盘，一遍又一遍地拨电话：

　　　　唉，

　　　　谁不善于以个人代替

　　　　全世界，通常就只能

转动有洞的电话拨号盘，

好像招魂会上的桌子，

在幽灵对夜里蜂音器的最后哀号

不报以回声的时候。①

接电话的是玛丽娜的母亲——娜塔莉娅·格奥尔基耶夫娜。她冷冷地说，现在不能叫女儿听电话，因为玛丽诺奇卡正忙着。

"一小时后您再拨过来。"

然后她挂了电话。

"妈妈，是谁的电话？"从格林卡街 15 号的住宅深处传来问话声。

"别分心，宝贝儿，是找我的。"

布罗茨基一怒之下甩手扔了话筒。

"怎么了，约瑟夫？"从海军部大厦滨河街 10 号的住宅深处传来问话声。

"没什么，一切正常……"

然后他出了寓所，来到河堤上，走到涅瓦河边，倚靠着

---

① 约瑟夫·布罗茨基：《POSTSCRIPTUM》。转引自约瑟夫·布罗茨基著，娄自良译：《布罗茨基诗歌全集　第一卷(上)》，页240。

栏杆。

他抽起烟来。

他想，此刻在他和河水之间有空气在流动，而"他和河水之间"也是一个活动的空间，存在于时间之外。更准确地说，它是脱离了时间而单独存在的空间，只要它移动得比涅瓦河的水流还快，就能超越时间，不过假如它停下来，原地不动，则必定永远落后于时间。

但是时间和空间就在近旁，无处不在，可兹证明的是，弗里亚金号拖船正鸣着汽笛、亮着红色的侧灯，从宫殿桥下驶过。

拖船所经之处，留下了泛着泡沫的水花和一片片油污。约瑟夫冷笑着，因为这艘拖船不论与利维坦还是与海怪，抑或与圣经中北方王国的先知约拿曾在其肚腹中逗留的鲸鱼，都绝无相似之处。

单凭想象当然能描绘出这样一个绝美的形象，但实际上一切都平淡无奇得多。一艘破烂不堪、散发着柴油和机油味儿的普通拖船向金钟造船厂驶去；路上行人稀少；一队值班民警饶有兴趣地打量着约瑟夫，不过最终还是从他身旁走了过去；鱼儿在水中游弋，它们当然既不清楚布罗茨基的事，也不知道巴斯马诺娃长得像克拉纳赫《苹果树下的圣母》中的玛多娜，更不知道这些苹果总共有十五个。

不知不觉，一个小时飞驰而过。

156

他又给玛丽娜拨了个电话。

这次是她本人接听的。

他俩约好晚上一起去中街找地质学家。

据谢尔盖·舒尔茨回忆："我在全苏地质科研所（即亚·彼·卡尔宾斯基全苏地质科学研究所）成功地举办了筹备已久的青年诗人晚会。实际上，这是布罗茨基的晚会，是一场标志着胜利的晚会。在这场晚会上，约瑟夫首次朗诵了自己的诗《诗篇》（'既非国家，也非乡村墓地……'）、《对话》（'他躺在那里，斜坡上……'），朗诵了《山丘》以及献给阿赫马托娃的诗。"

当看门人耷拉着眼皮

走到床头，

我会记起那沾着血污、

被滑雪板压平的雪地，

时钟下白雪覆盖的月台，

涂着绿色斑点的车厢

以及埋在您家窗下雪堆里的

那副长长的芬兰雪橇……①

157

---

① 约瑟夫·布罗茨基：《当看门人耷拉着眼皮……》。

第二天,他们在芬兰火车站汇合了。

他们拿到了十一点十五分启程前往科马罗沃的车票。

约瑟夫和玛丽娜照例险些误了火车,他俩在发车前最后一秒才勉强跳上车。

鲍贝舍夫和莱茵撑着车门。

奈曼把一叠报纸和几包食物放在座椅上,占住座位。

他们去拜访阿赫马托娃。

第七场

从左至右：阿纳托利·奈曼，约瑟夫·布罗茨基，格列勃·戈尔波夫斯基，科马罗沃，六十年代初(埃拉·科罗博娃摄)

一九九三年。帕尔戈洛沃镇。一位挎着手风琴的老妇人和一个长相年轻的老头上了一列电气火车,老头穿着黑呢子海军短大衣和人造革靴子,靴筒朝里面卷着。

火车开动了,他俩挪到车厢连接处,向稀稀拉拉的乘客致意,然后老头向前迈了一步,竭力提高嗓音大声说:"尊敬的朋友们,我和我妻子这是去科马罗沃镇,到伟大的俄国诗人安娜·安德烈耶夫娜·阿赫马托娃的坟前祭拜,她是被斯大林杀害的。现在我们将为大家唱一首歌,我妻子给安娜·安德烈耶夫娜的诗谱了曲。如果您有能力,请帮助可怜的音乐家纪念这位伟大的俄国诗人吧。"

之后老头后退一步,把挎着手风琴的老妇人让到了前面。

如果看得再仔细些,你会发现,老妇人并不老,而是一位容貌文雅端庄的中年妇女,眼睛上方扣着一顶毛茸茸的马海毛帽子,身穿一件均码大衣和一双像是二十多年前在"红三角"工厂买的长筒胶皮靴。

手风琴的风箱"吱吱呀呀"地深吸一口气,然后呼气,低沉的胸腔音开始缓慢而庄严地从马海毛帽子底下飘出来,悠远绵长,那曲调让人想起《我独自踏上小路》这首歌:

面对眼前这种悲痛,

群山也得折腰，

大河流水也得挺住，

可是，狱门锁得坚牢，

门后是"犯人的洞穴"条条，

还有死人般的戚楚。

夕阳为哪些人献媚，

清风为哪些人吹拂——

我们不知道，我们在哪儿都无所谓，

我们只听到厌恶的钥匙声碎，

还有士兵沉重的脚步。①

在唱到"清风为哪些人吹拂"时，老头也参与到了表演当中。不过，在车厢连接处车轮单调的轰隆声和冠军牌手风琴可怕的喘息中，我们几乎听不到他的声音。

这支奇怪的"队伍"开始在车厢里来回走动。

古希腊戏剧中有一种合唱歌曲叫作"序歌"，是歌者经由开放的通道出场时一边移动身体一边演唱的歌曲。

眼前这条开放的通道同样也在移动、摇晃，挡风门斗的

---

① 安娜·阿赫马托娃：《安魂曲》。转引自阿赫马托娃著，乌兰汗译：《爱——阿赫马托娃诗选》(外国文学出版社,1991)，页98。

推拉门被它碰得砰砰直响,而混凝土围栏、车库、工业园区、花园用地及月台从通道旁一闪而过。

电气列车一站不停地接连驶过列瓦绍沃、彼索奇纳亚及贝洛斯特罗夫三个小站。

有些乘客对两位音乐家慷慨解囊,有些乘客则无动于衷,继续埋头做自己的事。比如对面座位上的那几个汉子,就一直在喝"波罗的海三号"①。

此时,他们中的一位舔了舔嘴唇,若有所思地盯着窗外,突然间表露了心迹:"可我还是更喜欢茨维塔耶娃……"

一九六二年。

列车驶过帕尔戈洛沃镇之后,约瑟夫又和大伙儿讨论了一阵文学创作的实质性问题,然后他就不再说话了,开始望着窗外。

摘自约瑟夫·布罗茨基的随笔《诗人与散文》:

    任何说过的话都需要获得某种延续,可以采取不同的方式使之延续:逻辑上的,语音上的,语法上的,

---

① 俄罗斯著名啤酒品牌。

节奏上的。语言就是这样发展的,而且即便逻辑不能表明,语音也会表明:语言自身需要发展。因为说过的话从来都不是言语的尽头,而是言语的边缘,在它之后——由于时间的存在——永远都有话要说。而后面的话永远都比说过的话更有趣——但这已不是时间的功劳,而恰恰因为它与时间相悖。这就是言语的逻辑……

为缪斯效力之所以令人痛苦,首先是因为不能忍受重复的话语,无论比喻、情节,还是方法。日常生活中,同一个笑话讲两三遍不算罪过。但您不可能允许自己在纸上做同样的事:语言迫使您至少要在修辞上迈出下一步。当然,这可不是为了您内心的安宁(尽管结果表明也能起到这样的作用),而是为了语言自身完美的立体(声)效果。陈词滥调是一道安全阀,借助于这道安全阀,艺术避免了退化的危险。诗人越是频繁地迈出这下一步,便越处于孤立无援的地位。

164 除了存在之外,还有很多因素决定意识(尤其是非存在的前景),语言就是其中之一。

别墅区歪歪扭扭的栅栏、火车站旁边的商店以及在铁路路基旁玩耍的孩子从眼前飘过,那些孩子向疾驰而过的电气火车挥舞着手臂。

> 你要回归故土。那又怎样。
>
> 看看周围吧,谁还需要你,
>
> 现在你还能和谁做朋友?
>
> 回来了,自己买一份
>
> 有甜酒的晚餐吧,
>
> 看着窗外,想一想:
>
> 一切之中只有酒是你的,
>
> 好啊。谢了。谢天谢地。[①]

火车即将驶入科马罗沃,他们喝光了一整瓶卡拉-恰纳哈酒。

邻座是一位身穿夹克衫一样的双排扣大衣的阿姨(约瑟夫立马想到了历史老师利希岑娜),她不满地斜睨着这伙人。

后来他们在车厢连接处吸烟的时候,鲍贝舍夫和莱茵

---

① 约瑟夫·布罗茨基:《你要回故土。那又怎样……》。转引自约瑟夫·布罗茨基著,娄自良译:《布罗茨基诗歌全集 第一卷(上)》,页155。

甚至打算在这里朗诵自己写的诗。

奈曼则兴致勃勃地和玛丽娜聊着什么。

约瑟夫大吃一惊——她竟然也会兴致勃勃地与人聊天！

从月台到阿赫马托娃的"小室"，他们好像穿越了一座森林，尽管也穿越了一个别墅区。那些早在世纪初就已经建成的房屋渐渐消失在密林深处。这个深不可测、一年到头昏暗无光的树林一直延伸至芬兰湾。

165　　约瑟夫·布罗茨基："当时列宁格勒出现了一个诸多特征近似于普希金'诗群'的团体。也就是说人员构成大致相同：有一个公认的首领，一个公认的懒汉，一个公认的伶俐人。我们每个人都重复扮演了某个角色。莱茵是普希金。鲍贝舍夫，我想，最有可能是杰尔维格。奈曼呢，因为他尖酸刻薄、伶牙俐齿，所以是维亚泽姆斯基。我呢，因为性格忧郁，显然扮演的是巴拉丁斯基。总之不该套用任何一种比较，尤其是这种比较，不过有时为了方便而运用一下也是可以的。"

所罗门·沃尔科夫："的确，气质上存在着有趣的相似之处。也许莱茵除外。不必拿才华做比较，甚至单就性格、气质而言……"

约瑟夫·布罗茨基："瞎说，你实在是不了解莱茵！"

玛丽娜·巴斯马诺娃和
阿纳托利·奈曼

略作停顿后,他接着说:"也许我说得有点过头了,但是
我想,正是我们……推动了当今俄罗斯诗歌的进步。假如
你也和我一样,经常阅读新诗,那么你会发现,他们的诗在
很大程度上(我不知道,也许,我又说得过头了)是对我们
这个群体的模仿、因袭。这并不是说我因我们这个群体而
产生了某些爱国的或是怀旧的想法。但这些手法,这些用
词,最早出现在我们中间,我们的圈子里。"

不过,如果说"魔法合唱团"(安娜·阿赫马托娃这样
称呼布罗茨基、鲍贝舍夫、莱茵及奈曼)在列宁格勒诗坛独

维克多·索斯诺拉

一无二,则是一种谬误。

约瑟夫自然十分清楚,六十年代初,这座城市的民众分裂为他的追随者和维克多·亚历山德罗维奇·索斯诺拉①(1936-2019)的崇拜者。

166 有趣的是,那时布罗茨基和索斯诺拉长得十分相像,唯一的区别在于布罗茨基长着一头红发,而维克多·索斯诺拉是一位黑发男子。

这显然不是一种公开的对立,但它无疑说明,以布罗茨

———————

① 维克多·亚历山德罗维奇·索斯诺拉,俄罗斯诗人、散文家、剧作家。

基为首的"阿赫马托娃的孤儿"完全占据了优势——这样的说法有点言过其实。

就机智和活跃程度而言,维克多·索斯诺拉的诗歌崇拜者并不比布罗茨基的崇拜者逊色。

记者伊莉娜·楚季记得当年在列宁格勒街头张贴维克多·索斯诺拉诗歌的情形:"我们已经准备到街上去了,这时才想起来,谁也没有写上'这是索斯诺拉的诗'。于是我们赶紧补写。不知是谁老老实实地在上面写道:'维克多·索斯诺拉'。而另一个人则写了一篇长文:'同志们,你们可能不知道谁的诗是列宁格勒最棒的。最棒的——是维克多·索斯诺拉的诗……'我们终于出发去张贴诗歌了。每人带一桶糨糊和一把刷子。索斯诺拉说,他的诗一旦被贴到大门上,就变得像房管处的文件一样了,因此没有人会读这些诗。我倒是觉得,如果它们像房管处的文件反而更好:人们会以为他们那儿要停电或停水了,所以一定会读。后来我们去了彼斯捷尔街。我们都知道,这是布罗茨基家所在的那条街。有人恰好在穆鲁济家族的房子上贴了索斯诺拉的诗。我本人从铸造厂大街方向贴起。我不清楚布罗茨基是否读过这些诗,我希望他会读。"

想必布罗茨基能背诵这些诗。

要知道,认真对待同伴——特别是如果此人是独一无二的天才,特别是如果他的语调让布罗茨基觉得陌生或是他本人没有想到的——是布罗茨基性格的一部分。对于这种情况，可以套用一句名言来加以说明：既要参与到文学进程中来，同时又保持自身的独立性。这对于布罗茨基来说是不可思议的，尽管他不遗余力地（特别是在美国）宣称自己摒弃了整个俄罗斯诗坛的"大锅饭"。

关于诗人在文学进程中的地位，维克多·亚历山德罗维奇·索斯诺拉下过这样的论断："我根本不认可文学进程这种因素。那位布罗茨基，艾吉①，您忠实的仆人，已经被彻底踢出文坛很多年了。但这对任何文学进程都没有产生丝毫影响，对苏联作家的'创作进程'来说同样如此。从前怎么写的，接下来仍旧怎么写。对我的'进程'没有影响。对布罗茨基的进程也一样……所以布罗茨基和其他任何人的地位——这种地位，事实上并不存在。他和任何一位大诗人一样，有的诗写得好极了，有的诗写得并不好。"

可以想象，关于维克多，布罗茨基也说过类似的话——"有的诗写得好极了，有的诗写得并不好"。

同样是一九六二年，索斯诺拉有一首诗问世了。当约瑟夫和他的同伴们在科马罗沃的森林里行进时，阅读这首诗（我们现在看来）似乎再适合不过了。所有这一切就好像换

① 根纳季·尼古拉耶维奇·艾吉（1934—2006），俄罗斯诗人、翻译家。

个角度居高临下地观察所发生的事情一样：

　　　　那里有一座山，
　　　　而我是
　　　　山里的隐士，
　　　　我和蚂蚁一起
　　　　在卡累利阿峡谷爬行，
　　　　吞食松林、田野
　　　　及潮水储备的物资。

　　　　一座池塘，
　　　　池塘旁边的
　　　　花岗岩，
　　　　是我的住所，

168

　　　　我是预防火灾、预防离别的
　　　　安全员，
　　　　一边晒肚子，一边和巨鹿
　　　　聊几个钟头。

　　　　那里森林密布，
　　　　而我的住所

就在林间，

我是分析员，

分析熊的喔喔叫，

魔鬼的咕咕声，

沼泽里铜币的嘎嘎音，

山雀快活的咆哮！

那么，歌声呢？必不可少！

我久未动笔。

既不唱歌也不写作，

只想听狗唱的歌儿！

狗在我的豪宅欢唱，

妙不可言！悦耳动听！——

赞美诗与猪叫声混杂，

驳船和海象在歌声中交尾！①

约瑟夫抬头望着随风摇曳的松树尖，然后把目光移到了下面：一艘生锈的拖船，船身几乎完全没入了岸边的沙

----

① 维克多·索斯诺拉：《城里的花园》。

子,看上去像极了史前怪物的骨架,或那具早已被遗忘在芬兰湾山丘上的花岗岩石块中的利维坦的枯骨。一只戴着颈圈的狗被拴在邻居家的大门上有一阵子了,它疯狂地咆哮着,几乎快窒息了,它双眼圆睁,骨碌碌直转,但无论如何仍旧什么都看不见,因为它的血盆大口完全遮住了视线。

而你也看不见阿赫马托娃的小屋,因为它隐藏在树干之间。从栅栏外面看,那些树干(松树和云杉的树干)仿佛正围着这座"小室"(阿赫马托娃这样称呼自己的住处)跳圆圈舞,假如你不跟着它们一起转圈,不用脚踢开地上碎裂的松果,你就不可能靠近这间屋子。

他们走了一会儿,跳了一阵圆圈舞,踢开碎裂的松果,终于来到了台阶前。

安娜·安德烈耶夫娜一见到来访的玛丽娜·巴斯马诺娃,便脱口而出:"清秀,聪慧,有一种独特的美!没化一点妆。一滴冰凉的水珠!"

小屋里寒冷潮湿。有人把茶壶放到了炉子上。

就在鲍贝舍夫点炉子的时候,桌上已经摆好了带来的食物,当然还倒上了酒(阿赫马托娃更爱喝伏特加)。安娜·安德烈耶夫娜突然若有所思地凝视着布罗茨基,说道:"说实话,约瑟夫,我不明白究竟是怎么回事,您怎么会不喜欢我的诗呢!"

布罗茨基自然马上焦躁起来,面色苍白,激动地发表了一番长篇大论。玛丽娜饶有兴致地看着他俩。

约瑟夫·布罗茨基:"我当然非常生气,喊喊喳喳地解释起来,说一切正好相反。但是事后想想,相当程度上她是对的。也就是说最初几次拜访她的时候,我还没怎么顾上她的诗。我甚至很少读她的诗。归根结底我是个正常的、年轻的苏联人。'灰眼睛国王'绝对不是写给我看的,'从左手上摘下手套'也是如此——我不觉得这些东西是多么了不起的诗歌成就。我一直这么认为,直到后来读到她的另一些诗,晚些时候写的诗。"

可见,布罗茨基在科马罗沃"非常生气"、"喊喊喳喳"做解释的时候撒了谎,不敢认同"小室"主人。更准确地说,他为自己找好了辩解的理由,假如换一种回答,至少看上去不够礼貌,不够委婉,甚至还会显得粗野。而他后来的解释让大家全明白了:阿赫马托娃是对的。

我们将在城里

漫长的街道尽头

或开阔的广场中央,

立起一座纪念碑,

与任何一支合唱曲相匹配,

因为它

结构简单而又实事求是。

我们将立起一座纪念碑，

不搅扰任何人……①

　　火炉上茶壶里的水烧开了，但是大家都没有注意到，于是那把茶壶在热气腾腾的浓雾中几乎变得难以辨认。

……我们将立起一座纪念碑，

上班时从旁边匆匆走过，

外国人在周围

拍照留念。

夜晚我们用聚光灯由下而上把它照亮。

我们将立起一座谎言的纪念碑。

　　要知道，这才是一场关于善意的谎言的真正俄罗斯式的、费奥多尔·米哈伊洛维奇②风格的论争。

　　是的，人们在年轻的时候更喜欢茨维塔耶娃特有的病

————————

① 约瑟夫·布罗茨基：《纪念碑》。

② 即俄罗斯著名作家费奥多尔·米哈伊洛维奇·陀思妥耶夫斯基（1821-1881）。

态般的歇斯底里,令人费解、稀奇古怪的各种转折,以及胆大无畏的,有时甚至超乎想象的语言实验。

与之相反,阿赫马托娃则是一副呆板的样子,仿佛米哈伊尔·奥西波维奇·米科什[1]在亚历山大剧院前为叶卡捷琳娜二世建造的纪念碑。

然而随着时间的推移及生活经验的增长,阿赫马托娃在诗歌中加入了对某种更深刻的、非表面化的、隐秘的以及苦修式的因素的理解。

布罗茨基后来说:"阿赫马托娃教人克制。"

的确,对于一位初出茅庐的诗人而言,弄懂这一课并不容易,特别是在灵感突如其来,而你却既没有力量,也没有意愿,更没有能力理智而庄重地迎接它的情况下。只能一边过于相信这种灵感,一边又过分担心它以后不再出现。在这种亢奋状态下,沦为陈词滥调之牺牲品的风险极高,因为日后你必须坚定地、无懈可击地向读者,当然也是向自己证明:老生常谈仅仅是作者之构思的一部分,是一种方法,一个独特的发现,尽管这个发现其实一点儿也不独特。

我们由此回忆起了安德烈·毕托夫[2]在其《普希金之

---

① 米哈伊尔·奥西波维奇·米科什(1835-1896),俄罗斯画家、雕塑家。
② 安德烈·格奥尔基耶维奇·毕托夫(1937-2018),俄罗斯作家、诗人、剧作家,俄国后现代主义文学奠基人之一。

家》中关于作家之秘密的精辟论断，这些秘密只有透过作品的写作年代和页数才能暴露出来："当一个人第一次拿起了笔，尽管对这种突如其来的创作欲望还感到惶惶不安……这个人已经接触到了文学现象：无论他是否愿意——他必定会泄露自己的隐秘……因为笔法就是心灵的痕迹，它是实实在在而又独一无二的，犹如指纹就是罪犯的身份证。"①笔法即罪证！

艺术家在其内心深处当然十分了解最真实的自我，尽管如此，他还是会把客观存在当作真理，当然不是当作终极真理，但是在结果尚不确定，而成就又受到质疑的时刻，至少会把它当作自我考验的一种尝试。

摘自布罗茨基的随笔《猫的"喵呜"》：

如果说关于万物的真理直到今天仍远未被把握，我们也只能归咎于世界那非同寻常的韧性，而不应怪罪我们努力不够。当然还有另外一个解释，即真理是不存在的。我们不能接受不存在，因为这会对我们的伦理学产生巨大的后果。

172

---

① 转引自安德烈·毕托夫著，王家兴、胡学星、刘洪波译：《普希金之家》(北京大学出版社，2016)，页104。

伦理学——换一种更少堂皇但或许更加准确的说法，就是纯粹意义上的末世论——会是科学的载体吗？或许是。无论如何，人类的探究归根结底就是对无生命的东西发出有生命的审问。因此，那些模棱两可的审问结果也就不足为奇了；更加不足为奇的是，我们在这一过程中所采用的方法和语言会越来越近似于手头的研究对象。①

渐渐地，唯有克制才有可能防止多元化语言的侵犯。毕竟语言能够填补认知上的所有空白，从而使其自身面临被延续了千百年的浓厚意识所掩埋——就像被掩埋在芬兰湾的海底一样——的直接威胁。而现在，语言的颂歌响彻在沙丘、花岗岩石块及那艘锈迹斑斑、几乎完全没入岸边沙子的拖船的上方。

但这首颂歌不就是目标本身吗？这正是他们在科马罗沃小坐期间试着回答的那个问题的关键所在。

他们的回答各不相同，因此每个人在这一曲合唱中都发出了自己的声音。

---

① 转引自约瑟夫·布罗茨基著，刘文飞译：《悲伤与理智》，页340。

德米特里·鲍贝舍夫：

　　冰冷的沼泽看见光明女神现身了……

　　自浪花中出生的女神——头朝下，从天而降

　　仿佛一只银项圈，奔向百合般白嫩的

　　泥炭地，径直扑倒在我的靴子前。

　　不幸的女神啊！肮脏的泥潭里倒映出她的模

　　　样——如此苍白……

　　显然，单薄瘦弱的女神能带我们

　　走出困境该有多好！——她对

　　下维亚利耶湖与米洛斯岛同样仁慈，

　　因此任何无聊的借口都能用来解释奇迹。

　　快睁开双眼瞧瞧那潮湿的表面：

173

　　松树枯萎了，倒地的树干就像一头公猪，

　　而受潮的锯木厂在后面发出吱吱的叫声；

　　锯末堆放在一旁，仓库里那个灰扑扑的

　　小屋正在张望——看在上帝的分上，请离我远点！

　　这里毕竟是故乡。干吗要哭呢，你这个傻瓜！①

---

① 德米特里·鲍贝舍夫：《任何借口》。

阿纳托利·奈曼：

市煤管局打电话叫来了国安人员：
"飞往奥斯陆的飞机险些被劫持，
而你喜欢的那个季节，
橡树叶变黄，
热浪蒸腾,雨夹雪倾盆而下
街灯在白夜——瑞典语中'午夜阳光'——的
映照下暗淡无光……
怎么,沉默的人,
现在还不肯招供?"
唉,这位首长,
总有一天,我们都将离开人世
彼尔姆取代列宁格勒的位置
运河提前解冻,
在那样一个可笑的夜晚
某个哈萨克人或爱沙尼亚人,
会将钩竿和汽艇分发给
热衷于事业的科学家,
专注于普及运动的旅行家,
以及在"西贡"闹事的吸毒者,

怂恿两三个特别行动队

去打捞涅瓦河上的浮尸。①

叶甫盖尼·莱茵：

日历已经翻篇,遥远而无用的冬天近在眼前,

严寒将至,即将来临的还有新年和其他事务。

再坚持一下,坚持到十二月,院子里只剩下积雪和 174
　　昏天暗地,

窗外严冬肆虐,再坚持一下——千万别丧失理智。

还要穿得更暖和点,然后尽快回到

自己的家,那里有热腾腾的饭菜,还能为您挡风
　　遮雨,

免受严冬和暴风雪侵袭,有暖心的妻子,一直对你
　　叫喊或是沉默不语。

小心翼翼地走到门口,停留片刻后对自己说:

"不,为时尚早,还太早,不是时候。"冬天啊,冬
　　天——可怕的时刻……②

---

① 阿纳托利·奈曼:《告别列宁格勒》。

② 叶甫盖尼·莱茵:《真实的新年》。

约瑟夫·布罗茨基：

小鸟已经不再飞进通风小窗。

少女野兽似的捍卫薄薄的女式短衫。

在樱桃核上滑倒，

我没有倒下：摩擦力

随着跌倒的速度而增大。

心在跳跃,好像小松鼠在枯枝的

边上。而嗓子在歌唱年龄。

这就是——老化。

老化！你好啊,我的老化！

血液在缓缓地流。

多年前双腿匀称苗条的形态

现在有害于视力。我预先声明

这是自己的感觉的第五领域,

甩掉鞋子,我用棉絮救急。

任谁带着铁锹从一旁走过,

如今都是注意的对象。

对！肉体因情欲而悔恨。

它唱，嚎叫，龇牙也是枉然。

口腔里的骨疡，至少，

毫不逊色于古希腊。

由于发臭的呼吸和关节的喀喀欲裂

我弄脏了镜子。关于白色殓衣

还没有谈起。不过，就是要把你

抬出去的那些人，已经来到门口。[①]

一行人乘坐当天最后一班列车返回了莫斯科。

送走客人后，阿赫马托娃在凉台上的玻璃门旁边伫立良久，看着周围的树木在黑暗中向她的"小室"聚拢过来，以防有人靠近她。

当然，天一亮，它们便散开了。

一九九三年。

几名男子终于喝完一瓶"波罗的海三号"，开始谈论刚刚听过的一首阿赫马托娃诗配乐的歌曲。

---

① 约瑟夫·布罗茨基：《1972》。转引自约瑟夫·布罗茨基著，娄自良译：《布罗茨基诗歌全集 第一卷（下）》，页202。

他们当然喜欢这首歌,因为歌里蕴含着忧伤和情感。

只有一个人一边听歌一边若有所思地望着窗外,说:"可我还是更喜欢茨维塔耶娃……"

"她是上吊死的,"邻座同情地接过话茬,说,"真可怜。"

几名男子都不说话了,气氛变得压抑起来。

"得了,该抽会儿烟了。"一个小伙子打破了电气火车单调的哐啷声,他坐在通道旁边,身穿一件绣着"洛杉矶湖人"①字样的短夹克。

说到做到:男人们把包放到长椅上,起身去了车厢连接处。根据"洛杉矶湖人"和茨维塔耶娃爱好者活跃的手势判断,他们仍在谈论那首被配上音乐的诗歌。

火车驶过了列宾诺镇。

科马罗沃火车站的站台上,将近十个人下了火车,神情忧郁地朝森林方向慢慢走去。

那个穿着人造革靴、长相年轻的老头和他那位慈眉善目、头戴毛茸茸的马海毛帽子、挎着"冠军"公司生产的手风琴的妻子,当然不在这群人中间。

---

① 原文为英文:Los Angeles Lakers。

第八场前幕间剧

布罗茨基和洛谢夫夫妇

一九三四年,马克西姆·高尔基在第一届苏联作家代
表大会上做了发言:

　　可敬的同志们,我觉得,这里一提到高尔基这个名字,总会加上一些评价性的形容词:"伟大的""高尚的""高个子"等等。(笑声)

　　你们难道不觉得,我们过分强调和抬高一个人物,这样会让其他人的成长进步和重要性黯然失色吗?请相信我:我不是在卖弄风情,也不是故作骄矜。有一些重要的原因使我不得不谈这个话题。形象地说,在这里,我们所有人,尽管年龄差距非常大,但都是同一个非常年轻的母亲——全苏维埃联盟文学的孩子。

　　衡量作家是否成长进步,这是读者的事。阐释文学作品的社会意义,则是批评家的事……

　　我们当中还有不少人是在极其险恶的、小市民式
的竞争氛围中出生和受教育的。这种竞争往往会取代竞赛,而竞争和社会主义竞赛——这两个概念互不相容,因为它们根本就是敌对的。

索波列夫同志——《大修》的作者①——今天说了一句分量很重而且符合实际的话："党和政府给了作家一切，但只剥夺了他们一样东西——胡编乱造的权利。"

说得太棒了！

应该再补充一句：党和政府还剥夺了我们相互发号施令的权利，但赋予我们相互教导的权利。教导——就是相互分享经验。只能如此。只能如此。别无他法。

也许，苏联文学在方法论、概念及心理学标准上的规则系统，都是以这些高尔基式的委婉言辞为基础的。一项真正庞大的任务摆在了"人类灵魂工程师"面前——现在要改造的不只是一代苏维埃人（这代人中百分之九十在沙皇俄国出生并度过了大半生）。因而苏联作家协会必须成为文学界的人民委员部（确实有这样的客观需求），而它也的确变成了这样的机构。

在试图生动描述五十年代至六十年代初列宁格勒的文学生活时，如果忽略了苏联作协对读者及作家产生的全部

---

① 列昂尼德·谢尔盖耶维奇·索波列夫（1898-1971），俄罗斯作家、记者。长篇小说《大修》是其代表作，写的是十月革命前一支海军舰队的生活。

影响(包括心理层面、意识形态层面以及总产出层面的影响),那么就会陷入误区,陷入自负的迷途。而且,高尔基的这份寄语,是在一个不断循环的生产线上诞生的,至于那些违心的受众究竟如何看待这种压力或者整个苏维埃文学,根本就无关紧要。

毫无疑问,布罗茨基及毕托夫、索斯诺拉及乌弗良德、布里塔尼什斯基及戈利亚夫金、莱茵及鲍贝舍夫、马拉姆津及瓦赫金——这一连串的诗人和散文家,都蔑视和嘲讽被泽蒙庇的亚历山大·法捷耶夫、尼古拉·吉洪诺夫、阿列克谢·苏尔科夫及康斯坦丁·费定。

然而,如何写"好",如何写"不好",这已成为一种客观上被垄断的私密知识,当时新派文学的发起人被迫依附于这种垄断制度,而且,除极少数人以外,他们没有任何机会及时、公开地发表作品,他们不得不与苏联作协的"领军人物"展开艰难的对话。一种近乎独白的对话。

同样不该忘记的是,与莫斯科相比,在列宁格勒这座英雄城、"列宁城"、"伟大十月的摇篮",当地作家机构的活动更热烈,更疯狂。一九五三至一九五四年,散文家、政论家及社会活动家弗谢沃洛德·阿尼西莫维奇·科切托夫(1912-1973)担任作协秘书长,他在列宁格勒作家组织的管理部门中开启了斯大林式的残酷作风。在短短的任期内,在与当地文学派别的"市侩习气及自然主义"作斗争的过程中,他几乎和列宁格勒的所有作家都发生过争执。不过,如果说人们对他攻击米哈伊尔·左琴科,指责其是"目光短浅的手工业者-个人主义者"的言论充耳不闻,那么,他对维拉·潘诺娃①的长篇小说《一年四季》的抨击和有失公允的批评,则引发了一场轩然大波。

科切托夫显然做得过头了,他没有考虑到,曾经三次获得斯大林奖的维拉·费奥多罗夫娜·潘诺娃不仅在列宁格勒,在莫斯科也同样备受尊重。作为对弗谢沃洛德·阿尼西莫维奇的回击,维拉·费奥多罗夫娜以私人名义向赫鲁晓夫求援,而这一支持举措并未姗姗来迟。一九五四年十二月,在列宁格勒作家协会的总结及改选大会上,阿·科切托夫甚至没有入选理事会。

为这出闹剧"锦上添花"的,是科切托夫交给《星》杂志编辑部的长篇小说《青春常在》②。作为这份杂志的主编,瓦列里·德鲁辛③是在臭名昭著的"联共(布)中央组织局关于

① 维拉·费奥多罗夫娜·潘诺娃(1905-1973),俄罗斯作家、剧作家。苏联时期以创作社会主义现实主义小说及历史小说为主。
② 弗谢沃洛德·科切托夫创作的长篇小说,描写了苏联时期青年科学工作者的学习和生活。
③ 瓦列里·帕夫洛维奇·德鲁辛(1903-1980),俄罗斯文学研究者、评论家。

《星》和《列宁格勒》杂志的决议"通过后,被委任这一职务的。显然无须怀疑德鲁辛的政治忠诚度,但列宁格勒女作家维拉·卡济米洛夫娜·凯特林斯卡娅①——一九二七年的联共(布)党员、斯大林奖及劳动红星勋章获得者——指责科切托夫对待文学团体里的同志蛮横无理,还指责他以不可接受的腔调贬低列宁格勒作家协会。这场骂战进入了高潮——此前就连克里姆林宫也已经注意到了这一事件——科切托夫受到了明显的指责,他理应向功勋卓著的列宁格勒作家们道歉,但他不仅不想这样做,反而加大了对他们的批评力度,在此过程中,就连莫斯科的两份杂志——《十月》和《新世界》也挨了批。

为了消除这出闹剧在可敬的文学前辈中产生的影响,唯一能做的,就是赶紧把弗谢沃洛德·阿尼西莫维奇调到莫斯科,让他担任《文学报》及后来的《十月》杂志的主编。

一九五五年,亚历山大·安德烈耶维奇·普罗科菲耶夫②受命担任俄罗斯苏维埃社会主义共和国作协列宁格勒分会秘书长一职,他是斯大林奖及后来的列宁奖得主、社会主

---

① 维拉·卡济米洛夫娜·凯特林斯卡娅(1906-1976),俄罗斯作家、剧作家。

② 亚历山大·安德烈耶维奇·普罗科菲耶夫(1900-1971),俄罗斯诗人、记者、社会活动家。

义劳动英雄、四枚列宁勋章获得者、苏联国安局荣誉职工（一九二二年至一九三〇年，他是列宁格勒军区全俄肃反委员会-国家政治保安总局的工作人员）。

除非有重要情况，否则，列举我们的主人公所获得的奖章，讲述文学界的内讧、内心的不满以及曾经势不两立的仇敌之意外结盟——这些做法真的毫无意义。他们全都是专业作家，因而也尽己所能地积极发表了成千上万册作品（如果不是数百万册的话），而他们的这些作品也广为传颂并被加以讨论（特别是被当作轰动性的社会事件及政治斗争来阅读和讨论）。

亚历山大·安德烈耶维奇·普罗科菲耶夫在位十年，他的名字与列宁格勒文学生活中一个至关重要的时期密切相关，当时人们的命运与日常生活中的种种事件交织在一起，错综复杂，而这些事件是你在其他任何情况下都不会遇到、不会撞见的。显然，这可不是俄罗斯苏维埃社会主义共和国作协列宁格勒分会秘书长的"功劳"，而纯粹是情况巧合使然，每个人都想从这些巧合中捞取好处。

普罗科菲耶夫在作家圈子里有个绰号——"普罗科普"，他以一名行事老练的契卡工作人员所特有的审慎态度，着手清理弗·阿·科切托夫留下的遗产。

不言而喻，前辈的方针路线大体上被保留了下来，但是弗谢沃洛德·阿尼西莫维奇所犯的一些策略性错误，还是遭到了清算并得到了最大限度的纠正。

一方面，与列宁格勒作家协会关键人物的对话步入了正轨，这些人物包括尤里·戈尔曼、维拉·凯特林斯卡娅、达尼伊尔·格拉宁①，当然还有维拉·潘诺娃（当时潘诺娃的文学秘书是谢尔盖·多甫拉托夫②）。与此同时，还启动了针对年轻散文家和诗人的工作。

另一方面，亚历山大·安德烈耶维奇也明智地拉拢了科切托夫圈子里的"蒙昧主义者"（自由主义文学圈中对这些人的称呼），因为亚历山大·安德烈耶维奇十分清楚，他需要他们在他与"自由主义者"的斗争中充当制约力量。

在所谓的"科切托夫禁卫军"中，有两位标志性的人物值得一提。

一位是《涅瓦》杂志的主编、散文家谢尔盖·沃罗宁③。一九五八年，他在自家杂志上发表了弗谢沃洛德·科切托夫的"反虚无主义"长篇小说《叶尔绍夫兄弟》（小说的发表不仅在作家圈内，而且在读者圈中引起了轰动，人们指责作家

---

① 达尼伊尔·亚历山德罗维奇·格拉宁（1919-2017），俄罗斯作家、社会活动家。

② 谢尔盖·多纳托维奇·多甫拉托夫（1941-1990），美籍俄裔作家。一九八七年移居美国。

③ 谢尔盖·阿列克谢耶维奇·沃罗宁（1913-2002），俄罗斯作家。

是反犹太主义者)。沃罗宁还公开支持伊万·舍夫措夫①那部与《叶尔绍夫兄弟》题材近似的长篇小说《蚜虫》的发表(作品单行本直到一九六四年才由"苏维埃俄罗斯"出版社推出),并积极参与了《新世界》和《十月》杂志在莫斯科的论战,更准确地说,这是亚历山大·特瓦尔多夫斯基与弗谢沃洛德·科切托夫两位杂志主编之间的论战,内容涉及生活真实与艺术真实、现实主义与社会主义现实主义、创新与作家的"手淫"问题(毫无疑问,沃罗宁站在科切托夫一边)。

为列宁格勒右翼"苏联作家"作掩护的,还有兼任当地作协党小组长的诗人格里高利·米罗什尼琴科②(据说他的靠山是阿列克谢·马克西莫维奇·高尔基本人)。

关于米罗什尼琴科其人,保留着一段无须作任何注解的回忆:"一九三七年,'科特贝尔'创作之家来了一位体格健壮、长着一副阴郁的哥萨克面孔的男士,他是列宁格勒作家组织的党小组负责人格里高利·米罗什尼琴科。他外出吃饭的时候在自己面前放了一瓶伏特加,一口接一口地喝了起来,他很快就醉了,然后猛地推开餐盘,站起身来。大家都扭头看他。'抱歉,同志们,'他说,'失陪了。我很累。我在和

---

① 伊万·米哈伊洛维奇·舍夫措夫(1920–2013),俄罗斯作家。

② 格里高利·伊里奇·米罗什尼琴科(1904–1985),俄罗斯作家。

人民的敌人作斗争。'他摇晃了一下，双拳抵住桌布。'我在和人民的敌人作斗争，'他重复了一遍，'我本来想来这儿休息一下。可是我看到了什么?'他忿忿不平地扫了一眼大伙儿，说:'周围清一色人民的敌人。能一块儿坐坐的人都没有!'餐厅里立刻安静下来，没有一丝声音。只要他愿意，第二天一准儿会有人被捕。他沉着脸转身离开了。"

对于前面提到的那位"无产阶级的海燕"关于"相互发号施令的权利"和"相互教导的权利"的言论，亚历山大·安德烈耶维奇·普罗科菲耶夫根据自己的理解做出了解释，即巧妙地平衡"中间派"(戈尔曼、格拉宁、潘诺娃、别尔戈丽茨)与"斯大林主义正统派"之间的关系，时不时地挑动他们相互争斗。而始作俑者们则亲自在"大型"杂志或书籍开本中系统性地发表文章，挑弄事端，这些文章时常激起众怒，不过有时也只是惹得同行愤怒而已。造成这种状况的原因五花八门:妒忌，积怨，经济问题，家庭成员之间的口角，诸如此类，显然，这个清单可以无限制地延长下去。

例如，维拉·卡济米洛夫娜·凯特林斯卡娅，小说《勇气》和《围困》的作者，由于出身"不好"——其父卡济米尔·凯特林斯基是波兰海军上将——她在四十年代受到了派别(尤其是格里高利·米罗什尼琴科)的干扰。若干年后，一九六四年，在列宁格勒捷尔任斯基区委会的支持下，维拉·卡济米洛夫娜向自己的冤家对头发起了报复——她指责米罗什尼琴科行为不端,从而导致后者被开除出党、开除出作家协会。

值得注意的是,格里高利·伊里奇·米罗什尼琴科案件的听证会与"寄生虫"约瑟夫·亚历山德罗维奇·布罗茨基案件的审理工作是同时进行的(这两起案件同属捷尔任斯基区党委会的司法管辖范围)。

六十年代初,列宁格勒作协内部不同派别之间的斗争达到了白热化。

谢尔盖·沃罗宁英勇顽强地与奥尔加·别尔戈丽茨、达尼伊尔·格拉宁、弗拉基米尔·杜金采夫①及亚历山大·亚申②作斗争,他发出了呐喊:"某些作家的作品不持肯定立场,不拿我们生活中正面的事情举例,不展示生活的光明面,而首先展示阴暗面……反对派(一帮自由派作家——作者注)遭受了不小的损失。他们兴风作浪,攻击我们的苏维埃意识形态,这股浪潮不止触及我们这些作家,触及所有文艺工作者,而且,最主要的是,还触及年轻人。部分年轻人……染上了悲观主义和怀疑论。"

---

① 弗拉基米尔·德米特里耶维奇·杜金采夫(1918-1998),俄罗斯作家。

② 亚历山大·雅科夫列维奇·亚申(1913-1968),俄罗斯作家。

不过之所以陷入悲观主义并成为怀疑论者,其原因在于"解冻"青年(一九三〇至一九四〇年代生人)和"老头子"之间的冲突一直在不断加深。相互指责,不愿倾听对方的声音(特别是后者不愿倾听前者),在刊登新人新作的问题上令人痛心的状况——所有这些问题都需要尽快解决,但不论作协还是亚·安·普罗科菲耶夫对此都无能为力。

老一辈作家总觉得有更"重要"的问题摆在他们面前——将普罗科普从官位上拉下马(诗人、社会活动家、后来的社会主义劳动英雄及国家奖得主米哈伊尔·亚历山德罗维奇·杜金①盯上了他的位置),另一方面,还要尽可能地诋毁对手,把持住秘书长这个职位。

不过,苏联作协青年工作小组终究还是成立了,其任务包括监督崭露头角的诗人和散文家,对其出版的作品作抽样检查,跟踪调查未出版及在境外出版的作品,为作协培养新会员及筛除不合心意的作家和"冒牌货"。工作组由散文家、电影剧本作者达尼伊尔·亚历山德罗维奇·格拉宁(1919-2017)领导。他的立场与工作组交给他的任务完全一致。作家对这一立场概括如下:"我们的文学……过去、现在和

187

---

① 米哈伊尔·亚历山德罗维奇·杜金(1916-1993),俄罗斯作家、诗人、剧作家、社会活动家。

将来都是党的助手。"

　　格拉宁与非正规团体(确切地说,某个非正规团体)首次发生冲突是在一九六〇年二月。那时约瑟夫·布罗茨基在一些小圈子里鼎鼎有名,而上级委派的作协干部对他却一无所知。当时他在高尔基文化宫举行的"赛诗会"上朗诵了自己的诗《列宁格勒附近的犹太人墓地》。

　　约瑟夫与"矿工"文学工作室领导者格列勃·谢苗诺夫的激烈冲突、作协就布罗茨基这首民族主义(犹太复国主义)作品发出的声嘶力竭的叫嚣,迅速传到了普罗科菲耶夫耳朵里。结果,青年作家工作委员会主席达·亚·格拉宁(一九四二年入党的联共〔布〕党员)受到了党内警告处分。当时亚历山大·安德烈耶维奇怒火中烧,质问自己的下属:"您说,达尼伊尔·亚历山德罗维奇,布罗茨基有哪些受欢迎的天才之作——它们在哪儿?既然他什么都没有发表过,那他怎么会这么受欢迎?""在我们这儿,作协周围,像布罗茨基这样的人,很遗憾,多的是……"这就是答案。

　　显然,这句毫无意义的答话并不能让这位苏联国家安全局荣誉职工感到满意。在这种情况下,这位老党员接下来或许只提了一个警告式的建议——专心做好所有人员的工作吧,否则任何人都难免会出问题。

　　这个建议并不多余——一九六〇年,《句法》集刊的编辑和出版人亚历山大·金兹堡被捕,而布罗茨基就是集刊的作者之一。从那一刻起,如上文所言,克格勃就对布罗茨基发生了兴趣。坦白说,他们可不太愿意监视和进一步监管大批有威望的列宁格勒"苏联作家"身边的年轻人。之所以发生这种事,并不是因为"父与子"的冲突严重到了无法解决的地步,而是因为谁也不愿为那些"哲学家"或"矿工"以及布罗茨基与索斯诺拉之流另类自由派艺术家的作品及行为承担责任。

一九六三年底至一九六四年初,发生了整治诗人及"审判诗人"①事件,这两件比较出名的事充分印证了这种假设。

总之,青年小组在工作上存在的问题仍然悬而未决。格拉宁一方面游走于保护者和监督人这两种身份的边缘,另一方面又周旋于自由主义者和"自家小伙子"之间。不管这种做法看上去有多荒谬,他还是像其他年高德劭的艺术家一样,不那么难以琢磨。譬如,正是在这段时间,达尼伊尔·亚历山德罗维奇的长篇小说《走向大雷雨》获得了列宁奖提名,于是格拉宁理所当然地竭力为自己的主人公,亦即为他自己争取奖项(结果,当年的列宁奖由奥列西·冈察尔②凭借《小

---

① 这里指的是布罗茨基遭到政治迫害的事件。

② 奥列西·捷连季耶维奇·冈察尔(1918-1995),乌克兰作家、政论家、社会活动家。

铃铛》获得，入围者中还有亚·伊·索尔仁尼琴及其《伊万·杰尼索维奇的一天》）。

毫无疑问，与"某位"布罗茨基相关的几起事件及布罗茨基本人犯了众怒。

撒马尔罕事件，乌曼斯基案件……此类事件，如我们所知，层出不穷。

如此一来，发生下面这件事也就不足为奇了：一九六三年一月二十七日，《接班人报》刊登了苏联共青团列宁格勒州工业委员会主席吉姆·米哈伊洛维奇·伊万诺夫①（1931–2005）的报告，批评列宁格勒作协不够关心青年写作者。报告中有这样一段话："正因为如此，布罗茨基这类'不入流'的诗人才会在市里徘徊游荡，时不时地为年轻人朗诵各种颓废的、拘泥于形式的作品……这类青年自诩'被抛弃的天才'，作家协会应断绝与他们的往来，对这些小有名气之人凭空虚构的东西予以回击，而不是教育他们。"

高层释放出这样的信号。因此，当务之急，在于用心观察相关各方将对此做出怎样的反应。

列宁格勒作协，毫无疑问，采取了观望立场，他们以官

---

① 自一九六四年起，此人被任命为列宁格勒州克格勃分局第一副局长。——原注

方托词作掩护,声称约瑟夫·布罗茨基并非作家协会会员,组织内部根本不知道还有这样一位诗人。

一九六三年十一月二十九日,《列宁格勒晚报》打响了第一"枪"。报纸上刊登了一篇至今仍然臭名远扬、千夫所指的文章——《文学寄生虫》。这篇歇斯底里、文墨不通的文章的作者,是寂寂无名的共青团员、社会工作者亚·约宁、雅·列尔涅尔及米·梅德韦杰夫。所以案件的官方承办者并非来自区委会、克格勃甚至检察院,而是一些个人、团员、义务治安员。因为年轻,他们的言辞极端情绪化:"看得出来,这个满怀信心攀登帕纳索斯山的侏儒并非毫无恶意。布罗茨基露骨地承认,他'热爱异乡'。他的的确确不爱自己的祖国,而且对此不加掩饰。这还不够吗?!他们长期以来一直处心积虑地谋划叛国。"

这显然是一场戏,因为假如没有相关指令,《列宁格勒晚报》(列宁格勒市委机关报)绝不会刊登这种毫无名气,甚至连记者都不是的人士所写的文章(胡言乱语!)。但是从记录和流程来看,一切又无可指摘——几位普通的列宁格勒共青团员被自己同龄人的行为激怒了,要求社会舆论及主管机关查明情况。

列宁格勒作协收到了捷尔任斯基区检察长直接寄来的信函,信中建议他们对约瑟夫·亚历山德罗维奇·布罗茨基展开同志式的审判。

作家们再次告知，布罗茨基并非协会会员，因而不可能对其进行同志式的审判。对于青年工作组既要对不发表作品的文学工作者开展工作，也应对非作协成员开展工作这一合理的反对意见，他们在回信中强词夺理地反复辩称：展开工作——一定会的，但审判——则大可不必。

作家们唯一赞同的是——举行作协列宁格勒分会秘书处会议，谴责布罗茨基。

摘自"一九六三年十二月十七日俄罗斯苏维埃社会主义共和国作家协会列宁格勒分会秘书处及作协分会党委成员联合会议第 21 号会议纪要"：

191　　　出席人员：普罗科菲耶夫、布劳恩、切布罗夫、格拉宁、沃耶沃金、列尔涅尔等同志。亚·普罗科菲耶夫任大会主席。

听取了：捷尔任斯基区检察长的来信……列尔涅尔同志对约·布罗茨基予以评价，他从布罗茨基的日记、信件以及《列宁格勒晚报》编辑部未发表的文章《文学寄生虫》中摘录相关言论作为例证。

发言：普罗科菲耶夫、卡皮查、格拉宁等同志……

一致同意：

《列宁格勒晚报》打响了诬陷布罗茨基的第一"枪"——发表《文学寄生虫》一文；受审前的布罗茨基(偷拍的照片)

鉴于布罗茨基的反苏言论……请求检察长对布罗茨基及其"朋友"提起刑事诉讼。

认为《列宁格勒晚报》及《文学寄生虫》一文的言论绝对正确、及时。

在这个问题上,达尼伊尔·亚历山德罗维奇·格拉宁与亚历山大·安德烈耶维奇·普罗科菲耶夫保持了高度的一致性(实质上是倒向了"右翼正统派"阵营),格拉宁借此彻底证明了自己对秘书长的忠心耿耿及对苏联作协总方针的坚定信念。

格拉宁这样评价布罗茨基:"布罗茨基的政治面貌我们是清楚的。我知道他两年前什么样,现在也不相信他会有别的想法。我个人会说,我们本该就一篇政论文章审判他,而不是因为他不劳而获,这样更加心安理得。但这不是我的职权范围……我还想就今天这个问题的实质谈一件事——有人说布罗茨基是文学的门外汉,这是不对的。布罗茨基很会写诗,有天分;当然也有不好的、不合格的诗,但好诗是明摆着的,他在年轻人中间很受欢迎。也正因为如此,才引发了一场轩然大波。假如这是个平庸之辈、微不足道的政治人物,就不会有如此多的人被卷进这个案子里了。"

192

就这样,在列宁格勒作家团体——首先是协会秘书处与作协分会党委成员——的倡议下,这件事由团体内部事件升级为刑事及政治案件。

一场急不可待的迫害近在眼前,这当然让人摸不着头脑。

不过很快就证明,这起案件的政治潜台词难免引起不良的国际反响(由于《句法》集刊的关系,布罗茨基的名字已然笼罩上了一层光环)。莫斯科方面对此大为不满。亚历山大·普罗科菲耶夫不久前对自己的下属达尼伊尔·格拉宁谈过的一些问题,冷不丁地从他们料想不到的地方冒了出来(甚至就连擅长暗中较量的亚历山大·安德烈耶维奇也没有料到)。

作家们相互对立,甚至由于出版问题、拖欠稿费及一般的剽窃问题,由于地产、排队分房及福利问题而打官司是一回事,而作协分会领导层与普罗科菲耶夫同志全都忽略了一位诗人的政治表现,则完全是另一回事,这位诗人虽然不是作协会员,却风格鲜明,独具一格,列宁格勒所有的年轻人都在读他的诗。

众所周知,对于布尔什维克来说,丧失警惕性等同于粗暴地破坏党的纪律。

亚历山大·安德烈耶维奇的官位岌岌可危……

如此一来,布罗茨基案件所承受的"高压"中又增添了一重(如果说不是主要的)关切,要知道,"大家都厌倦了普罗科普"——这种议论早已在施帕列尔街"作家之家"的走廊上乃至斯莫尔尼宫①流传开来。

---

① 列宁格勒作协理事会党小组当时设在斯莫尔尼宫。

第八场

布罗茨基受审，一九六四年

读完《列宁格勒晚报》上的文章，亚历山大·伊万诺维奇·布罗茨基环顾夏园空无一人的小径：落叶拢成了堆儿，等着被焚烧，一排排树干因为阴冷潮湿变得黑乎乎的。他原以为这里只有他一个人，但他想错了，因为他捕捉到威廉一世、勃兰登堡选帝侯大理石雕像上那没有瞳孔的目光，这目光就停留在他身上。他又扫了一眼那篇文章，上面署名的那些人他一个也不认识，而他毕竟是职业摄影记者，认识这座城市所有为期刊写稿的人！他小心翼翼地折起报纸，扔进那个立在长椅旁边的垃圾箱里。他靠到椅背上，深深地吸了几口气，从衣兜里掏出一片伐力多①，回忆起了儿子最早写的一首诗，那首诗他特别喜欢：

坐在丘陵的斜坡上。

从那里他们能看得见

教堂、花园、监狱。

从那里他们见到过

长满青草的池塘。

把凉鞋扔在沙地上，

---

① 一种治疗心脏病的药物。

两个人在一起坐着。①

当然，从这儿是看不到十字架的，这里没有什么丘陵，列宁格勒压根就没有丘陵。最多只能望见花园入口处那个长满茨菇的卡尔彼耶夫池塘和地平线上的滴血大教堂。

他把伐力多放到舌根下面，一股清凉感瞬间涌上头部。疼痛减轻了，他站起身来，缓缓地朝家走去。

是啊，他无论如何都看不惯约瑟夫过的那种与众不同的另类生活——有一搭没一搭地上班；参加文学团体，那里的每个人都相信他是天才；结交外国朋友，有男也有女；还要被搜查和接受克格勃办公大楼的传唤。

不过，这并不意味着亚历山大·伊万诺维奇万分遗憾，因为自己的儿子没有品尝过上大学、从事稳定工作、拿固定工资、节假日陪同家人到基洛夫中央文化休闲公园露营或者和朋友踢球的滋味，最后，还有凭共青团介绍信到疗养院休假的滋味。这些大多是他——父亲——的生活的一部分，他发自内心地鄙视这种生活，但是在某种程度上，他早已习惯、适应了这种生活，学会了避实就虚，对某些事淡然

---

① 约瑟夫·布罗茨基：《丘陵》。转引自约瑟夫·布罗茨基著，娄自良译：《布罗茨基诗歌全集　第一卷(上)》，页167。

处之、置之不理。

晚饭后，他和玛丽娅·莫伊谢耶夫娜坐在电视机前，看搞笑节目"开心者和聪明人俱乐部"。节目最后，身着工装的莫斯科铁路运输工程学院大学生合唱队唱起了阿尔卡季·奥斯特洛夫斯基与列夫·奥沙宁的歌曲《我会等你》。这时楼上的邻居又开始用钻头钻东西了，但已经没人在意……

> 天黑了，庭院里仍在播放那张唱片，
>
> 你说过你要来，至少晚上会回到这里。
>
> 晚上短暂得像一颗沙粒，对我而言毫无意义，
>
> 我会等你，只是你来了就永远别走。
>
> 窗外时而落雨，时而飘雪，
>
> 睡觉时间到了，却无法入睡。
>
> 同一座庭院，同样的笑声，
>
> 心心念念等着你的到来。

一九六四年一月八日，列宁格勒终于下雪了。

就在这一天，《列宁格勒晚报》刊登了一份题为《我们的城市没有寄生虫的容身之地》的材料。这是要求惩罚"某位"布罗茨基的读者来信特辑。材料的结尾有这样几

句话："任何尝试都无助于布罗茨基及其辩护者逃避社会舆论的审判。我们的优秀青年正在告诉他们：'够了！布罗茨基靠社会供养，是个十足的寄生虫。尽管有事可做，而他却不愿工作——那就自作自受吧。'"

显而易见，事态的发展已经过头了，可能面临戏剧性的结局。所有人，首先是约瑟夫的朋友们都这么认为。而唯独事件的"罪魁祸首"对所发生的一切表现出异乎寻常的冷静，至少表面上如此。

我们知道，就在《文学寄生虫》发表之后，维拉·费奥多罗夫娜·潘诺娃之子，作家、翻译家、东方学家鲍里斯·鲍里索维奇·瓦赫金（1930–1981）带约瑟夫拜访了捷尔任斯基区党委书记尼·谢·科萨列娃（此人后来成为《阿芙乐尔》杂志的主编），创造机会让自己的这位朋友向上级领导本人澄清并驳斥《列宁格勒晚报》发布的谎言。

但遗憾的是，这个想法并未奏效。

关于约瑟夫为何不愿接受高等教育这个问题，卡萨列娃同志听到的回答是："我是不可能读大学的，因为那里要考辩证唯物主义，而这并不是一门科学。我为创作而生，干不来体力活。对我而言，党存在与否没有什么区别，对我而言，只存在善恶之分。"

显然，他说出这番奇谈怪论之后，诗人与刻板的共青团

198

官员之间的谈话便失去了全部意义,在卡萨列娃同志愤怒而困惑的目光的注视下,瓦赫金和布罗茨基溜之大吉。

不过,规避制度及铁面无私的苏维埃司法机关的尝试并未就此而止。

一九六三年底,官方决定送约瑟夫到莫斯科的彼得·彼得罗维奇·卡先科精神病院进行司法鉴定,这家医院的别称"卡纳特契科沃别墅"更加广为人知。阿尔多夫一家和安·安·阿赫马托娃认为,如果能获得相应的医学证明,将有助于布罗茨基免受起诉。于是便弄到了这样一份证明。

摘自安娜·安德烈耶夫娜·阿赫马托娃的信件:

> 我急于通知您,约瑟夫·布罗茨基自卡纳特契科沃别墅出院了……有患精神分裂症的诊断,一个月前见过他的心理医生断定,病人在列宁格勒遭受的迫害使他的健康状况明显恶化。①

精神分裂症是一种人格障碍,其特点包括内向,孤僻,情绪冷漠,不擅长与他人共情及建立温暖的信任关系,对社会性接触的需求低,沉湎于内心世界,倾向于自闭妄想。患

---

① 转引自列夫·洛谢夫著,刘文飞译:《布罗茨基传》,页98。

者或有顽固的非正常癖好，但极少与他人分享。周围的人往往认为精神分裂型变态心理患者"不正常""怪里怪气"，或者把他们看作"隐士"。这类人没有或者有一两个关系不很亲密的朋友。他们很少关注现实，通常不善于解决日常生活问题。然而这类患者往往会在专业领域取得非凡的成就。精神分裂型变态心理的成因，在于患者早年与成年人接触不足。

一九六四年一月五日，布罗茨基不顾朋友的反对和医生的劝阻，出人意料地离开莫斯科回到了列宁格勒，此时当地的"猎巫运动"正值高潮。

一九六一年五月，俄罗斯苏维埃社会主义共和国最高苏维埃主席团通过了《关于加强与逃避社会有益劳动及过反社会寄生生活的人（游手好闲者、不劳而获者、寄生虫）作斗争》的法令，苏联在立法层面上正式向不劳而获行为宣战。该文件对犯罪构成做了如下定义："具备劳动能力的成年人逃避社会有益劳动，长期依赖非劳动所得过活。"

俄罗斯苏维埃社会主义共和国刑法第 209 条规定，"对这种不可接受的生活方式（以国家许可的方式连续逃避劳动四个月以上或累计一年）予以官方警告"，若无视"官方警告"，则处以两年以下监禁。

从一九六四年年中开始，总共三万余人涉"逃避社会 有益劳动"案。

《列宁格勒晚报》一月份特辑发表之后，过了五天，约瑟夫·布罗茨基被控不劳而获，锒铛入狱。

摘自亚历山大·伊万诺维奇·布罗茨基写给列宁格勒市检察长谢尔盖·索洛维约夫的信件：

今年二月十三日二十一时三十分，约·亚·布罗茨基刚走出公寓就被三名穿便服的男子逮捕了，他们没有表明自己的身份，也没有出示任何证件，约瑟夫被塞进汽车，带到了捷尔任斯基区警察局，在那里没办理拘留证或逮捕证就马上被单独监禁起来。后来他才得知，是根据人民法院的裁决拘留了他。被拘留后，约瑟夫·布罗茨基请求警察局工作人员将此事转告他的父母，因为他和父母亲一起住，不想让两位老人过于担心和四处寻找他。这个卑微的请求原本只须打个电话便能实现，却没有得到批准。

次日，二月十四日，被拘留的约瑟夫·布罗茨基请求面见检察长或递交一份文件，以便就所发生的事件向检察机关提出申诉。不论是二月十四日还是他被拘押的另外四天，尽管他不止一次提出请求，这个合法的要求还是没有得到满足……至于我们这对父母，二月十四号一整天我们都在徒劳地寻找失踪的儿子，我们去了两趟捷尔任斯基区警察局，得到的都是否定的回答，直到深夜，才偶然获知他就关在那儿。我们向警察分局领导彼得鲁宁提交了申请，请求安排会面并了解拘押原因，但所有申请都遭到了无理拒绝。他后来"大发慈悲"，允许我们送一些食物。就连人民审判员卢米扬采夫和区检察长出具的会面许可也无济于事。彼得鲁宁对此不以为然，继续用明显的嘲弄语气谈话，尽管他面对的是两个比他年长不止一倍，而且也都在为国家效力的人。

来到警察局后我们才知道，儿子被拉去抢救了，但他们对这件事的原委讳莫如深，推脱说这是警局的"内部事务"。后来我们才搞清楚，他的心脏病发作了，医生给他注射了樟脑液，但事后他仍旧被单独关押着。

一九六四年二月十八日，约瑟夫·布罗茨基案开审（他被处以"官方警告"）。

对"寄生虫"布罗茨基·约瑟夫·亚历山德罗维奇的第二次审讯，定在一九六四年三月十三日。

一出双幕悲喜剧

第一幕。

二月十八日。

演出地点——起义路 33 号,捷尔任斯基区法院。

室内布景——一间狭长的破旧房屋,木地板刷过几遍油漆,窗户久未清洁,天花板高高的,上面有一些裂纹。三条供公众坐的长凳把室内空间分隔开来;法官和律师的桌子有一头上了锁;不知从哪儿传来潮湿的旧抹布和水泥的气味,在窒闷的空气中弥久不散。

出场人物:

法官叶卡捷琳娜·萨维里耶娃

律师卓娅·托波洛娃

被告约瑟夫·布罗茨基

以及:

弗丽达·维格多洛娃——记者,人权卫士

伊兹拉伊利·梅特尔——作家

叶菲姆·埃特金德——语文学家,翻译家

娜塔莉娅·格鲁基尼娜——诗人,翻译家

娜塔莉娅·多利尼娜——语文学家,教育家

舞台前面的歌队成员:

列宁格勒州党委及市党委第一书记瓦西里·托尔斯季

202

科夫

列宁格勒市捷尔任斯基区检察长亚历山大·科斯塔
科夫

列宁格勒市检察长谢尔盖·索洛维约夫,以及捷尔任
斯基区法院的普通职工和人民陪审员。

歌队演唱欧里庇得斯悲剧《美狄亚》的第五合唱歌
第一节:

> 啊,赫利俄斯的阳光
>
> 仿佛一只手臂,从远方
>
> 照射着希腊! 住手,
>
> 别用孩童的鲜血染红手臂!
>
> 没有什么
>
> 比杀死孩童更加残暴。
>
> 母亲的阴暗导致
>
> 孩子们无所庇护!
>
> 发疯比坐牢还要可怕。
>
> 被抛弃的妻子
>
> 丧失了理智,
>
> 堕入痛苦的牢狱。

法官萨维里耶娃:

请问,布罗茨基,您是怎样打发闲暇时光的?

劳动?

游手好闲?

祷告?

布罗茨基:

写诗。

我认为,这是一项并不轻松的、值得尊敬的工作。

法官萨维里耶娃:

您认为……

哦,这是一句废话,我的朋友!

我听过无数遍类似的陈词滥调:

诗歌,激情四溢的诗才,爱情的旋律。

够了!

我的忍耐是有限度的,诸神的怒火也许才真正可怕!

布罗茨基:

那我该怎么做呢?

法官萨维里耶娃:

为你的游手好闲和无所事事承担责任,

要知道弃绝劳动是卑劣之徒的宿命!

布罗茨基：

我写诗也是在劳动啊。

法官萨维里耶娃：

一派胡言！

对我来说，普希金、涅克拉索夫、托尔斯泰才大名鼎鼎……

布罗茨基：

唉，但是托尔斯泰伯爵可不写诗！

法官萨维里耶娃：

哦，布罗茨基，不许顶嘴，

我更清楚谁对写诗更在行。

那么，你的书在哪儿呢？就是我们的人民读得如痴如醉的那些书。

布罗茨基：

没有那样的书。

法官萨维里耶娃：

真可惜！

既然你不为人民所知，那么你的生活又有何意义？

全国人民时时刻刻都拥有的那股蓬勃朝气又在哪里？

布罗茨基：

追求完美是我的理想，

语言的背后流淌着思想，

而时间与空间相结合，才能生生不息。

法官萨维里耶娃(转身对着歌队)：

他精神错乱！

歌队：

是啊！是啊！

布罗茨基：

哦，我真倒霉！

法官萨维里耶娃：

那么，除了写诗，您还能以哪些方式为我们的祖国效

力呢？

布罗茨基：

我在工厂和医院工作了将近五年，当过锅炉工、通信

员、临时工……

法官萨维里耶娃(笑着打断布罗茨基)：

将近五年？美好的时光！

歌队：

是啊！是啊！

布罗茨基：

但是对我来说，语言才重要，

它是神赐予我这个诗人的！

法官萨维里耶娃(高喊)：

究竟是谁把您纳入了诗人的行列,真该死?!

布罗茨基(挑衅地)：

是那个现在居高临下俯视我们这些可怜虫的人,

他因为我们的愚蠢、荒淫和缺乏信仰而痛苦得印堂

发黑。

法官萨维里耶娃(高喊)：

闭嘴!

歌队:

揍他! 揍他!

律师托波洛娃:

我请求法官也听听我的陈述,

我声音虽弱,但对大家了解案件本质却很重要。

法官萨维里耶娃(大度地)：

好吧,您说。

律师托波洛娃:

我的被辩护人体弱多病,

没日没夜的劳动对他来说并不适合,

假如他能与全国人民一起下矿井、

操作机床,那该有多好,

假如他能响应共青团的号召,去原始森林采伐或者奔

赴别的星球,那该有多好。

可是他做不到!

法官萨维里耶娃(冷笑):

"不,我不是拜伦,我是另一个人。"有一次我们听到了
这句话。

那么现在该怎么办呢?

律师托波洛娃:

现在他应该和家人待在一起,

没有他的帮助,他的父母未必能身强体健。

他们年事已高而且患有多种疾病。

法官萨维里耶娃:

啊,原来如此。

他体弱多病,而他们上了岁数。

现在需要医生发声了。

律师托波洛娃: 206

需要的是向希波克拉底发过誓愿之人。

法官萨维里耶娃:

您这番言语值得认真考虑。

律师托波洛娃:

愿诸神保佑您的动议。

现在我确认这封函件,即从前所谓的"诉状",是公

正的：

"我请求送布罗茨基公民去做医疗鉴定,以确定其健康状况及这种状况是否妨碍其从事日常工作。此外,我还请求尽快释放布罗茨基、解除对他的监管。我认为,他没有犯下任何罪行,因此对他的羁押、监管是非法的。"

法官萨维里耶娃：

说得不错(离开)。

歌队(出场,唱)：

人人都将幸福无比,

永世幸福；

苏维埃政权

强大有力！

今天我们不是在游行,

我们在奔向共产主义的康庄大道。

在共产主义工作队

列宁与我们一起向前进！

一曲唱毕,法官萨维里耶娃回到大厅,开始宣读裁决：

"遣送布罗茨基去(普利亚什卡河畔列宁格勒第二精神病院)做精神病学司法鉴定。鉴定之前提出问题：布罗茨基是否患有精神病,该病是否会妨碍其到偏远地区参加强制劳动。鉴于布罗茨基以往生病时曾逃避住院治疗,建议由第十八警察分局押送其去做精神病学司法鉴定。

第一幕终。

落幕。

摘自约瑟夫·布罗茨基接受所罗门·沃尔科夫采访时的谈话:

这是一间普普通通的疯人院。混合病房,暴躁的和不暴躁的都住在里面……我到那儿的第一天晚上,住我旁边床位的那个人就自杀了。切开了自己的血管。我记得三点钟我醒来时的情形:人们在周围跑来跑去,乱作一团。那个人倒在血泊中。他是怎么搞到剃须刀的?太不可思议了……第一印象……简直要把人搞疯,我可是刚来到这儿,刚住进这间病房啊。那里的空间结构让我感到惊讶。直到现在我都不明白是怎么回事:不知是窗户比一般的小一点,还是天花板太低,要不就是床太大了。那里的床都是士兵睡的那种铁床,非常古老,大概还是尼古拉时代的。总之,比例严重失调。在那儿有人会给您扎各种麻醉剂,把不知什么药片塞到您嘴里。这么做是为了给您踩刹车,让您安静下来,让您什么事都干不成,只能一动不动……每个人都随心所欲地拿您解闷儿……想想看,您正躺着看书——是不是在看路易·布塞纳①,我不记得了——突然进来两个男护士,把您从床上拽起来,用床单裹着,开始把您浸到浴缸里。然后他们再把您从浴缸里拽出来,但是不解开床单。这些床单就在您身上慢慢地收缩、变干。这叫"捻缩"。总之相当令人厌恶……有时俄罗斯人觉得疯人院比监狱要好一点,这是一个可怕的误区。

208　　根据约瑟夫在普利亚什卡疯人院逗留的结果,得出了一些令人不安的结论(情况极其复杂)。

就这样,在进行精神病学司法鉴定的过程中,莫斯科彼·彼·卡先科精神病院的诊断(精神分裂型变态人格)得到了确认。这种病并不忌讳常规的体力劳动("有精神病人的性格特征,但具备劳动能力"),出院证明中也明确了这一点。自然,这个消息很快便传到了相关人士耳朵里。

捷尔任斯基区法院和列宁格勒作协马上着手积极准备

——————

①　路易·布塞纳(1847–1910),法国惊险小说家。

上演第二幕悲喜剧,尽管从普利亚什卡传回的很可能只是高层预先设计好的答案。

比如,列宁格勒作协分会青年作者工作委员会准备了一份关于布罗茨基的证明,这份证明是委员会秘书叶甫盖尼·弗谢沃洛多维奇·沃耶沃金(1928-1981)——他的父亲,作家及诗人弗谢沃洛德·彼得罗维奇·沃耶沃金(1907-1973)也曾进入作协理事会秘书处——在青年工作组的负责人达·亚·格拉宁的指导下撰写的。

比如,小沃耶沃金将布罗茨基的爱情抒情诗与色情作品作比较,指责作者对祖国毫无感情且抱有灰暗的悲观主义思想,而这种思想不是苏维埃青年本身固有的。

此外,这位委员会秘书还坚称,不能把上面提及的文本称作诗歌,因为它是有缺陷和不健康的人士典型的胡言乱语,这种人容易做出冒犯和侮辱他人的狂妄举动。

与此同时,有人创作讽刺短诗挖苦亚历山大·安德烈耶维奇·普罗科菲耶夫的事件被曝光了。据说这首诗是布罗茨基写的,为的是贬低这位劳苦功高的文学家、战斗员及作协列宁格勒分会秘书长。

喂,关于我们的普罗科普有什么可说的?
是个大天才,但屁股蛋比他大一倍。

并非只有专业的版本学家才看得出：这种俏皮话根本不可能出自约瑟夫·布罗茨基的手笔，因为韵脚、节奏、文体、主题全都不是他的风格。

然而这两行"可恨的"诗句和相关议论还是传到了普罗科菲耶夫耳朵里，令他勃然大怒（据推测，这首讽刺诗的作者有可能是米哈伊尔·杜金或鲍里斯·凯荣，二者在列宁格勒都以创作这类作品而闻名）。

列宁格勒作家组织秘书长阿·安·普罗科菲耶夫对沃耶沃金的证明书做了如下回应："我读了沃耶沃金的声明，我完全支持他——这份声明用语准确，言简意赅，阐明了我们的观点、书记处及共产党员们的观点。"

值得注意的是，审判过程中冒出了这样一种说法：谁也不知道（包括格拉宁在内。可能吗?）这份证明书的真实内容，据说，沃耶沃金欺骗了所有人，以自己的揣测冒充整个作家机构的意见。

如此一来，普罗科菲耶夫所支持的竟是一纸伪造的证明，这份证明是在违反此类集体文件的制定规程、未与作协理事会秘书处协调的情况下撰写的。至少达·亚·格拉宁赌咒发誓，让大家相信确有其事，他甚至斩钉截铁地表示，假如文件的制定过程正确无误、合乎规范，那么他一定会"举双手"签署这份文件。与此同时，他闪烁其词，不肯明

210

确作协青年工作组在布罗茨基案件上的集体立场。

随着沃耶沃金父子被解除协会领导职务,普罗科菲耶夫的末日开始了。

就在同一时间(大概这并非出于偶然),维拉·卡济米洛夫娜·凯特林斯卡娅提议调查作协列宁格勒分会党小组长格里高利·米罗什尼琴科案件——科切托夫曾宣称此人是坚定的斯大林主义者,亚历山大·安德烈耶维奇在与中间派及党内"自由派"的斗争中可能对此人寄予了厚望。不管这件事看起来有多荒谬,表面上,米罗什尼琴科还是受到了不劳而获的指控。他有私家别墅,却租给了别人,靠非劳动所得生活。此外,维·卡·凯特林斯卡娅仍然记恨格里高利·伊里奇,说他在内务人民委员部政治保安局时年轻好斗,还说他酗酒无度、殴打妻子,而这已经牵涉"不道德的事"(否定苏维埃社会的道德基础及公认的行为准则)。由此可见,作家协会决意向舆论界(其中也包括境外舆论界)表明:别说莫斯科,就连列宁格勒的作家(在党政机关及克格勃的协助下)也在对约瑟夫·布罗茨基这类社会边缘人及那些劳苦功高却骄傲自满、败坏苏联作家崇高声望的作家施以公正的惩戒。

结果,在一九六五年一月十四日至十五日举行的列宁格勒作家组织总结及改选大会上,亚历山大·安德烈耶维奇·普罗科菲耶夫被撤职。诗人米哈伊尔·杜金接替了他的职务，达尼伊尔·格拉宁则成为理事会第二书记。

值得注意的是，关于彻底改组协会及"推翻"普罗科普的决定，本应由位于施帕列尔街的"作家之家"做出，这样才合情合理，但是事实上，这个决定却是由设在斯莫尔尼宫的列宁格勒作协理事会党小组做出的。

改组工作顺利完成之后，过了几天，作家、剧作家、斯大林奖得主尤里·帕夫洛维奇·戈尔曼郑重地向他的同事们宣布："昨天，在州党委彼此信任、真诚务实的气氛中，理事会党小组得出了结论：我们应推选我们忠诚的老朋友杜金·米·亚担任协会第一书记。我们认为，如果米·杜金出任第一书记，我们的各项事业都将得到顺利推进。"

这是完全有可能的。事实上，在亚·安·普罗科菲耶夫被解职后，苏联文学界主要领导人的各项事务进展顺利，说得更准确点，是愈加顺利了……

不过我们还是要回到一九六四年三月，来观看这出悲喜剧的第二幕，看看被告布罗茨基·约瑟夫·亚历山德罗维奇的案件进展如何。

第九场

弗丽达·维格多洛娃

第二幕。三月十三日

演出地点：丰坦卡 22 号，维修建设管理十五局俱乐部。

室内布景：

一个带舞台的大厅。

几排折叠椅。这种大厅通常用来举行一般的党会、隆重的庆祝活动、业余文艺会演及企事业单位职工子弟的新年晚会。

门上用图钉钉着手写的布告——"寄生虫布罗茨基审判会"。

出场人物：除了我们已知的那几位，又增加了：

翻译家、文学研究者弗拉基米尔·阿德莫尼（1909-1993）

作家叶甫盖尼·沃耶沃金（1928-1981）

以及：

陪审员 T. 佳格雷及 M. 列别杰娃

公诉人 Ф. 索罗金

列宁格勒"国防之家"领导人 И. 斯米尔诺夫

艾尔米塔什博物馆副馆长 П. 洛古诺夫

二十岁的乌克兰管道安装工 П. 杰尼索夫

退休职工 A. 尼古拉耶夫

穆希娜中学马列主义教员 P. 罗玛绍娃(遗憾的是,关于这些只提及姓氏的演参者,除了他们的工作地点外,我们没找到其他任何补充信息)

人们在大厅里交谈,有人在笑,折叠椅碰到一起,"砰砰"直响。这时法官叶卡捷琳娜·萨维里耶娃出场了,全场安静下来。

今天她格外端庄:内穿一件姜黄色衬衫,立领扣得紧紧的,直抵下巴,外面套着灰色的小格子西服上装。

约瑟夫立刻想到了历史老师利季娅·瓦西里耶夫娜·利希岑娜,他真的一点儿也不明白:为什么萨维里耶娃西服上装的翻领上没有别列宁勋章呢?

从前每当利希岑娜因为学生没完成家庭作业或在班里表现不好而冲着他们大吼大叫的时候,列宁总是随着勋章一起颤抖、跳动,仿佛他也畏惧这歇斯底里的叫喊。不过这不是真的,因为弗拉基米尔·伊里奇不惧怕任何人,又怎么会害怕盐巷 181 号这所学校的党组织书记呢。应该是利希岑娜惧怕他才对!

这时法官萨维里耶娃庄严地登上舞台,走到桌子跟前,把一包案件资料放在上面,举起一只手,示意大家注意,然后宣布:

啊，孩子们，老卡德摩斯的这一代后人，

这是为什么——你们坐在我面前的神坛上，

手捧系羊毛的橄榄枝，苦苦求告？

为什么城里香烟弥漫，一片

求生的祈祷和痛苦的哀号？①

　　约瑟夫当然听出了这是索福克勒斯《奥狄浦斯王》开场的语句。起初他不明白，他们为何要在这里，在维修建设管理十五局的俱乐部说这段话，但是随着事情逐步展开，一切都变得一目了然，"可怖的"和"悲剧性的"二者之间的区别也彻底显现出来。

法官萨维里耶娃(用拳头挡住嘴巴，咳嗽了几声)：

做结论的时刻到了。

歌队(由陪审员、社会公诉人及一排控方证人组成)：

是时候了，是时候了，但求心安！

法官萨维里耶娃：

让他，让这位顶极歌手陈述吧，

虽然这活计徒劳无益而又令人羞愧。

---

　　① 索福克勒斯：《奥狄浦斯王》。转引自索福克勒斯著，张竹明译：《古希腊悲剧喜剧全集　索福克勒斯悲剧》(译林出版社，2007)，页5。

约瑟夫:

是时候了,我是该变得更加机智了!

法官萨维里耶娃:

别说孩子气的话,说男人该说的话!

好,我们听着。

约瑟夫:

如果一个人有头脑,他就一定会尝试着与这个体制斗智,采用各种各样的计谋,如兜圈子,同上级私下交易,编造谎言,保持半亲戚式的关系。这将是一门专职工作。然而,这个人清楚地知道,他所编织的网是一张谎言之网,无论他获得了多大的成功,无论他具有怎样的幽默感,他都会鄙视他自己。这便是这个体制最后的凯歌:无论是抗击还是参与它,你都会同样感到有罪。这个民族的信仰就是——正如一句成语所言——恶也包含着善的种子,反之亦然。我认为,矛盾情绪是我的国家的一个主要特征。没有一个俄国的行刑人不担心自己有朝一日也会沦为牺牲品,同样,连一个最可怜的牺牲品也会承认(至少是向他自己承认)他具有成为行刑人的精神能力。对于这两者,我们新近的历史都已有了很好的证明。这里有些智慧。人们甚至可以认为,这种矛盾情绪就是智慧,生活本身既不好也不坏,它只是随心所欲的。也许,我们的文学如此大张旗鼓地强调好的一面,正是因为这一面受到了有力的挑战。如果说这种强调仅仅是一种矛盾心理,那倒是好事;可它却在折磨着本能。我认为,这种矛盾情绪正是奉献甚少的东方打算强加给世界其余地方的"福音"。世界似乎准备接受它。①

大厅里的一个声音:

你听听,他都说了些什么!

大厅里的另一个声音:

> 起来,先知,去看去听,
>
> 去履行我的旨意,
>
> 走遍海洋和陆地,
>
> 用我的话点燃人心。②

П. 杰尼索夫:

他这番含混不清、毫无益处的言语有什么意义?

П. 洛古诺夫:

哪有什么意义!

---

① 约瑟夫·布罗茨基:《小于一》。转引自约瑟夫·布罗茨基著,刘文飞译:《文明的孩子》,页 6-7。

② 普希金:《先知》。转引自普希金著,刘文飞译:《普希金的诗》(商务印书馆,2019),页 183。

就是彻头彻尾的嘲笑挖苦和放肆无理!

А. 尼古拉耶夫:

放在过去,领袖当政时,

要是当众说这样的话,

枪子儿就是永远消除叛徒、

敌人和寄生虫的一剂苦药!

И. 斯米尔诺夫(疑惑不解):

"矛盾""体制的凯歌""福音"……里面还提到"随心所欲"……他说的是俄语吗?

Р. 罗玛绍娃:

他的姓氏很能说明问题。

法官萨维里耶娃(严厉地):

好呀! 他竟敢嘲笑我们!

歌队:

是啊! 是啊!

让他永世不得翻身!

法官萨维里耶娃:

那么我们还有什么可说的呢!

摘自雅科夫·戈尔丁①的著作《布罗茨基案件》:

———————————

① 雅科夫·阿尔卡季耶维奇·戈尔丁(1935-),俄罗斯作家、政论家。

斯米尔诺夫(控方证人,"国防之家"领导)。我本人和布罗茨基不认识,但我想说,假如所有公民都像布罗茨基那样对待积聚起来的物质财富,那么我们很久都不可能建成共产主义。对于聪明人来说,理智是一件危险的武器。大家都说他聪明,几乎是个天才。但没人谈论他的为人。他在知识分子家庭长大,却只受了七年教育。现在让在场的各位说说,他们会让自家孩子只上七年学吗?他没去参军,因为他是家里唯一能养家糊口的。可他算什么养家糊口?都说他是天才翻译家,可为什么没有人说他脑子里尽是些乱七八糟的东西?还有那些反苏诗句⋯⋯

洛古诺夫(艾尔米塔什博物馆副馆长,分管财务工作)。我本人和布罗茨基不认识。我是在这里,在法院第一次见到他的。再也不能像布罗茨基那样生活了。我才不羡慕那些有这种儿子的父母。我和作家们一起工作过,经常和他们打交道⋯⋯在这方面我的态度是:应该劳动,奉献全部的文化技能。惟其如此,布罗茨基才能创作出真正的诗歌。布罗茨基应当开启全新的生活⋯⋯

杰尼索夫(二十岁的乌克兰管道安装工)。我本

220

人不认识布罗茨基。我是根据我们报纸上的那些言论对他有所了解的。我作为公民和社会代表发言。看到报上的言论后,我为布罗茨基的工作感到愤怒,于是想了解一下他的著作。我去了几家图书馆,都没有他的书。我问过熟人,问他们是否知道这个人。是的,都不知道。我是个工人。我这辈子只换过两次工作。可布罗茨基呢?布罗茨基说他懂得好几门专业,我不满意这样的供词。那么短的时间内是不可能学会任何一门专业的。人们说布罗茨基是诗人什么的。那他为什么不是任何一个协会的会员呢?他不赞成辩证唯物主义吗?要知道,恩格斯认为,劳动创造了人。可是布罗茨基对这个提法不满意。他有别的想法。他也许很有才能,但为什么在我们的文学里找不到自己的道路?他为什么不工作?我想表达的意思是,作为一个工人,我对他的劳动不满意……

罗玛绍娃(穆希娜学校的马列主义教师)。我本人不认识布罗茨基。但是他所谓的活动我都知道。普希金说过,天才——首先是劳动。可布罗茨基呢?难道他劳动吗?难道他的工作就是让民众看懂自己的诗吗?让我惊讶的是,我的同事们为他编织了这样一个光环。要知道只有在苏联,法官们才会如此善意地和

诗人谈话,像对待同志一样建议他学习。作为穆希娜
学校的党组织书记,我要说的是,他对年轻人造成了不
好的影响……

尼古拉耶夫(退休职工)。我本人和布罗茨基不
认识。我想说的是,我知道他的情况已经三年了,因为
他对自己的同龄人施加了腐蚀性的影响。我是一个父
亲。以我自己为例,我深知有这样一个不肯工作的儿
子有多艰难。我不止一次看到我儿子读布罗茨基的
诗。一首四十二章的长诗和一些零零散散的短诗。我
是因为乌曼斯基案件知道布罗茨基的。有句谚语:说
吧,谁是你的朋友。我本人认识乌曼斯基。他是个十
足的反苏分子。听着布罗茨基的发言,我了解自己的
儿子了。我儿子也说过,觉得自己是天才。他和布罗
茨基一样,不想去工作。布罗茨基和乌曼斯基这类人
对自己的同龄人施加了腐蚀性的影响。布罗茨基的父
母让我感到惊讶。他们显然在替他帮腔。他们在附和
他。从诗句的形式看得出来,布罗茨基能写诗。但是
不对,除了带来危害,这些诗没有带来任何好处。布罗
茨基不单纯是寄生虫。他是一只好斗的寄生虫。对布
罗茨基这类人,应该毫不留情地采取行动。(掌声)

尽管上述似是而非的"证词"全都千篇一律、毫无意义,我们还是想让大家注意一下最后一份,也就是退休人士A.尼古拉耶夫的证词。

大概只有这份发言,通过分析其中的信息,能让人把发生在一九六〇年和一九六四年的事件联系起来,从而确信隐藏在暗处的"办事机构"一直都在不知疲倦地"修理"布罗茨基。总之,我们不清楚这位已经退休的社会人士以前从事何种职业,做什么工作,但是他认识亚历山大·乌曼斯基,这说明他出现在法庭上绝非偶然。问题不在于 A.尼古拉耶夫有个传说中的儿子,布罗茨基"胡编乱造"的诗歌对他的儿子施加了"腐蚀性"的影响,问题在于,"撒马尔罕事件"没有被人遗忘。这位证人刻意提及布罗茨基和乌曼斯基这两个名字(此时,依据俄罗斯苏维埃社会主义共和国刑法第一卷第 70 条,后者正在弗拉基米尔的监狱服刑),以此发出暗示:图谋劫机、反苏及叛国——都将面临严厉的指控,相比之下,对不劳而获的指控只不过是毫无恶意的开场白而已,接下来要上演的或许已经不是滑稽剧,而是一场真正的悲剧。

在一九六三年十一月二十九日的文章《文学寄生虫》中,我们读到:

一天,布罗茨基受其好友、现在正因刑事犯罪受审的奥·沙赫马托夫邀请,匆匆前往撒马尔罕。除了自己写诗用的一个薄薄的小本子外,他还随身带上了亚·乌曼斯基的"哲学论著"。这部"论著"的要点是:年轻人不应以自己对父母、对社会、对国家的义务来约束自我,因为这束缚了个性自由。"世界上有白骨人和黑骨人之分。因此需要消极地对待一方(黑骨人),积极地对待另一方(白骨人)。"这个腐朽透顶的人告诫道。他从十恶不赦的法西斯分子意识形态"宝库"中借鉴了毫无价值的思想。摆在我们面前的是沙赫马托夫的审讯记录。侦讯过程中,沙赫马托夫供称:他和布罗茨基在"撒马尔罕"宾馆遇见一个外国人。美国人梅尔文·贝尔[贝利]邀请他俩去了自己的房间。他们进行了交谈。"我有一份手稿,在我们这儿不能出版,"布罗茨基对美国人说,"您要不要了解一下?""乐意效劳。"梅尔文回答道。他翻了翻手稿,说:"行,我们来出版。怎么署名?""只要不署作者的真名就行。""好。就按我们的方式署名:约翰·史密斯。"不过,布罗茨基和沙赫马托夫在最后一刻退缩了。"哲学论著"留在了布罗茨基的口袋里。

223

假如不是出现了特殊情况，毫无疑问，《列宁格勒晚报》散布的明显的谎言丝毫也不值得关注。文章的作者亚·约宁、雅·列尔涅尔和米·梅德韦杰夫不知从哪儿，总之得知了这次在苏联乌兹别克斯坦首都会面的细节，要知道这可是具有情报性质的信息。可以假设这个信息是由"委员会"故意"泄露"出去的，但其前提是，它将被公然歪曲为——在梅尔文·贝利的酒店房间里会面（事实上并没有会面），梅尔文·贝利准备出版"哲学论著"（事实上他很快就拒绝了），最后是用"约翰·史密斯"这个化名来做滑稽表演。这样做完全是出于民粹主义目的——向公众揭穿一个被苏联社会彻底遗弃的、彻头彻尾的败类和叛徒。

"办事机构"借此向作协、法院及共青团员们表明：布罗茨基属于"他们"，也就是说，要由他们来整治，而他日后的命运，也将主要由"委员会"来决定。

这一招奏效了。

审判显然变成了一场司空见惯的大迫害，附带着毫无根据的指责和不堪入耳的脏话。无须查明这起案件，比如寻找真正的证人或者分析被告提交的材料，只须下达已经提前拟定好的判决书，快速结案即可。

224　　摘自雅科夫·戈尔丁的著作《布罗茨基案件》：

索罗金。为布罗茨基辩护的都是些骗子、寄生虫、潮虫和滑头。布罗茨基不是诗人,而是一个尝试写诗的人。他忘记了在我国人是需要劳动的,需要创造价值——机床和面包。应该强制布罗茨基劳动。应该让他搬离英雄城。他是个寄生虫,下流胚,骗子,思想肮脏的人。布罗茨基的崇拜者们气急败坏。而涅克拉索夫却说:

你可以不做一个诗人,

但必须做一个公民。

我们今天审判的不是诗人,而是寄生虫。为什么在这儿要替一个憎恨自己祖国的人辩护呢?应该审查这些为他辩护的人的道德面貌。他在自己的诗中写道:"我热爱异国。"他的日记里写着:"我早就想跨越红线了。一些建设性的想法正在我愚蠢的头脑中酝酿成熟。"他还这样写道:"斯德哥尔摩的市政厅比布拉格的克里姆林宫更让我尊敬。"他这样称呼马克思——"缠着云杉球果花环的老馋痨"。他在一封信中写道:"我才不在乎莫斯科。"

关于约瑟夫·布罗茨基案审理结束的消息,报道最多的是《接班人报》(全苏列宁共青团列宁格勒州委及市委机关报)。在《对不劳而获者做出应有的评价》(《列宁格勒晚报》也刊登了一则简讯)一文中这样写道:"谈论约瑟夫·布罗茨基其人已经让人感到厌烦。维修建设管理十五局的俱乐部里挤满了捷尔任斯基区的劳动者,这里正在审判这个寄生虫。根据一九六一年五月四日俄罗斯苏维埃社会主义共和国最高苏维埃主席团令,裁定将不劳而获者从列宁格勒驱逐至指定地区,强制其参加劳动,刑期五年。人民法院在仔细研究案件相关文件,认真听取各方意见后做出了这一决定。该裁决受到了在场人士的广泛认可……"

根据有关"不劳而获"的法律的规定,触犯这条法律者最长刑期不得超过两年。那么五年从何而来?这里指的已经是另外一则条款了,即我们所知的俄罗斯苏维埃社会主义共和国刑法第一卷第 70 条,亚历山大·阿尔卡季耶维奇·乌曼斯基就是依据这条法规被判处五年徒刑的。

显然,如果没有那位在克拉斯诺亚尔斯克地区坐牢的奥列格·沙赫马托夫的参与(他与"委员会"进行了合作),布罗茨基的"不劳而获"案就不会被秘而不宣地重新界定为"反苏宣传鼓动"案。这件事背后牵扯到了某些特殊程序以及与克格勃的协同动作,其目的在于规避那些会把人关进刑事犯监狱、劳改营和苦役犯监狱的严酷或特殊的规

225

章制度。

很明显,约瑟夫·布罗茨基案件的审理工作一结束,对他的裁决刚下达,列宁格勒作协便对布罗茨基彻底失去了兴趣,所幸,作协小团体内部的问题(在司法审判的浪潮中)得到了解决,而这位年轻诗人本人除了一开始就惹恼了作协领导(其中也包括作协青年分部的领导)之外,倒也没有招惹其他祸端。

这时安娜·阿赫马托娃开口了:"人们再也不会说格拉宁——'就是这个人写的那些书',而是说——'就是这个人毁了布罗茨基'。仅此而已。"

列夫·洛谢夫在其专著《约瑟夫·布罗茨基:文学传记试笔》中写道:

随着这样的社会舆论涟漪不断地扩散开去,只写过一些诗作的二十三岁的约瑟夫·布罗茨基,也逐渐变成了一位受到"流氓"审判的原型诗人。最初组织起来捍卫布罗茨基的,都是他的一些熟人,一些喜爱他、与他患难与共的人:阿赫马托娃,就年龄而言与布罗茨基更为亲近的朋友 М. В. 阿尔多夫、Б. Б. 瓦赫金、Я. А. 戈尔丁、И. М. 叶菲莫夫、Б. И. 伊万诺夫、А. Г. 奈曼、Е. Б. 莱茵等,还有一些年长的、很看重布罗茨基天

226

赋的列宁格勒作家和语文学家朋友,首先就要数在法庭上发言的格鲁基尼娜和埃特金德。在他们之后,捍卫布罗茨基的事情渐渐地就不仅仅是对布罗茨基个人的捍卫了,而成了对大写的诗人和公正原则的捍卫,在莫斯科和列宁格勒,有越来越多的人参与到这件事情中来,一种与官方的战役相对立的真正的社会战争开始了。这场战争中的主角,是两位性格勇敢的女性——一位是阿赫马托娃的好友、女作家利季娅·科尔涅耶夫娜·楚科夫斯卡娅(1907-1996),另一位是楚科夫斯卡娅的好友、女记者弗丽达·阿勃拉莫夫娜·维格多洛娃(1915-1965)……维格多洛娃不顾法官的多次威胁而记录下来的布罗茨基受审实录,后来成为一份意义重大的文献,它不仅影响到了布罗茨基的命运,也影响到了当代俄国的政治史。在几个月的时间里,这份纪录通过地下出版物传播开来,并流传到境外,常被西方报刊所引用。如果说在此之前,布罗茨基的名字在西方几乎还无人知道,那么到了一九六四年底,尤其是在法国的《费加罗文学》、英国的《文汇》发表了维格多洛娃笔录的全译之后,布罗茨基在西方几乎成了家喻户晓的人物。受到凶恶、愚蠢的官僚主义者们迫害的这位诗人,其具有传奇色彩的故事,已经没有任何关于苍白的苏维埃日常生活的细节以及关于地方政客的花絮，却震撼了西方知识分子的想象。对于那些了解专制主义的人而言，对布罗茨基的审判是继对帕斯捷尔纳克的迫害之后出现的又一个证据……在英国，BBC播放了根据布罗茨基受审记录改编的广播剧。

有的时候有人说，布罗茨基的世界声望并非来自他的诗作，而是来自他的受审。这个说法就以下意义而言是正确的，即瞬间的知名度在大众传媒时代为他开辟了一条通向全世界读者的通道。然而，无论在布罗茨基之前还是在他之后，都有一些俄国作家也曾经处于与此相似的境地，但除了索尔仁尼琴之外，只有布罗茨基的创作与其获得的机会是相称的。阿赫马托娃比所有人都更早地了解到了发生在一九六四年的事件对她那位年轻朋友未来命运的影响："可是，他们为我们这位红头发小伙子制造了怎样的一份传记啊！"阿赫马托娃的这句玩笑来源于伊里亚·谢尔文斯基《诗人笔记》一诗中很流行的那几句话："他们在遥远的角落认真地揍人。／我脸色苍白：原来，就该如此，／他们在为诗人叶塞宁制造传记。"①

---

① 转引自列夫·洛谢夫著，刘文飞译：《布罗茨基传》，页109、110、111。

宣判之后,法官萨维里耶娃缓缓地环顾安静下来的大厅。她的目光中没有流露出丝毫感情——既没有为圆满完成工作任务而得意,也没有因为一切都已结束而喜悦,更没有被那些试图为寄生虫和懈怠鬼布罗茨基辩护的人激怒。这是一种茫然空洞的眼神,是夏园里的大理石雕像——勃兰登堡选帝侯弗雷德里克·威廉一世和马可·奥勒留、尼禄和卢修斯·维鲁斯、扬·索比斯基和亚历山大大帝——凝望空旷的秋日的眼神。

法官萨维里耶娃再次举起一只手臂,示意大家安静,然后宣布:

228　　　　忒拜的长老们啊,我想起了求神,

　　　　　手捧这缠羊毛的树枝和这些香花供品

　　　　　来到神坛跟前。因为奥狄浦斯

　　　　　受到各种凶信的警告,心灵遭到过分的刺激。

　　　　　他不能像一个理智正常的人那样,

　　　　　运用过去的经验判断眼前的事情,

　　　　　而是,见人预报凶事,他就相信。

　　　　　既然劝他无效,吕克奥斯的阿波罗啊,

　　　　　我就来求你了,因为你离我最近,

带着这些象征祈求的供品。

求你为我们找到一个摆脱污染的办法。

如今,看见他恐怖,我们大家也害怕,

就像船上乘客看见舵手恐怖时一样。①

约瑟夫记得特别清楚,这是索福克勒斯悲剧《奥狄浦斯王》第二场中伊奥卡斯特的独白。

威胁不可避免地演变为悲剧,悲剧演变为滑稽剧,滑稽剧演变为喜剧,只不过这出喜剧并不能让人感到开心,而是令人心生畏惧。如此循环往复,因此这场演出的每一位参与者尽可随心所欲地做出称心如意的选择,毕竟他们每个人都有自己的关切、自己的利益、自己的真理。

法官萨维里耶娃一边背诵伊奥卡斯特的独白,一边放下了她一直举着的那只手臂。与此同时,歌队唱道:

我们的祖城忒拜的居民啊,请看,这就是奥狄浦斯,

他猜出了那著名的谜语,成为最伟大的人物,

---

① 索福克勒斯:《奥狄浦斯王》。转引自索福克勒斯著,张竹明译:《古希腊悲剧喜剧全集 索福克勒斯悲剧》,页65。

哪个公民不曾用羡慕的眼光注视过他的好运？

瞧，他现在掉进了可怕灾难的汹涌海浪里了。

因此，一个凡人在尚未跨过生命的界限最后摆脱

　　痛苦之前，

我们还是等着看他这一天，

别忙着说他是幸福的。①

摘自约瑟夫·布罗茨基的随笔《小于一》：

229

回忆往昔的企图，和探究存在之意义的尝试一样，终将归于失败。这两种努力都让人觉得像一个去抓篮球的婴儿：他的手掌总是要滑脱的。

我对自己生活的记忆相当之少，我所记忆的也多属无关紧要。我此时追忆的这些思想，大部分是在它们出现时就因其重要而曾使我本人产生兴趣。如若不是这样，毫无疑问，它们就最好由别的什么人来加以表达。一个作家的传记就在于他对语言的搓捻。比如，我记得，在我十岁或十一岁上下时，马克思的名言"存

---

① 索福克勒斯：《奥狄浦斯王》。转引自索福克勒斯著，张竹明译：《古希腊悲剧喜剧全集　索福克勒斯悲剧》，页110。

在决定意识"让我感到真实,仅仅是因为它使意识获得了一种疏远的艺术;再者,意识可以立足于意识本身,它可以决定,也可能忽视存在。在那个年纪上,这无疑是一个发现——但这不值得记录,无疑,它最好是由别的人来陈述。但是,由谁首先打破了精神的楔形文字("存在决定意识"是其一个极佳的范例),是否真的那么重要?①

"对不幸的认知"是从童年时代、从最初几次破解语言的玄妙精微开始的,语言中也包含着关于何为幸福、何为不幸、何为善、何为恶的全部信息。生命有限,但语言却无穷无尽,因而一个人的自知之明源于他擅长接纳活跃的思想,而活跃的思想唯有依靠鲜活的语言才有可能表达清楚。一旦记忆力衰退、思维能力枯竭,生命也就即将结束。不懂得什么是不幸,你就无法抵达生活的终点,因为你不可能让你的思想长期处于沉默状态。无论是《旧约》中的长老,还是古代教会里神圣的隐士,都不具备这种才能。

说实话,即便是永生,不也令人畏惧、令人迷惑不解么……

---

① 转引自约瑟夫·布罗茨基著,刘文飞译:《文明的孩子》,页1。

我不向死神祈求不朽。

尽管我胆小、多情而又一贫如洗——

但每一天都过得

更自信，更愉快，更洁净……

即便时间对我只字不提。

就让寒风轻声呜咽

让年幼的生命在我的

犹太人墓地上固执地呐喊。①

也许，当约瑟夫站在列宁格勒丰坦卡 22 号维修建设管理十五局俱乐部的舞台上时，他同样也在思考这个问题。

---

① 约瑟夫·布罗茨基:《我不向死神祈求不朽……》。

第十场

布罗茨基在诺林斯克，一九六四年

他们夜里来到了沃洛格达。在道岔前,运输专用车厢
被人从"长途"列车上脱钩解了下来,然后用小马力内燃机
车驱赶到有探照灯照明的备用线路上,探照灯把壁垒森严
的递解监狱里里外外照得通亮。

车厢停下来之后,牵着军犬的自动枪手马上在车厢连
接处到集结地之间的通道上排好队,集结地是个木质的简
易板棚,有两扇特别大的门——大概就连卡车也开得进
去——和几个封闭的、带格栅的窗户。

小马力内燃机车发出悠长的汽笛声,也许,这是在下令
同时打开所有车厢连接处的车门,因为在一阵仿佛拔枪栓
一般的喊喊喳喳的开锁声之后,车厢动起来了。而军犬嗅
到了人们久未清洗的身体的气味、汗臭味、尿骚味、混杂着
杂酚油、机油和煤烟气息的烟草味,开始厉声吠叫,奋力挣
脱牵绳。

最先被赶下车的是惯犯,他们除了把双手交叠在后脑
勺上之外,只能半蹲着移动身体。他们斜着眼睛瞄一眼军
犬,再看看押送人员,傻里傻气地龇着牙。

约瑟夫在第二列队伍中。

几个老头走在队尾。

约瑟夫·布罗茨基:"这,可以说是费奥多尔·米哈伊
洛维奇·陀思妥耶夫斯基或但丁的地狱之轮。他们不让您

收拾,人们在上面小便,尿一直往下流。让人无法呼吸。而那些家伙——基本上都是惯犯。有的人已经不是第一次被判刑,不是第二次,也不是第三次,而是第十六次了! 就在那节车厢里,坐在我对面的是个俄罗斯老头——克拉姆斯柯依①笔下的人物,不是吗? 具体说吧,一双长满老茧的手,大胡子。一切都是天注定。他从集体农庄的牲口棚里偷了区区一袋谷物,就被判了六年。而他已经上了年纪。显而易见,他会死在押解途中或监狱里。无论如何都活不到获释。没有一个有文化的人——不论在俄罗斯还是在西方——会挺身而出为他辩护。永远没有! 只因为永远都不会有人知道他的事!"

经常有这种情况:军犬挣脱牵绳扑到囚犯身上,撕咬他们,这时就不得不朝天鸣枪或者向军犬开枪了。

新来的犯人在集结地被分配到囚车上,然后被送往车尔尼雪夫斯基区一所羁押解送犯人的监狱。

苏联狱政管理系统的内部章程规定,判刑后应在劳改营服刑的囚犯,先要从调查监狱(约·亚·布罗茨基是从克列斯特)转到羁押解送犯人的监狱或临时监狱。等羁

---

① 伊万·尼古拉耶维奇·克拉姆斯柯依(1837–1887),俄罗斯画家、艺术评论家,十九世纪下半叶俄国"巡回展览画派"代表人物之一。尤以反映社会变革的肖像画著称于世。

押解送犯人的监狱凑够了人数,这些罪犯就会被送到分配营,在那里又被"分类",分为几个小组,分派到不同的劳改营。

在苏联北部地区,如沃洛格达、凯米、阿尔汉格尔斯克及科特拉斯,羁押转运犯人的监狱就属于(现在仍然是)这样的分配点。

布罗茨基从沃洛格达羁押监狱被押送到了阿尔汉格尔斯克。

一九六四年三月之前,这里设有一号劳教所的三号营地,该营地是以苏联内务部阿尔汉格尔斯克州管理局(劳改营与劳教所管理局)劳教所与劳改营管理局羁押解送犯人的监狱为基础组建的。

从阿尔汉格尔斯克向外转运囚犯的区段,在该州的南部和西北部,有北德文斯克、奥涅加、科诺沙及维利斯克。

> 压缩流放途中的口粮,
> 与哗哗作响的枷锁相拥,
> 到达死神所在地之后,
> 我再次弹起了舌头。
> 俄语诗格放射着光芒

比火还要顽强、炽烈，

仿佛夜间最美的灯盏，

照耀着我的心房……①

　　这几行诗是约瑟夫在这里——三号营地创作的。一九六四年四月初，他从这儿被转运到了位于阿尔汉格尔斯克以南六百多公里的科诺沙区中心的定居点。

　　约瑟夫·布罗茨基："他们在科诺沙解除了对我的监管……然后打发我和其他流放犯到附近的村庄找工作……他们对我们说：你们到了那儿之后跟人家谈一谈——如果他们愿意录用，我们一定支持你们。就这样，我找到了科诺沙区的诺林斯克村。② 一个很不错的村子。我之所以喜欢这里，还因为它的村名和叶甫盖尼·莱茵当时那位妻子的名字③特别像。在那儿干活儿——就像做苦工！但这吓不倒我。相反，我喜欢极了。北方，寒冷，乡村，大地。多么抽象的农村风景。是我在生活中见过的最抽象的东西……首先是特有的植被。清一色的云杉，沼泽，按理说这并不吸引人。一个人不论作为移动的风景还是作为观赏者，在那儿

---

　① 布罗茨基：《压缩流放途中的口粮……》。
　② 距离科诺沙二十三公里。——作者注
　③ 佳莉娜·米哈伊洛夫娜·娜琳斯卡娅。——作者注

全都无事可做。因为他在那儿能看到什么呢？这种异常单调的滋味最终会将世界和生命的某些信息传递给您……（白夜）引发了荒谬绝伦的自然现象，因为它把太多的光抛洒在了完全不需要这种光亮的物体上。于是您会发现，您需要花更多时间才能看到一般情况下可以看到的物体……我来这里的时候恰好是春天，三四月份，他们刚开始播种。雪融化了，但这还不够，因为还得把一些巨大的顽石从田里挖出来。也就是说播种时村民们把一半时间都耗费在从田里翻腾大大小小的石块上了。为的是那儿好歹能长点什么。一提到这事就哭笑不得。因为如果说有什么事真的会惹恼我或者让我感到愤怒，那么就是发生在俄罗斯的土地和农民身上的事。我简直要气疯了！因为我们是知识分子，我们只要有书可读就能忘却一切，对吧？而这些人毕竟以土地为生，此外他们一无所有。对于他们来说，这才是真正的不幸。不仅不幸——甚至连出路都没有。不让他们到城里去，可是即便让去，他们在那儿又能做些什么？还有什么事可做呢？于是他们酗酒，沦为酒鬼，打架斗殴。也就是说只能自我毁灭。因为土地被破坏了，简直是掠夺……当地人完全不信教。这个村子里的教堂早在一九一八年就拆毁了。村民们告诉我，苏维埃政权清理了教会。我年轻的时候，有些人家的角落里还挂着圣像，但这多半是保持旧俗

237

和试图保留某种文化，而不是真正信奉上帝。也就是说，不能单凭他们的言行举止和所犯罪过就说他们有什么信仰。有时候他们似乎会叹息生活艰难，要是能做做祷告该有多好。但是最近的教堂距离他们也很遥远。因此，去教堂的事基本上也就无从谈起了。他们有时聚在一起，闲扯一阵，但通常这种聚会最后都变成了酗酒和打架。有几次还动了刀子。但主要还是打架——狠狠地扇耳光，扇出血来。总之，极其常见的农村生活。"

抽象的事物存在于北方抽象的动态风景画之中。

不知怎的，他突然间想起了弗朗茨·卡夫卡的《铁路旅客》：

以沾上世俗的污斑的眼睛看，我们的处境相当于在一条长长的隧道里出轨的火车的乘客，所处的地方恰恰是：来自隧道始端的光线再也看不到，而终端的光线微乎其微，以致不得不不间断地用目光去搜索，却一次又一次地失去目标，弄得连哪是始哪是终都没有把握了。可是，出于我们意识的混乱或是其高度的敏感，我们周围尽是怪物，而且出于每个人不同的情绪和烦恼，不断演示着一个或是令人着迷或是令人厌倦的

万花筒。我应该怎么办或者为什么我要这么干,这些
不应该是在这种地方提出的问题。①

　　他决定从科诺沙步行前往诺林斯克。

　　他沿着十月大街上了公路,这条公路通往皮日马,再从
那儿通向维利斯克。

　　既然这么快就撤销了监管,可见他们是信任他的,他们
说,去吧。反正也无处可逃,特别是对一个城里人来说。

　　于是他就出发了。

　　可是没过多久,他就厌倦了尘土飞扬的碎石路,于是拐
到了被木材运输车压得光溜溜的单线铁道上。

　　农机站的几个男人告诉他,这么走距离诺林斯克更近。
他们还建议他不要去皮日马,因为那里的皮日马人都很好
斗,把人往死里打。不久就出现了一片片松叶林,透着光
亮,散发着松针馥郁的芳香。道路时而从肮脏的雪水中露
出身形,攀缘到覆满灌木、泥土松散的阶地上,时而骤然下
降,陷入泥泞的沟壑中。再过一个半月左右,黑压压的、成
片的蚊子和蠓虫就会让这里变得热闹起来。

---

　　① 弗朗茨·卡夫卡:《八本八开本笔记》。转引自卡夫卡著,叶廷芳等
译:《卡夫卡文学代表作》(九州出版社,2006),页364。

将近中午，天气开始变热了。

森林爬上那个坡度徐缓、被一道道冲沟隔断的山岗之后，突然沉寂下来，停在那里，不再向对面移动了。

这也是一座适合攀登的山岗，从上面能看到木材厂采伐树木的遗迹和树干上流出的玻璃般的松脂。

同样是从这里，从高处瞭望，你会觉得天空仿佛在翻转，随风飘动的云彩被下面那层撕裂的铅皮（现在是夜间，确切地说，快要下雨了）包裹着，停留在一个敞亮的地洞中。

这里又是一处无名的湖泊。

尽管当地人知道该怎样称呼它——无底湖，黑湖，维利斯克湖，奇日科莫赫湖。

239　　是的，北方的湖泊都有些神秘，所有人都知道，它们是望向天空的森林之眼：这些眼睛一眨不眨，无休无眠，永远像玻璃一样清亮。

《不闭之眼》是一副圣像，描绘的是年幼的基督睁着双眼的模样。无眠即无需睡眠，永远清醒，看尽世间万象。

途中，他发现了一个废弃的村落——几间空荡荡、带隔断的倒塌的农舍，一个用"铁爪"扒倒的、没有拱顶的小礼拜堂，礼拜堂的顶棚上有个洞，显然被人用生锈的屋面铁皮笨拙地补上了。

当然应该继续往前走，但他不知为何停住脚步，绕了过去。

这时突然传来一个声音：

上帝在乡村不是生活在角落里，

像嘲讽者所想象的那样，而是无处不在。

他照亮屋顶和碗橱，

公正地将门扇分为两半。

在乡村他一切都绰绰有余。每逢周末

他在铁锅里煮兵豆，

睡眼惺忪地在火光上跳舞，

向我这个目击者使着眼色。

他竖起篱笆，把少女嫁给

林管员，还闹着玩儿，

使打野鸭的护林巡查员

永远打不中目标。①

不，这里听不到枪声，四周一片寂静，而沼泽地一直延伸到地平线上，干枯的树枝在沼泽上有节奏地摇摆。

---

① 约瑟夫·布罗茨基：《上帝在乡村不是生活在角落里……》。转引自约瑟夫·布罗茨基著，娄自良译：《布罗茨基诗歌全集　第一卷（上）》，页254。

这些地段原先有一些伐木场,但是现在只剩下采伐的遗迹——长满了灌木和幼林。

单线铁路顺着从科诺沙到维利斯克的电线的方向绵延开来。

用陶瓷绝缘材料包裹着的电线嗡嗡作响。

鸟儿在倒地的原木桩上栖息,这些原木桩被人用钢丝固定在了埋入土里的铁轨上。

约瑟夫望着这群小鸟,它们使他想起了那些在侧路渠里游弋(而且将永远游下去)、"沉默不语"的无声的鱼儿,那时他要去波罗的海火车站,路过侧路渠所在的施卡宾街区。

小鸟也望着约瑟夫,他被它们错认为那个姓佐托夫的大胡子护林员,他每隔一个月都要来这些地方一趟。

但小鸟毕竟不是鱼儿,布罗茨基也并非护林员。

这时天色渐渐暗了下来。

堆放在路边的原木也染上了黑色。

再来摘录一段卡夫卡的文字:

我们就像雪中的树干,表面上看来平放在那里,稍一用力就能推倒它们。其实不然,你是推不动它们的,因为它们与大地紧密相连。不过你瞧,甚至这也只是表面现象。①

眨眼间，原木变成了裹着劳改犯的粗呢大衣、在维利斯克农场所属的贮木场里酣睡的季节性临时工。

是的，现在这里什么都没有，一切都被沼泽吞噬了：先是腐烂，然后混入臭气熏天、冒着气泡的泥炭矿物——黏泥中。只有到了四月份，刺骨的冷风才能吹走枯死的松树树皮和窸窣作响、银光闪闪的鱼鳞浮渣，以及脚下咕咕直响的烂泥塘深处散发出的恶臭。

当他走上砾石路时，天已经黑了。他赶忙搭乘一辆"越野巴士"，二十多分钟后赶到了诺林斯克。

约瑟夫·布罗茨基："起初他们以为我是间谍。因为有人收听 BBC 广播——用电池供电的祖国牌收音机能接收到这类节目……这意味着有人散布流言，说我是间谍。但是后来他们明白了，我不是，根本不是间谍。于是他们又认为我在为信仰而受难。在他们看来这样做是错的，我只好对他们解释说，根本不是这么回事。不过后来他们跟我处熟了，很快就处熟了。邀请我去做客……那里有一家商店，农村消费

241

———————
　　① 卡夫卡：《树》，高晞译。转引自卡夫卡著，谢莹莹、张荣昌等译：《卡夫卡文集　中短篇小说》（增订版第三卷；作家出版社，2011），页 6。

合作社,出售面包、伏特加,有时候也进点肥皂出售。有时候有面粉,有时候有一些奇奇怪怪的鱼罐头。有一次我尝了尝,尽管我饿极了,还是无论如何无法下咽。我在那里时,这家商店正在翻修。所以我记得——崭新的柜台和货架上空空如也。只有一个角落——您知道摆放圣像的红角吧?——堆满了大面包和伏特加。再没有别的东西!……要知道这里是国营畜牧场,他们养牛犊。但他们从没看到过小牛肉。除非牛犊弄折了腿,他们就要忙乎一阵了:把牛锤死,编写正式报告,剥下牛犊的皮,把牛肉分给各家各户。还有,要是有人捉到了野猪,可以把野猪宰了。人们就是这么生活的。地方分局一个月派人来我这儿搜查一两次……两个人骑着摩托来木屋找我。顺便说一句,我那间木屋好极了。相处时完全不拘虚礼。我知道他们来这儿的目的。他们说:'瞧,约瑟夫·亚历山德罗维奇,我们来做客了。'我说:'好啊,见到你们很高兴。'他们说:'得啦,该怎么迎接客人呢?'我就明白了,应该去买瓶酒。四五十分钟后我带着酒回来的时候,他们也已经万事大吉了,心满意足地坐着等我。可是他们从这些乱扔在那儿的书里能发现什么呢?这时我们坐下来开始喝那瓶酒,之后他们就离开了。"

242　　在诺林斯克,约瑟夫被安置到了塔伊希娅·伊万诺夫娜·彼斯捷列娃家,不过他在那儿没住多久,之后就搬到了村边的康斯坦丁·鲍里索维奇和阿纳斯塔霞·米哈伊洛夫娜·彼斯捷列娃家。

地质学家、人口学家亚历山大·彼得罗维奇·巴比奥内舍夫(1938-)探望过流放中的布罗茨基,他这样描述布罗茨基的住处:"这是一座正方形的原木小屋,整个俄国自古以来都是这种样式,它用三点五到四米长的原木建造,也就是说,总面积约为十二至十五平方米。一扇很小的窗户曾被云母片塞住,这在北方地区也很典型……在这里,我第一次看到了与臭虫作斗争的原始方式:四壁和顶棚,甚至连一部分地面,都密实地糊了一层旧报纸……城里人概念中的家具在这里是不存在的。窗户左侧有一个钉在墙上的木板桌,桌上放着一盏煤油灯、一台打字机,还有一个巴洛克风格的墨水瓶……这是阿赫马托娃送给他的礼物。桌子上方有个书架,书架上方,是一本打开的尺寸不大的乔托画册。一张铺了些稻草的简易木床,一张放着水桶的木凳,——这就是全部的简易家具……当然,没有煤气,没有自来水,没有电,没有暖和的卫生间……院子里甚至没有害羞的城里人想出来的那种厕所。但是,这里有四堵墙壁,有屋顶和门,关上那扇门,就可以与整个世界隔绝,就可以思考,写作,与自己独处。"①

---

① 转引自列夫·洛谢夫著,刘文飞译:《布罗茨基传》,页122-123。

约瑟夫来到诺林斯克后不久,根据阿尔汉格尔斯克"牲畜饲养"公司"达尼洛夫斯基"国营农场第15号令,他被第三生产队录用,成为一名工人。

他的职责范围包括——清理粪便,挖掘树墩,清除农田里大大小小的石块,扎篱笆桩(牧场的围栏),扬谷子,在拖拉机队播种冬季作物,种土豆和收土豆。

不过,很难说布罗茨基是一位勤勉的劳动者。

在保存下来的"阿尔汉格尔斯克'牲畜饲养'公司'达尼洛夫斯基'国营农场一九六五年三月二十二日第18号令"中这样写道:"国营农场三分部工人布罗茨基·约瑟夫·亚历山德罗维奇于一九六四年及一九六五年第一季度(一月份十天,二月一日、二日、三日、五日、六日、十九日、二十四日、二十五日,总共八天,以及三月十九日)屡次旷工,鉴于此,特对其予以通报批评。最后一次警告布罗茨基·约瑟夫·亚历山德罗维奇同志:如再无故旷工,国营农场将采取更为严厉的处罚措施,直至在不作任何警告的情况下将其解雇。"

以下内容摘自科诺沙区中心及诺林斯克村的居民对约瑟夫·亚历山德罗维奇·布罗茨基的回忆。

塔伊希娅·彼斯捷列娃,牛犊饲养员:"队长发给他一些木杆,让他扎篱笆。斧头都给他磨好了。可他哪会扎篱笆——呼哧呼哧地直喘气,手上也磨出了水泡。队长只好……让约瑟夫去干轻松的活计。他就和老婆子们在打谷场上扬谷子,放牛犊,有时候也会坐到树莓丛里,吃够了才从里面钻出来……倒是没有给自己留下坏名声……确实挺和气的……后来约瑟夫搬到了另一栋房子里。一开始他就在小木屋前面种了一棵稠李树——是他从森林里带回来的。他经常说:'每个人一生中至少应该种一棵树,好让大伙儿开心。'"

玛丽娅·日丹诺娃,邮局职工:"他靠在我们邮局的柜台 244 上,望着窗外,快活地说,将来人们还会谈到他的。老实说,当时我就想,谁会谈论你这个寄生虫呢?我隐隐约约记得有这么一句话——谁需要你这个病病恹恹、百无一用之人,以后哪有人会谈论你。"

亚历山大·布洛夫,拖拉机手:"他从诺林斯克出发,走三公里路来上班——他会迟到,然后,要是把播种机卡在田里,约瑟夫就变成了废物一个。他总是招呼大伙儿抽口烟,说千万别出汗,否则会冻僵的。他把口袋翻转过来,吃力地往播种机里装满谷子,更多的活儿就一点也干不了了……我和他一起工作了总共一年左右,能不带他就尽量不带……在国营农场，约瑟夫每个月收入十五卢布——既然他不干活，干吗给他更多……总之这个男人挺可怜。他来上班的时候总要带三块蜜糖饼，这就是他的全部食物。我把他带到自己家里，给他些东西吃。我们不喝酒，是的……国家安全局常有人来，他们从一开始就警告我家女主人，让我别和他一块儿混……约瑟夫没给我读过诗，而我也从没细想过。在我看来，与其把他赶到这里，不如一下子驱逐出境才好。那儿才是适合他的地方：他的灵魂是封闭的，他的诗也枯燥乏味。"

德米特里·马雷舍夫，国营农场党支部书记，后来担任国营农场经理："我和他是一组的。妇女们把用拖拉机挖出来的块茎放进口袋里，捆扎好，我们把那些口袋搬到小型拖拉机上。我和布罗茨基两人抓起一只口袋，扔到小车上。您说他以前有心脏病？我不知道。我在场时，布罗茨基干起活来一丝不苟的。偶尔休息一下，他会抽'白海'烟。我们干活几乎不带休息的。吃午饭的时候，我去找那个和我同名的帕什科夫，阿纳斯塔霞·彼斯捷列娃带布罗茨基去她家，布罗茨基在诺林斯克时就住在她家。午饭后我们接着扔那些沉甸甸的口袋，一整天就这么过去了。布罗茨基穿着那种秋天才穿的大衣和短筒皮鞋。我问他：'干吗不穿绒衣和靴子？'他不作声。可你能说什么呢，他明明知道有脏活儿等着他

245

呢。年轻的时候可真是粗枝大叶。"

安娜·施布诺娃,科诺沙区人民法院的法官:"我记得特别清楚,流放犯布罗茨基因为拒绝在'达尼洛夫斯基'国营农场的田地里捡石头而被判处拘禁十五天。布罗茨基在科诺沙区内务局的牢房里接受处罚的时候,正赶上他的一个纪念日。[1] 有七十五封贺电发到了他的住处。我从通讯部门的一位职工那儿听说了此事,她是我们法院的人民陪审员。我们当然很吃惊——这是什么重要人物啊?然后我才知道,很多人带着鲜花和礼物从列宁格勒赶来为他庆祝纪念日。

"这些来庆祝的人去找区委第二书记涅费多夫,让他对法院施加影响。涅费多夫给我打电话,说:'那帮列宁格勒人在这儿的这段时间,我们是否可以临时放他出来呢?'当然,我们仔细研究了这个问题,然后就彻底释放了布罗茨基。他再也没有进过牢房。"

一九六五年春天,约瑟夫结识了科诺沙区公用事业管理处行政科(行政管理科)的领导——参加过战争、当过陆军情报军官的敖德萨人弗拉基米尔·米哈伊洛维奇·切尔诺莫

---

[1] 一九六五年五月二十四日,约瑟夫年满二十五岁。——作者注

尔季科。行政科负责管理理发店、澡堂、生活之家及修理厂。

据说很久以前切尔诺莫尔季科在北方的劳改营里坐过牢,之后才来到阿尔汉格尔斯克边疆区。但是在六十年代中期的科诺沙,弗拉基米尔·米哈伊洛维奇是位名人,影响力极大。

因为热爱诗歌和文学,他与布罗茨基成了朋友。此外,切尔诺莫尔季科还亲自作保,为约瑟夫在当地图书馆登记注册(而这对囚犯和流放移民是绝对禁止的),他安排这位比他小十六岁的年轻朋友在当地的生活之家担任流动摄影师,也就是说把约瑟夫从农业工作岗位调到了城里工作。这件事之所以能办成,多亏了科诺沙区医院一位叫埃里克·安德烈(德国流放犯)的内科医生,他开具了关于布罗茨基患有心脏病的官方证明。

如此一来,列宁格勒的朋友们在他生日那天赠送的自行车以及父亲带到诺林斯克的相机就刚好派上了用场。热情的弗拉基米尔·米哈伊洛维奇·切尔诺莫尔季科照常发放了显影槽、照相放大机、化学制品、相机纸和胶片。

居住地原本就宽容的制度让约瑟夫在一定程度上感觉过得还算称心如意,这里唯一的限制,就是晚上必须待在诺林斯克。

显然,这是另类抽象概念中的一个完整的抽象概念——

北国风光单调乏味,少有变化,而且这种变化在很大程度上仅仅与季节变化相关。

一九六五年六月初,布罗茨基骑着自行车出发了。

他绕到了一些适合爬山的山岗上,从上面能清晰地看到木材厂采伐树木的遗迹,树干上流淌的玻璃般的松脂,散发着松针馥郁芳香的松叶林,灌木丛生的陡坡,泥泞的沟壑,沟壑里蚊子和蠓虫都复活了,黑压压的一片,此外还能看到集材车在坦克通道上铺砌的单线铁路,以及像森林一样参差不齐的地平线。

若干年后,回忆起自己的那几次短程旅行,布罗茨基写道:

> 森林——像一把断裂的梳子。
>
> 少年突然对自己生起一个念头:
>
> "比灌木更高,比云杉更矮"
>
> 这念头让他震撼终生。隐约
>
> 可见的云雀在高空
>
> 纵声啼啭。夏天!该翻来覆去死记
>
> 各种公式,应付考试了;
>
> 有的人长出丘疹和横痃,有的人
>
> 生理期推迟——出于你无法克服的恐惧;

技术学校和中专的影子,甚至

时常在梦中浮现。唯有竿梢的细软枝条

和哨子才能驱走灾祸。

透过汇集的光束

凉鞋、草地上的自行车

清晰可见;镀镍的脚踏板

仿佛制服上衣的扣袢,又好像两枚奖章。

凉鞋上的橡胶和自行车的金属物件里

有些成分来自未来、来自欧洲的

世纪、来自铁路——它的支线

真的好像被风吹到此地,真实

展现绿色的铁路小站——

森林、水塔、农妇的面庞、

围栏——于是那些在畜栏侧板旁

挖出的蠕虫从你的铁匣子里

钻出来四处乱爬。随后——那辆

堆满麻袋的大车

和乡间小路也爬行着

从收割后的田间穿过……①

---

① 约瑟夫·布罗茨基:《第五支(夏日)牧歌》。

流放犯约瑟夫·亚历山德罗维奇·布罗茨基被解除了看管。在这种情况下，他的父母和朋友可以探望他，与他通信，向他转交包裹，他还可以回列宁格勒休短假。

二〇一〇年，异见作家、政治犯鲍里斯·鲍里索维奇·瓦伊利去世前不久，对约瑟夫在诺林斯克的生活做了如下评述："不久前我才第一次听说——让我异常惊讶的是——在被流放的一年半之内，布罗茨基去列宁格勒休了四次假……严格说来，布罗茨基不是被'流放'，而是被'驱逐'了。这两个概念之间的区别十分模糊。'流放是指囚犯需远离其住所，并且必须迁居某地。''驱逐是指让囚犯远离其住所，并禁止其在某些地域内居住。''驱逐'的等级低于'流放'（紧随'流放'之后的，则是'劳动改造，但不剥夺自由'）。与流放一样，驱逐'可用于裁定某些犯罪分子，这类犯罪分子在固定区域内居住，因而其社会危害性较小，他们在该区域有稳定的犯罪联系人，或者能协助他人实施犯罪行为'。驱逐（流放）的目的，在于中断这种联系……"

解除监管后，布罗茨基在诺林斯克所享有的特殊条件当中，还应当列入相当重要的一条，即他（在拍照之余）被获准从事文学工作——写作及翻译诗歌。根据"偶然"得到的消息，约瑟夫·亚历山德罗维奇在侨民期刊——《新俄语》(纽约)、《播种》和《界限》(美因河畔法兰克福)——上积极地发表作品。这些期刊也登载了弗丽达·维格多洛娃对布罗茨基案件的庭审速记。这份预先指定供内部地下出版的文件究竟是如何流到境外的——我们不得而知。

与此同时,一九六五年八月到九月,经区党委批准及"委员会"核准,科诺沙《呼声报》在"致本地诗人"一栏中刊登了约瑟夫·布罗茨基的两首诗——《黎明时分的拖拉机手》和《秋色》。显然,关于发表这两首诗的最终决定,是由包括《呼声报》主编谢拉菲玛·叶廖明娜及弗拉基米尔·切尔诺莫尔季科在内的区委会做出的。事实上,这是诗人在苏联发表的最早的"成人"作品(一九六二年,布罗茨基为孩子们创作的诗歌在列宁格勒《篝火》杂志上发表,这是全苏列宁共产主义青年团中央委员会及苏联作协的机关刊物)。

阿尔贝特·扎巴卢耶夫,列大毕业生,记者,《呼声报》编辑:"那是一九六五年八月的事。当时我在处理读者来信的部门工作。也写诗。有一天,天气好还是不好——我记不清了,来了这么一位小伙子:穿着牛仔裤,普通衬衫,没打领带,非常时髦。他问我:'可以在你们这儿发表东西吗?'我说:'按理说可以,干吗不能呢?'他说:'但是有个小问题,也许会给你们带来麻烦。'‘什么问题?'‘我是流放犯,所谓的寄生虫。'‘那又怎样?只要文本不反党……'这在当时很重要。他说:‘不会的,文本应该是符合规定的。'于是我就看了看……标题是‘拖拉机手'。我当然看上了这个文本。文字表达生动形象,比方说‘寂静如劈柴般土崩瓦解,落到地平线的两端'以及别的诗句。我们决定用这首诗,准备把它发表出来。说实在的,不需要做什么特别的加工、文本干预,它已经相当不错了,特别是对于我们这种区级水准的刊物来说。作品发表后,过了一周,他又来了,又带来一个文本,标题是‘秋色'。好吧,我又看了看,说:‘第一个文本比今天带来的这个更好。'他回答:‘没有可比性。实际上,这个文本比先前那个要好得多。'我对他说:‘当然了,见仁见智嘛。我现在去吃午饭,愿意的话,我们一起去吧。'就这样,我们一边走——这段路有一千米左右,他一边给我‘整理思路'——他是这么说的……特别幸运的是,负责意识形态工作的书记没认出布罗茨基,否则他就没法在我们这儿发表作品了,这是肯定的。"

250

　　　　拖拉机和公鸡一齐醒来,

　　　　公鸡和拖拉机

　　　　与发动机和犁铧一齐醒来,

拖拉机手用斧子劈开寂静，

然后在及膝的晨雾中
隆隆作响地排开队列。
寂静如劈柴般土崩瓦解，
落到地平线的两端

生起炉火。炊烟直冲云霄。
鸟儿朝雏鸟俯下身躯。
森林仿佛一把巨型电锯，
用锯齿锯出朵朵云彩……①

　　当然，约瑟夫有时无法赶到诺林斯克，这时他就留在科诺沙，在利季娅·舒米欣娜——康斯坦丁·彼斯捷列夫（布罗茨基在诺林斯克就住在他家）的侄女——或弗拉基米尔·切尔诺莫尔季科家过夜。警方对此自然一清二楚，但也只是睁一只眼闭一只眼。

　　这一切或许是一个既幼稚又下流的游戏的组成部分，这个以布罗茨基为中心的游戏早在一九六〇年就开始了。

———————

　　① 约瑟夫·布罗茨基：《黎明时分的拖拉机》。

越来越多的参与者卷入其中，毫无疑问，他们每个人都致力于谋取私利，他们对正在发生的事有着不同程度的了解，因此能够设计最不可思议的内容纲要，让这些事件充满真实的情感和意外的碰撞。

对于布罗茨基来说，这一切就像一场游历、一次漫游，如同当年陪伴玛丽娜·巴斯马诺娃夜游列宁格勒时一样。莫名的恐慌与狂热的好奇心展开了竞争，忠诚与背叛相互对抗，而自信也变得与孩童般的幼稚相差无几。

这种状态在我们前面提到的弗朗茨·卡夫卡的作品《过路人》中，传达得似乎格外准确：

若我们夜里沿着一条街散步时，看见一个男人，而且老远就看见——由于眼前这条街是上坡路，且今晚是满月——他在前方迎面奔来，我们不会拦下他，即使他身体虚弱且衣衫褴褛，即使有人在他身后追赶并且大声喊叫，我们也只会让他继续跑下去。

因为入夜了，我们也无法确认，这条街在满月的光照中，是向上陡升的；而且关于此事，也许那两位进行追捕是因为自顾自地玩闹而激动起来；也许那两位在跟踪某个第三人；也许前面一个是无辜被跟踪的人，也许后面的人想要谋杀，那样我们就会成为谋杀案的共犯;也许这两人互不相识,他们只是各自赶着要回家;也许他们是梦游者;也许前面那人身上有武器。

说到底,难道我们不能觉得累吗,我们不是喝了这么多酒了吗? 我们很高兴,因为后面那人已不见踪影了。①

252　一切皆有可能……此刻只须相信自己的感觉,与自己对话,就像与亚历山大·伊万诺维奇·布罗茨基、玛丽娅·莫伊谢耶夫娜、雅科夫·戈尔丁、叶甫盖尼·莱茵、阿纳托利·奈曼、德米特里·鲍贝舍夫、米哈伊尔·梅伊莱赫,当然还有玛丽娜·巴斯马诺娃对话一样,他们从一九六四年秋就铺好了从列宁格勒到诺林斯克的道路。

---

①　卡夫卡:《过路人》。转引自卡夫卡著,彤雅立译:《卡夫卡中短篇小说全集》(时代文艺出版社,2017),页 15-16。

第十一场

布罗茨基在诺林斯克，一九六四年

一九六二年。他俩在格林卡街那栋房子巨大的正门——也就是"阿夫托沃"地铁站入口处的大厅——里分别了。玛丽娜说,她不能请约瑟夫去家里做客,因为她的叔叔,外交官米哈伊尔·伊万诺维奇·巴斯马诺夫从中国回来了,要住上几天,全家人正欢聚一堂。

况且天色已晚……

他沿着正门的楼梯缓缓地拾级而下。

他当然知道,人们把这栋城里的房子称作"贝努瓦公馆",他甚至在《艺术世界》的主要创始人亚历山大·尼古拉耶维奇·贝努瓦的回忆录里读到过相关内容:"这段正门楼梯以下面那条又直又长的走廊为起点,走廊位于拱顶下方,拱顶上装饰着艳丽的梅花图案,楼梯从走廊开始上升,然后拐向左侧,接着在一些巨大的柱子之间再次大幅上升;在每个转弯处都能看到独特的景致。所有这一切都显得既沉重又有些阴郁,但同时也强化了这座建筑物牢固、可靠的印象。我坚信家族的阴影仍然在这段保留完好的楼梯上游荡,他们应该会和我们这些活着的后人相遇。出月亮的时候或幽暗的白夜,在院子里那盏独有的、彻夜不息的路灯的照耀下,我们的正门变成了一个真正的"戏剧舞台',尽管,在我所知的不同时期,上帝保佑,我们这栋房子里从来没有上演过任何戏剧和悲剧……直到半夜，煤气灯都还亮着，煤气灯的灯座放在从前保留下来的一些很大的壁灯里面，那时用油灯照明。一到深夜，这些壁灯就灭了。"

约瑟夫微微一笑（他特别喜欢"家族的阴影"那段），来到大街上，抽起烟来。

他抬头望了望巴斯马诺娃家的窗户，里面亮着灯。和往常一样，张着嘴巴的戈耳工与微笑的阿尔忒弥斯的面具也从那里望着他，作为对他的回应。

这个雕饰在冬天看上去特别有趣：一团团雨夹雪粘在这两个"外来物种"的眉毛和鼻子上，一小块一小块地耷拉下来，被风吹得微微颤动，让人觉得他们好像马上就要放声朗诵卡瓦菲斯的作品似的。

譬如朗诵这首诗：

太不幸了，虽然你生来是为了

辉煌而高贵的行动，

但你那不公平的命运

从不给你鼓励，永不让你成功；

那些廉价的习俗妨碍你的前程，

还有斤斤计较，还有冷漠。

你认输的那天又多么可怕

257

（你松手并认输的那天）

你踏上前往苏萨的道路，

去投靠阿塔泽克西兹国王……①

摘自约瑟夫·布罗茨基的随笔《站在卡瓦菲斯一方》：

　　康斯坦丁·卡瓦菲斯一八六三年生于亚历山大城
（埃及），七十年后在那里去世……卡瓦菲斯会古希腊
语和现代希腊语、拉丁语、阿拉伯语及法语；他能读意
大利文版的但丁，而他早期的诗是用英语写的。卡瓦
菲斯本人的生活平淡无奇，他甚至从未出版过自己的
诗集。他在亚历山大城生活，写诗……在咖啡馆与本
地和外来的作家讨论问题，玩牌，赌马，逛同性恋妓院，
有时也去教堂看看……想来同性恋的生活理念总归要
比异性恋的更加丰富。从理论上说，这种理念为诗歌
创作提供了绝佳理由，尽管就卡瓦菲斯而言，这个理由
至多不过是托词罢了……一个人可以用来战胜时间的
唯一手段，就是记忆；而卡瓦菲斯独一无二的、既感性
又合乎实际情形的记忆，是他的独到之处。这种爱情

---

① 卡瓦菲斯：《诵读管辖区》。此处使用的是黄灿然先生译本。

机制以感官和精神之间存在某种桥梁为前提——这个前提有时将爱情神圣化,因为超越现实生活的想法不仅会在我们结合的时候出现,也会在我们离别的时候出现。不管多么有悖常理,在涉及这种亵渎上帝的"另类爱情"的问题时,卡瓦菲斯的诗……都在尝试(或者莫如说,蓄意失败地)复现昔日恋人的余迹,或者说是他们的写照。

258 应当把胶卷筒放进显影槽里转动五六分钟,然后排出显影液,再在浴室里把胶片定影、晾干。

  一切早已形成一种条件反射,当黑的变成白的,白的变成黑的,透明的变得不透明,或者刚好相反,此时,图像所呈现的奇迹便完全不是奇迹了,而是一种规律、一种化学变化,只要严格遵循操作规则,一切就都会进展顺利。这就好比你用选定的音调写出来的词语突然间就变得悠扬婉转起来,而你试图去弄清这究竟是怎么回事则是徒劳的。因为没有人知道诗歌是如何诞生的以及怎样做才能写出诗来,这个问题没有答案。尽管约瑟夫在五十年代末曾经试着回答过这个问题。

  记住闺房

窗外的风景，

亲戚家

窗外的风景，

同事办公室

窗外的风景。

记住教友

墓地后面的风景。

记住，

他们召唤我们迎接爱情的时候，

雪花怎样缓缓地飘落。

记住天空，

它躺在潮湿的柏油路上，

让人联想到对亲人的爱恋。

记住，

迷蒙的雨水顺着窗玻璃流淌，

扭曲了对称的屋宇。

这时有人告诉我们，

我们该做些什么。

记住，

259

在不适合居住的土地上方

十字架伸出最后两只笔直的

手臂……①

时间和记忆——二者皆非理智所能控制。

时间是无法计算的,特别是因为它会成为过眼云烟,不复存在,或者恰恰相反,它会偷偷地带走长长短短的时光。

从这个意义上来说,记忆同样是不可靠的,因为记忆往往带有选择性和主观性。由此看来,创作的秘密很可能隐藏在其他不可言说的事物当中。

使徒保罗在其《罗马书》中论及与罪孽作斗争的情况以及在困难重重的处境下圣灵所给予的特殊救助时,断言道:"圣灵也来扶助我们的软弱。我们必须祷告而不知道该求什么的时候,圣灵本身就用**无声的**悲叹为我们祈求。"②

也就是说,谁也不可能通晓万事万物,因此,依照金口圣约翰的观点,"应当服从我们天生的造物主,心悦诚服地接受他所赞许的,不必关注事物的表象,而要瞻望主所决定的。因为他最清楚什么对我们有用,他知道该怎样安排我们的救赎"。

"尽其所能"——这种质朴的大无畏精神,被卡瓦菲斯

---

① 约瑟夫·布罗茨基:《记住闺房……》。
② 《圣经·罗马书》(《圣经 新世界译本》,2001)8∶26,页1411。

视为诗歌及生活中所有灵感的真正源头：

> 如果你不能把生活安排得像你希望的，
>
> 起码也该尽你所能
>
> 不要跟这世界接触太多
>
> 不要参加太多的活动和谈话，
>
> 以免降低它。

260

> 尽量不要降低它，不要拖着它，
>
> 带着它到处招摇，不要老让它，
>
> 陷入每天的社交
>
> 和宴会的蠢行里，
>
> 以致最后变得像个沉闷的食客。①

超然物外。

心无杂念。

麻木不仁。

冷酷无情。

与世隔绝。

---

① 卡瓦菲斯：《尽你所能》。此处使用的是黄灿然先生译本。

楼上不知谁家的房门"砰"的一声响,那声音打着转儿从墙上反弹回去,顺着正门的楼梯滚了下来,呼出一股股厨房和清洗物品的气味。约瑟夫浑身一颤,猛然转身回家去了。

据德米特里·鲍贝舍夫回忆:"玛丽娜家的玄关匪夷所思地从厨房和浴室中间穿过,那里有一个伪装成壁橱的厕所,再往里走,有几扇门通向一个相当大的客厅,窗子正对着大街……左边还有一扇门,门里面就像蓝胡子①的房间一样,绝对不允许外人踏入一步,但帕维尔·伊万诺维奇或娜塔莉娅·格奥尔基耶夫娜偶尔也会走出房间,趾高气扬地穿过客厅,来到前厅,嗯,虽然只是为了光顾那个壁橱。在客厅中央,一个轻巧的圆柱形灯饰照耀着椭圆形的桌子,棕黄色的阴影落在古旧的橡木地板上……"

布罗茨基保留着玛丽娜的一些照片,那是他俩在市里散步时他用父亲的相机拍摄的。

在一张照片上,她站在彼得保罗要塞的涅瓦大门前,就好像克里斯蒂安-雅克画笔下《帕尔马修道院》里的玛丽娅·卡萨雷斯。

---

① 蓝胡子,法国诗人夏尔·佩罗(1628-1703)创作的童话故事《蓝胡子》的同名主人公。

而在另一张照片上，约瑟夫拍下了玛丽娜在莫斯科火车站月台上的倩影（可惜想不起来他俩当时是要去哪儿了）——长长的头发修剪到肩部以下，警觉而又专注的目光凝视着相机镜头旁边，就像有些照片上的传奇人物莎拉·莱安德——瑞典-犹太血统的第三帝国影星，费德里科·费里尼[1]曾经如此描述这位演员："她是一头雌狮，任何一个男人都甘愿被她撕扯得粉碎。"

从来没有人看见过巴斯马诺娃的这些照片，因为它们是他和她独有的。

不过是否真的有过这些照片，目前确实谁也不清楚……

就事物的逻辑而言，应该有过，但是在类似情况下，逻辑往往是不称职的谋士。说得更准确点，逻辑当然是有的，但似乎完全是另外一种……

例如有一次，约瑟夫和玛丽娜在市里漫无目的地闲逛了几个小时，之后，他俩来到塔夫利街看望他的朋友、诗人德米特里·鲍贝舍夫。是的，这没有什么可奇怪的，因为他俩经常在散步后拜访朋友——施特恩家的丽达和维佳，托利亚·奈曼和艾拉·克罗波娃，谢廖沙·舒尔茨和拉丽

---

① 费德里科·费里尼(1920-1993)，意大利电影导演、编剧、制片人。

萨·科兹洛娃。

这次也一样，他俩来到了鲍贝舍夫家……

当时是一九六三年深秋。

甚至有可能是初冬时节。

《列宁格勒晚报》上已经刊登了那篇文章，开始对布罗茨基动真格的了，显而易见，对这件事单纯地保持沉默、退避三舍或置之不理都是不可行的。

诗人的朋友研究了五花八门的方案，想把约瑟夫从即将开启的法庭审理，更准确地说，是想把他从所遭受的迫害中解救出来。我们记得，当时有一个话题事关莫斯科精神病院，阿尔多夫一家有几位熟人是那里的医生，因而开具一份"规范的"出院诊断证明的任务便落到了他们头上。

布罗茨基的精神极度紧张（列宁格勒各家报纸的攻击，与玛丽安娜·巴斯马诺娃的复杂关系，以及起起落落、折磨人的创作心路——他的作品仍旧无处发表），毫无疑问，这在很大程度上是突然做出这个冒险决定的原因，毕竟，和苏联精神病科医生玩游戏是有风险的。

约瑟夫当时在沃伊诺娃街的公共住宅里租了一个房间。柳德米拉·雅科夫列夫娜·施特恩是这样描述这个房间的："一间厨房把这个一丁点大的房间（大概以前是给女仆住的）与偌大的公共住宅里的其他空间分隔开来。约瑟

262

夫可以邀请女士们来这里,免得父母对他们横眉怒目。但重要的是,他在那儿能安心工作。就在这间小屋,他创作了《献给约翰·邓恩的大哀歌》及《以撒和亚伯拉罕》。"

玛丽娜常来这里,但是在新年前不久,他俩的关系出了大问题。

有一种说法,称约瑟夫亲自去找鲍贝舍夫,请求鲍贝舍夫在他处理好自己的事情之前(前往莫斯科卡纳特契科沃别墅的日子不可避免地越来越近了)关照玛丽娜,他强调说这是他的未婚妻。

而据另一种说法,布罗茨基还没去莫斯科之前,玛丽娜就在塔夫利街的德米特里·鲍贝舍夫家中与他有过一次约会了。

那段时间约瑟夫极度压抑,时常突然间暴跳如雷,无法控制自己(顺便说一句,他以前从没出现过这种情况)。据悉,有一次,在列宁格勒一家咖啡馆举行日常聚会时,布罗茨基和巴斯马诺娃出人意料地发生了一场小小的争执,结果两人闹得不可开交,他还跟咖啡馆里的一位顾客大打出手,约瑟夫把叉子扎进了那人的手掌,只因那人"不正经地"看了玛丽娜一眼。事情被压了下来,但后来又不断重演。

就这样,在去莫斯科之前,还有一九六四年一月初即将

263

返回列宁格勒时，布罗茨基割腕自杀过好几回。

由于众所周知的原因，几乎没有人知道卡先科精神病院患者布罗茨基到底发生了什么事。

也许只有米哈伊尔·阿尔多夫[①]的一段回忆保留了下来。他回忆了自己和作家、翻译家尤利娅·马尔科夫娜·日沃娃(1925-2010)去卡纳特契科沃别墅看望约瑟夫的情形："我们……站在高高的篱笆旁边——那甚至不是篱笆，而是一种钢筋混凝土格栅——三十多个衣冠不整的人正在篱笆后面的脏雪上放风。这就是莫斯科卡先科精神病院供病人放风的小院。我们喊道：'约瑟夫！……约瑟夫！……'一个正在放风的人跑到篱笆跟前。正是布罗茨基。

"'请转告阿尔多夫(即维克多·叶菲莫维奇·阿尔多夫[②]——作者注)，'他绝望地高喊，'请转告阿尔多夫，让他赶紧想办法把我从这儿弄出去！……我受不了！我再也受不了了！……'"

约瑟夫在一九六四年新年之际写的诗《卡纳特契科沃别墅的新年》也保存了下来：

---

① 米哈伊尔·维克多罗维奇·阿尔多夫(1937-)，俄罗斯作家、政论家。
② 维克多·叶菲莫维奇·阿尔多夫(1900-1976)，俄罗斯作家、戏剧家、政论家。

不是魔法师,不是驴子,

不是星星,不是暴风雪,

把婴儿从死神手中救回,

它们像划桨时激起的圆圈

四散开来……

在这里,六号病房,

可怕地留宿在

隐藏着一张张面孔的白色王国,

夜色泛白,一半是因为一把钥匙

另一半是因为主治医师……

与此同时,在列宁格勒,事态进展如下:

"大厅舞台上的小隔间里",摆放着玛丽娜的写字台、她的床、书柜和文件夹——德米特里·鲍贝舍夫对巴斯马诺娃家在"贝努瓦宅邸"中的陈设做出如此详细的描述,并非出于偶然。

他来过这里。

他在这儿朗诵自己的诗歌,接受巴斯马诺娃作为礼物送给他的法国诗选,书的扉页上有一行手写的字:"送给我喜爱的诗人。玛丽娜!"

所以,玛丽娜在一九六四年想和鲍贝舍夫(他当时住在科马罗沃)一起去见布罗茨基,这也没什么可令人惊讶和意外的。后来人们对发生在一九六三年十二月三十一日到一九六四年一月一日之间的事有很多议论。

现在回过头来再看这件事,我们认为,这里面没有什么新鲜内容可谈,尽管该发生的都发生了,不管人们怎样冲动地指责、抱怨甚至诅咒,任何人在这件事上都没有过错。德米特里·鲍贝舍夫提前告诉朋友们玛丽娜·巴斯马诺娃要来。大家当然都知道以前的事,知道她是"布罗茨基的女孩",但也都对此表示理解,说在一群好人的陪伴下度过快乐的新年应该会减轻她的孤独感。

玛丽娜照样又迟到了,新年钟声敲过之后才现身。

鲍贝舍夫和巴斯马诺娃整个节日都待在一起:放焰火,在河湾处点着蜡烛的冰面上散步,喝香槟。没有人关心这件事,但第二天一大早,所有人不知怎么突然间"恍然大悟",指责德米特里·瓦西里耶维奇背信弃义、背叛朋友。

玛丽娜一如既往地冷眼旁观,既不承认也不反驳这些针对鲍贝舍夫的指责。

这个新年夜发生在科马罗沃的事传到了身在莫斯科的约瑟夫耳朵里,当时他刚刚拿着"精神分裂症"诊断书从卡先科诊所出院。

一九六四年一月五日,布罗茨基不顾朋友的反对和医

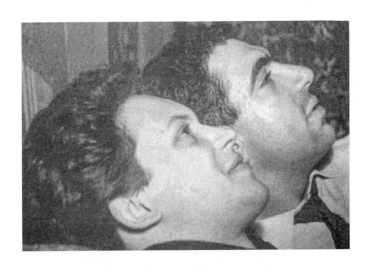

德米特里·鲍贝舍夫和叶甫盖尼·莱茵在约瑟夫·布罗茨基的
生日宴会上,列宁格勒,一九六二年五月二十四日(约·布罗茨
基摄)

生的阻止,向叶甫盖尼·莱茵借了二十卢布,便匆匆赶往列宁格勒,大家已经在那儿等着他了。

多年后,在美国,约瑟夫说:"我当时不在乎到那儿之后会不会被捕。和玛丽娜的事相比,之后的整个审判都只是区区小事。"

与鲍贝舍夫的会面无果而终,更准确地说,结果就是他们变成了永远的敌人。他试着向巴斯马诺娃表明心迹,但也毫无结果。约瑟夫在格林卡街巴斯马诺娃家的大门前久久地按着门铃。

玛丽娜没有给他开门。

而现在,她站在莫斯科火车站的月台上,就像约瑟夫以前用"泽尼特·C"相机拍摄的那张黑白照片上一样——长长的头发修剪到肩部以下,额头苍白,仿佛覆盖着一层白雪,警觉而又专注的目光凝视着相机镜头旁边。

照片上的玛丽娜像极了莎拉·莱安德。约瑟夫最喜爱的歌曲——意大利作曲家尼诺·罗塔配乐的《诺夫哥罗德的玫瑰》,就是这位莎拉·莱安德用她那近乎男声般的低沉嗓音演唱的。

沃尔库塔号列车开上了第二条铁轨。

是时候离开了。

266

卧铺席位有一半是空的。

乘客基本上都是休假后返回的轮班工人、矿工及军人。现在是十一月底。

车厢里烧得热烘烘的，但窗外的风还是把窗帘吹得飘了起来，挂在了一只带杯托的杯子上。杯托上画着第一颗人造地球卫星——"卫星一号"，写着"给世界以和平"。

女列车员向玛丽娜抱怨说这些车厢早就该报废了，可现在照旧安排班次。她先前在"红色箭头"专列工作时情况也是如此。玛丽娜默默地听着女列车员聊儿子、丈夫和姐姐：她的儿子在一家大型煤矿工作，和家人住在沃尔库塔；她赶走了丈夫，因为他不仅酗酒还偷钱；她的姐姐在南方的铁路上当了一辈子列车员，现在生病跑不动了。

玛丽娜不愿谈论自己，她一直望着车窗外，偶尔出于礼貌点头回应一下，而女列车员对这位姑娘的故事也没有特别的兴趣。

车窗外，幽暗苍劲的树木、栅栏、电线杆、小树林、积雪覆盖的板棚、车站旁边的建筑物全都向后疾驰而过，玛丽娜的侧影映照在久未清洁的玻璃窗上，在所有这些不停移动的物体上方飞舞。

唯有她才能看到自己的这幅肖像。

不过鲍贝舍夫也有一首诗，能写出这样的诗，说明他对

这个飞舞的、用细细的铅笔芯才能描绘出的侧影,或者对
基本相似的肖像一定有所了解。

　　这首诗题为"肖像"。

　　　　冬天的白色笔芯掠过

　　　　黑暗地带,大地为之震颤,

　　　　冬天的黑白旋风疾驰而过,

　　　　仿佛强盗的匕首,冲我

　　　　扬起风沙。灵魂为之震颤。

　　　　黑暗中,爱情降临我身边。

　　　　犹如鸟儿一到晚上便离开

　　　　栖架,它们的心被伤透,

　　　　翅膀被划伤,眉毛被抓破,

　　　　睫毛被折断,爱情来了。

　　　　茫然若失而又惊恐万状,

　　　　口中发出细碎的敲击声,

　　　　颤抖的眼睛睁得大大的,

　　　　一条围巾,抽出的双手,

　　　　如同深夜小鸟随心所欲的啼鸣。

　　　　是的,你可怜的模样仿佛柔软的匕首,

　　　　威胁着我,令我的灵魂为之颤抖,

撞上了,遇上了,"不许动,无赖,闭嘴!"——

深夜,路人在窗下刚好听到

强盗狂躁的叫喊。

可是你看——现在恰巧是冬天。

在光明之处挥霍黑暗,

而且没有丝毫浪费,

她时而将嫩枝漂白,时而遮住云杉,

时而在屋顶上方匆忙划出

一道黑线,用严寒将它染白,

她(——是冬天?还是爱情?我已分不清楚)

来了,还有白围巾,那只眼睛,以及那道眉毛。

深夜,运送囚犯的车厢被列车拖着向斯维尔斯特洛耶驶去。

火车抖动了一下,发出"咔嚓咔嚓"的声音,随后"轰隆"一声,从调度用的小型内燃机车到列车车身都像波浪一样动了起来。

月台上迅即响起军犬的吠叫声和断断续续的交谈声。 268

玛丽娜半梦半醒,她想,也许布罗茨基就是这样被带到远方的。邻座是一位年轻的中尉,他把棉帽垫在脑袋下面,坐着睡着了。他面前的折叠小桌上放着一个带杯托的水杯,里面有半杯茶,桌上平放着一本书,显然,还没读到翻开的那一页。

火车抖动了一下,车厢结合处吱吱呀呀地响着,渐渐地,火车开始提速了。

玛丽娜闭着眼睛躺了一会儿,车站旁边的探照灯刺眼的亮光划过她的眼睛。

后来,列车提速了,那种难以忍受的刺眼的感觉也随之消失。她睁开了双眼。

她用胳膊肘微微撑起身体,开始看书——萨尔蒂科夫-谢德林的《童话集》。

熟睡的中尉突然嘟囔起来,扭动着身体,脑袋晃来晃去的,紧接着,他的棉帽滚落到他身后。

玛丽娜·巴斯马诺娃读道:

"就这样他成了野人。虽然那时秋天已经来临,天气相当冷,可是他并不感觉寒冷。他从头到脚浑身长满了毛,像古时的以扫似的,而他的指甲,也变得好似钢铁做成。他早已不擤鼻涕,常常双手趴在地上走路,像个四脚动物,甚至还觉得奇怪,从前他怎么没发觉这种散步方法是最合适和最舒服的。他甚至丧失了发音清楚的能力,只习惯于某一种特别的、得意扬扬的、介乎吆喝声和呵斥声的喊叫。可就是没有长出尾巴。

"他来到从前他养息自己白嫩、松软的身体的花园里，像只猫儿似的，一刹那就攀上了树梢，在那儿守望着。一只兔子跑过来，举起前脚蹲在地上，竖起耳朵倾听着，会不会有什么危险，——可是，他早已恭候在那里了。他飞箭似的跳下树来，一把抓住兔子，拿爪子撕开它，就这样连内脏带皮毛，一起吃掉。

"他变得力大无穷，大到甚至认为自己完全应该同那只曾在窗外望他的狗熊交朋友……"①

车窗外，天色渐渐亮了起来。

她放下书，用那条和低浓度高锰酸钾溶液相同颜色的被子蒙住头，睡着了。

玛丽娜梦见了格林卡街自己家的住宅：她穿过厨房和浴室，走过长长的、摆满柜子的走廊，进入从前的舞厅，这里有几扇巨大的窗户，几乎从地板一直顶到天花板，窗户上不知为何涂着一层厚厚的白漆，就像医院或公厕里那样。玛丽娜登上舞台，那儿摆着她的床，桌子被挪到了床前。

约瑟夫坐在桌旁。

他背对玛丽娜，正写着什么。

---

① 谢德林：《野地主》。转引自萨尔蒂科夫－谢德林著，张孟恢译：《谢德林作品集(上)》(上海译文出版社，2015)，页38。

约瑟夫全神贯注地写着。不过就在玛丽娜走上舞台的那一刻,他还是感觉到玛丽娜正朝自己走来,他大声说:"我想为你读一首诗!"

"读吧。"玛丽娜耸耸肩,在床上坐下,那张床更像榻榻米,床上铺着孤儿院才有的条纹床垫,上面扔着一条与低浓度高锰酸钾溶液相同颜色的毛毯。

约瑟夫开始朗诵了:

我们从田野归来。风
敲击倒扣的水桶,
疏散虬结的柳条,
在石堆间呼啸穿过。
马,圆桶般鼓胀的腹
卡进左右车辙,
冲着锈蚀的耙犁,
愤怒地打着响鼻。

风梳过霜打的酢浆草,
吹鼓方帕和头巾,探进
老丑妇的衣裙,卷心菜一般
将它们向上翻起。

270

脸睑低垂,咯咯地吐痰,

回家的路上,女人剪着双腿,

恰似剪刀裁出沉闷的布条,

歪歪斜斜走向她们的木床。①

朗诵完之后,约瑟夫并没有转过身来,而是直接问道:"你喜欢吗?"

"不。"

"为什么呢?"

"因为我不喜欢你的诗,我喜欢另一位诗人的诗。"

"有意思,那么是哪一位呢?"约瑟夫刹住了话头,他仿佛快窒息了,马上就要嚷嚷起来。

"你知道是哪一位,"玛丽娜想从榻榻米上站起来,但一股莫名的力量让她动弹不得,"够了,我烦透了,不想谈这件事。"

"我不相信你。你是故意说这种话刺激我的。"约瑟夫慢慢转过身来,这时玛丽娜终于看到了他的面孔——脸色煞白,发青的双唇抿得紧紧的。显然,他现在身体不舒服。

---

① 约瑟夫·布罗茨基:《诺尔申斯卡亚的秋天》。转引自约瑟夫·布罗茨基著,王希苏、常晖等译:《从彼得堡到斯德哥尔摩》,页159。

"我对你实话实说，约瑟夫。"

"你是知道的，"布罗茨基似乎把她的话当成了耳旁风，"我早就想告诉你，但一直以来不是忘记就是顾不上……"

"什么事？"

约瑟夫紧张得神情瞬间僵硬起来，随后脸上涌起一片病态般的潮红，每当这种时候，他的体温就会急剧上升，额头和双颊似乎在燃烧，他扯开嗓门，像女人一样声嘶力竭地喊道："半小时后到达科诺沙，停车五分钟！"

玛丽娜惊恐地睁开双眼，猛地从卧铺上坐了起来，觉得莫名其妙。

面前站着一位女乘务员，就是昨天跟玛丽娜聊她在沃尔库塔的儿子、酒鬼丈夫和生病的姐姐的那位，她说："半小时后到达科诺沙，停车五分钟！"然后又偷偷地补了一句："厕所空出来了。"

真是个"热心肠"，她想。

她心不在焉地在盥洗盆前梳洗完毕，懒得看一眼镜子里的自己。她穿过车厢，朝车厢连接处走去，这时她注意到，邻座那位年轻的中尉又在喝浓茶、看书了。他微笑着，他那顶放在小桌上的棉帽让人想起一只名叫"瓦西里"的贪睡的肥猫。

中尉读道：

"'那么，地主怎么了呢?'读者们要问我了。关于这个问题我只能这样说：虽然费了极大力气，还是把他捉住了。捉住以后，立刻给他擤鼻涕，洗了澡，剪去指甲。然后，县警察局长对他作了一番适当的劝导，没收《新闻报》，把他交给塞恩卡看管起来，处理完就走了。

"直到如今他还活着，摆弄他的派西扬，老怀念着他从前在树林里的生活，只是迫不得已才洗洗脸，而且有时还要哞哞叫几声。"①

巴斯马诺娃来过几次诺林斯克。她带来了一些书籍，朋友们(其中也包括阿赫马托娃)的礼物。

她最后一次来的时候，鲍贝舍夫令人费解地从列宁格勒一路追随而来。

他为什么要这么做？这仍然是个谜团。

也许，他这次来是为了一劳永逸地把她带走？

流言四起，有人说，约瑟夫在诺林斯克一见到他便抡起斧子追赶他。

他本可以杀死鲍贝舍夫(这种事在北方司空见惯)，但

---

① 谢德林：《野地主》。转引自萨尔蒂科夫-谢德林著，张孟恢译：《谢德林作品集(上)》，页39。派西扬，一种单人玩的牌戏。

他没有这么做。

时隔不久，一九六五年，约瑟夫用文字谋害了他。布罗茨基在诗歌《菲利克斯》中刻薄地把自己这位情敌描绘成一个头脑简单、性欲旺盛的毛头小子：

他的名字是为纪念捷尔任斯基而起的，他的内心
也的确隐藏着一位调查人员。
他在询问时就已经知道答案。
他需要的是口不择言，争长论短，
惊慌失措，就像火箭借助于铯，
才能飞离沉重的发射架。
他不是刽子手。他是一名医士。但他却
让我们从真相和恐惧中解脱出来，
他把我们留在那里，留在黑暗中。
而这比放逐和处决还要糟糕。
他就这样离开了我们，让我们
陷入绝境，就像一位老人
把调皮的孙儿打发到遥远的角落，
然后恶狠狠地朝一堆玩具扑去……

列夫·洛谢夫在其著作《约瑟夫·布罗茨基：文学传

记试笔》中讲述布罗茨基流放期间的生活时,写道:"布罗茨基虽然把阿尔汉格尔斯克的流放称为自己一生中最幸福的时期之一,但这并不意味着,他在诺林斯克的生活是宁静的,无忧无虑的。让他感到难熬的是对行动自由的限制,更是与巴斯马诺娃的离别。她曾短暂地前来诺林斯克看他,结果却闹出一场风波……流放中的一九六四年写下的所有诗作(二十四首完成和未完成的诗),近一半是献给不在场的玛·巴①的,或是以离别为主题的……甚至连流放的结束,这被所有为争取释放布罗茨基而斗争的人视为凯旋的期盼已久的时刻,在他本人看来,也被与巴斯马诺娃艰难交往史中的又一个事件挤到了次席。一九六五年九月,布罗茨基第三次获假返回列宁格勒,得知自己的恋人身在莫斯科,他做出一个大胆的举动,试图于九月十一日前往莫斯科找她。这严重违反了休假条件,他因此可能被捕,延长流放刑期。尤其危险的是,布罗茨基在这一天发现自己被盯梢了,他和陪伴他的朋友、作家伊·马·叶菲莫夫②不得不千方百计地摆脱列宁格勒克格勃的特务。最终,比一心一意前往莫斯科的布罗茨基更为清醒的叶菲莫夫,在对局势做

---

① 即玛丽娜·巴斯马诺娃。

② 伊戈尔·马尔科维奇·叶菲莫夫,生于一九三七年。——作者注

出一番判断之后,终于被迫采取欺骗的方式使自己的朋友没有迈出那疯狂的一步。"①

一九六五年九月四日,约瑟夫·亚历山德罗维奇·布罗茨基离开流放地——阿尔汉格尔斯克州科诺沙区诺林斯克村,回到了他在列宁格勒的居所。所以说他在流放地待了一年半,而不是判决书上所写的五年。

约瑟夫·布罗茨基:"我那时是个城市青年,假如不是在这个小村子里待过,我可能依然是那副模样。也许我会是个知识分子,读各种各样的书——卡夫卡的,尼采的,以及其他人的,这个村庄给予了我某种东西,为此我会一直感激克格勃,因为,只有在早晨六点钟去田里工作时,你才会明白,同一时间我国有一半居民都在路上。这会让你产生一种与人民休戚与共的美妙感觉。为此我无限感激命运,而不是警察局和安全部门。对我来说这是一次重要的体验,在某种程度上让我摆脱了城市青年的命运。"

很难说这段话里哪种成分居多——真相还是戏谑,坦率还是做作。

是啊,根本就不可能说清。

---

① 转引自列夫·洛谢夫著,刘文飞译:《布罗茨基传》,页123、124。

第十二场前幕间剧

约瑟夫·布罗茨基

按语

记得那是八十年代初的一天,我在加里宁大街的一家 书店里买了一本文集——《普希金时代的诗人》。康斯坦丁·巴丘什科夫、康德拉季·雷列耶夫、彼得·维亚泽姆斯基、安东·杰尔维格、丹尼斯·达维托夫、尼古拉·亚兹科夫及叶甫盖尼·阿勃拉莫维奇·巴拉丁斯基从亮闪闪的粉红色封面上注视着求知欲旺盛的读者,那时我认为自己也算是这一类读者。

这的确是个惊人的收获,因为当我独自一人待在阿尔巴特街的一座院落里(之所以会有这种情况,是因为那时的院子都是开放式的,而且也很冷清),开始读这本文集时,我很快就发现,十九世纪前三十年俄罗斯诗歌的天穹上不止闪耀着一颗叫作"普希金"的星辰。明白了这一点之后,我确实感到震惊,毕竟一直以来灌输给我们的观念是:主宰这一时期俄罗斯文学舞会的,只有亚历山大·谢 尔盖耶维奇一人。

多年以后,仍然有人提到这个话题。

一九八七年,《新世界》杂志推出了约瑟夫·布罗茨基诗选,五年后,诗人的四卷本作品集问世。人们开始谈论布罗茨基,然后蓦然发现,在十九世纪上半叶的俄国诗人中,他对巴拉丁斯基的评价比对其他任何人都高。当然,普希金和莱蒙托夫也没有被约瑟夫·亚历山德罗维奇所忽视，但是对于这位一九八七年的诺贝尔文学奖得主而言，叶甫盖尼·阿勃拉莫维奇更为重要。

记得当时人们指责布罗茨基有纨绔子弟习气，说他总想博取关注，然而后来随着他被授予阿尔弗雷德·诺贝尔文学奖，这种说法便不攻自破，毕竟他原本就已经备受瞩目了。约瑟夫可能确实有点装腔作势，事实上他一贯如此。但是大可不必怀疑他的文学趣味是否真实可信，因为他认为自己不仅是俄罗斯诗歌运动的巅峰，而且是其不可分割的一部分，在这个部分里不会有任何偶像，但卓有成效的相互影响却是可能的。

可见，这里所谈论的显然不是优先地位和文学趣味问题，而是流派与传统、影响与一般的创作范式的问题。

比方说，假如没有拜伦和茹科夫斯基①，没有皮埃尔·德·龙萨②和库切尔贝克③，便完全无法想象亚历山大·谢尔盖耶维奇。创作时反复揣摩前辈及同时代人的诗歌，这样做丝毫无损于艺术家的天才，反而只会使他发挥出自己

---

① 瓦西里·安德烈耶维奇·茹科夫斯基(1783-1852)，俄罗斯诗人、作家。俄国浪漫主义诗歌的奠基人之一。

② 皮埃尔·德·龙萨(1524-1585)，法国诗人。

③ 维利格利姆·卡尔洛维奇·库切尔贝克(1797-1846)，俄罗斯诗人、社会活动家。普希金的好友。十二月党人。

独特的天赋,从而让文学进程成为一种延续不断的活动,而不是成为个别天赋异禀却从事"无聊发明"之人的聚会。

在这个意义上特别能说明问题的,就是约瑟夫·亚历
山德罗维奇对巴拉丁斯基的关注。巴拉丁斯基与世无争,宁静淡泊,不问世事,擅长效仿古风,与诗歌主流保持距离,这些都令布罗茨基备感亲切。

279

> 我们啜饮爱情的甜蜜毒药;
> 我们一直啜饮这毒药,
> 为获得短暂的快乐
> 付出的却是长久而痛苦的代价。
> "爱情之火,令人神清气爽,"
> 人们都说,"那么我们何必要变成熟呢?"
> 它包裹着灵魂,掏空灵魂,
> 带来灭顶之灾!
> 是谁在阻碍你回忆
> 无上幸福和痛苦的时光、
> 你的美好时光,难道是所爱之人?
> 如果确实如此,我会快活得重生,
> 为了光辉绚烂的青春梦

再次为你敞开心扉。①

　　这种古怪、造作而又神秘的世界观不寻求全知全能，布罗茨基不禁为之倾倒。他后来在纽约接受所罗门·沃尔科夫采访时说："人们习惯上认为普希金的作品中包含了一切。在那场决斗之后的七十年间，情况大抵如此。之后，二十世纪来临了……但是，普希金作品中诸多元素的缺失并不是时代和历史的变迁造成的。气质和性别原因导致了这种缺失：女性的道德诉求总是相当严苛……问题在于，女性对于道德沦丧、心理和精神上的失德表现更为敏感……茨维塔耶娃的确是一位极真诚的俄罗斯诗人，但这种真诚首先是声响上的真诚——正如疼痛时会大声喊叫一样。疼痛是一种个人经历，叫喊则并非个人所独有……生活经历不能说明任何问题……我们甚至可以肯定，有些人的经历比茨维塔耶娃的更沉重。但是没有任何人像她那样掌握丰富的材料——全然依附于材料。经历、生活、身体、传记——这一切最多只能起到反冲作用……我不会从茨维塔耶娃的诗歌中寻找与我的生活经历相似的内容。除了其诗歌的冲击力令我全然不知所措外，我也没有其他任何更深

---

　　① 叶甫盖尼·巴拉丁斯基：《我们啜饮爱情的甜蜜毒药》。

刻的感受。"

这番宏论中如此出人意料的转折,是诗人不可思议的处事态度的一部分。特别是对于他来说,同性恋和异性恋与其说是两种医学(生物学)概念,毋宁说是神秘的精神层面的概念。而这种观念本身起源于古希腊传统,众所周知,古希腊传统赋予了布罗茨基灵感,为他探索新的诗歌形式提供了极其丰富的语言学精神食粮。

实质上,这是一种摆脱元语言的尝试,元语言是早期史诗之意义的体现者,是爱情、死亡、背叛与崇高精神的语言载体,是《奥德赛》《伊利亚特》《埃涅阿斯纪》的语言载体。

如果说普希金如空气般轻灵的语言未必适合用来解决如此复杂而又特殊的难题,那么巴拉丁斯基的古风则恰恰是在这一方向上迈出的一步。然而,假如缺乏感知力——布罗茨基认为,主要是缺乏女性的感知力——便绝对无法想象禁欲主义有多么沉重。对于诗人来说,或许正是这种碰撞造成了最复杂难解的两难处境——既要成为语言之原始意义的载体,同时又不能陷入浅薄的感伤状态。这个问题就像一枚摆针——从无法容忍摆向有所期待,从(一字不差的)字面意义摆向幻觉体验。

摘自约瑟夫·布罗茨基的随笔《纪念康斯坦丁·巴丘什科夫》:

281

诗学素有流于感伤主义、抒情因素优于说教（即表意）因素的危险，这一点还是由巴拉丁斯基发现的。尽管在随后的一百五十年间一直都在大力简化俄语诗史，我们还是会发现，诗歌读者不断地拨弄着摇摆于延展性和丰富性之间的修辞摆针。需要补充说明的是，在简化过程中，将这两种因素调整到平衡状态——即缩小摆针的摆动幅度——的最为成功的两次尝试，是由"调和派"与阿克梅派完成的。然而这两次尝试所达到的平衡状态都没有持续太久。俄罗斯诗歌从调和派摆向了平民知识分子诗歌，又（从这里）摆向了费特及之后的象征派。至于阿克梅派，则是在国家提供帮助的情况下，摆针由阿克梅主义摆向了风行一时的未来派。

约瑟夫在玛丽娜·茨维塔耶娃"加尔文宗信徒"的诗歌中探索出一条出路（换言之，即找到了平衡）。

"加尔文宗信徒"这个术语在这里包含着怎样的意味呢？

约瑟夫·布罗茨基："我首先指的是她的句法前所未有，这使她——确切地说是迫使她——能在诗句中言无不尽。加尔文主义本来就是一个极其简单的东西：它是一个人对自身、对自己的良心和意识极为严厉的清算。顺便提一句，在这个意义上，陀思妥耶夫斯基也是加尔文宗信徒。加尔文宗信徒，简单说来，就是那种在上帝缺席（或者说等不及上帝）的情况下，动辄对自己进行某种变相的末日审判的人。在这个意义上来说，俄罗斯再也没有第二位这样的诗人了。"

在创作过程中时时刻刻对自己进行末日审判——原则上，这个任务是切实可行的，假如我们用它（末日审判）来暗指坚定不移地遵循诗歌的某些特性的话（这些特性并不总是与道德规范相一致）。很多时候，"一个人对自身、对自己的良心和意识极其严厉的清算"，也会变成对其周围世界及身边人的严厉清算。与之不同的是，当你面临与体制、制度发生冲突的危险时，你或许只能在潜意识里、在心理和心理学的层面上战胜它们。神经过敏和自杀倾向、精神分裂症、严重的社交冷漠症以及与苏联精神病学医生的交往，变成了这类苦修式的壮举——如装疯卖傻——特有的代名词。

回想一九五一年在列宁格勒日丹诺夫国立大学里"装疯卖傻"的语文系大学生米哈伊尔·克拉西利尼科夫、尤里亚·米哈伊洛夫及爱德华·康德拉托夫。偏领衬衫、缠绕在腰间的细绳、裤脚塞进靴筒里的家织麻布长裤、夹在耳后的鹅毛笔、盛放克瓦斯的浅木盆,这些东西不是别的,而是对五十年代初苏维埃帝国风格框架内意识畸变的体验,是借助于荒谬之至的物品来打破思维定式的一种尝试。齐声合唱俄罗斯民歌,在涅瓦河畔朗诵诗歌,河水刚一解冻便在涅瓦河里游泳,这些行为与其说是一种抗议(我们的制度将其视为抗议行为),不如说是对个人创造性地表达意愿之自由的一种探索,它有悖于毫无个性、单调乏味、被意识形态化的官方文化,这种文化中没有装疯卖傻的余地——在一个不可理喻的国度,你希望自己也表现得不可理喻,结果却是(负负得正)你变得正常了,道德也得到了净化。坚持自我(有时会让人产生极端个人主义及自私自利的印象)能使我们专注于认识事物唯一的真相(其中也包括诗学的真相),这种认识是通过自身不断地钻研、与文本对话、了解其规律,进而揭示其内在的空间和时间而获得的。

约瑟夫·布罗茨基:"没有什么能像弗罗斯特、茨维塔耶娃、卡瓦菲斯、里尔克、阿赫马托娃那样造就了我们——至少造就了我……事实在于,您从这些诗人的创作中所发现的世界观变成了我们的部分认识。也可以说,我们的认识——是他们在诗歌中所表达的内容的必然(或者,也许是非必然的)结果。我想,诗人的影响——这种放射或辐

283

射——会波及一至两代人。"

罗伯特·李·弗罗斯特(1874-1963)——美国诗人,古希腊戏剧特别是欧里庇得斯研究专家,一九六三年访问过苏联,期间曾与安娜·阿赫马托娃会面。

康斯坦丁·卡瓦菲斯(1863-1933)——希腊诗人,举世公认的最伟大的新希腊语诗人之一。

赖内·马利亚·里尔克(1875-1926)——奥地利-德国现代派诗人,与列夫·托尔斯泰及马克西姆·高尔基相识,和玛丽娅·茨维塔耶娃有书信往来。

威斯坦·休·奥登(1907-1973)——英-美诗人,随笔作家,一九四八年普利策奖得主。

艺术家的头脑中驻扎着大写的时间和大写的空间。不必说,二者都有可能成为整个社会的财富。

读者则与之不同,读者和诗人构成了一种独特的共谋关系,读者因而能够获得隐秘的知识、理解文本的密码。正如布罗茨基所言,这种精神上的联结并不取决于生活经验 284

和教育程度，而取决于你是否拥有发现隐藏在字母背后的语言的天赋。

摘自约瑟夫·布罗茨基的随笔《未寄出的信》：

文字、字母应当最大限度地反映言语之全部的丰富性、多样性、复调性。文字应当是语言的分子，而不是分母。应当谨慎地、近乎虔敬地对待语言中出现的一切不合理现象，因为这种不合理现象本身已经是一种语言，它在某种意义上比我们的思想更老成、更符合本性。不能以警察的手段——拦截与隔离——对待语言。我们应当思考的是该怎样把握这种材料，而不是如何简化它。我们要寻找的是方法，而非剪刀。语言——这是一条伟大而宽广的道路，在当下无须压缩。

可见语言是非理性的，因为它依照自身的规律而存在，不受社会规范、经济规律的制约。自觉地（当然是发自内心地）遵循这些规律，这一点不可思议地赋予人支配语言的权利。但是，正如奥登所言，"在你的自我消失的那一刻，你对语言的支配权便也消失了"。

文本中所享有的空间、语调消耗殆尽，时间也逐渐停滞。死亡时刻正在逼近。

威斯坦·休·奥登在其《葬礼蓝调》中写道:

停止所有的时钟,切断电话

给狗一块浓汁的骨头,让它别叫

喑哑了钢琴,随着低沉的鼓

抬出灵柩,让哀悼者前来。

让直升机在头顶悲旋

在天空狂草着信息他已逝去,

把黑纱系在信鸽的白颈,

让交通员戴上黑色的手套。

他曾经是我的东,我的西,我的南,我的北,

我的工作天,我的休息日,

我的正午,我的夜半,我的话语,我的歌吟,

我以为爱可以不朽:我错了。

不再需要星星,把每一颗都摘掉,

把月亮包起,拆除太阳,

倾泻大海,扫除森林;

因为什么也不会,再有意味。①

285

---

① 此处使用的是娜斯女士译本。

当约瑟夫来到欧洲，与这些诗句的作者会面时，一开始，他就因诗人脸上布满了沟壑般纵横交错的皱纹而大吃一惊，于是形成了一种印象，认为这就是物化的时间应有的样子，它深深地潜入人的体内，消失在其中，但与此同时却在空间上留下了自己的印记。

脸上的时间烙印。

摘自约瑟夫·布罗茨基接受所罗门·沃尔科夫采访时的谈话：

人们常把它[威斯坦·休·奥登的面孔]比作地图，确实，很像房屋中间这幅画着一对眼睛的地图。奥登的面孔被纵横交错的皱纹分隔开来，让我觉得有点像蜥蜴或乌龟的表皮……令人震惊的面孔。假如我能决定自己的长相，我会选择长成奥登或贝克特的样子，但最好还是奥登那样……他的面部表情无比生动。此外，您说英语的时候，您的脸不可能一动不动，除非您是爱尔兰人，也就是说您几乎不用张嘴就能说话……他在自言自语。他说话语速极快。根本不可能打断他，再说我也不想这么做。也许，这辈子最让我觉得苦恼的事情之一，就是和奥登交往的那些年我的英语糟透了。也就是说我一直都明白他在说什么，但就像那条狗一样,我什么都说不出来。当时我也说了些什么,试着描述自己的想法,但我觉得一切都那么地荒谬……尽管如此,奥登却连眉头都没有皱一下。这是因为,真正的人……成功人士,都有独特的智慧……这种辨别力,这种最高的、最重要的本能,与自我实现、与年龄相关——尽管这相当奇怪。也就是说你活到白发苍苍、满脸皱纹的时候,就会活成这样。

墙上挂着一幅地图,地图的中间露出一双眼睛。

这双眼睛显然是他本人用圆珠笔画上去的。

塞缪尔·贝克特的照片也挂在墙上的镜框里,那是布鲁斯·戴维森于一九六四年在纽约拍摄的。

霍华德·索赫里克在一九五七年给罗伯特·李·弗罗斯特拍的那张戴着插花帽子的相片立在书桌上,紧挨着打字机。不过,工作时需要把相片挪开,以免它影响打字机的滑架正常移动。正是出于这个原因,弗罗斯特常常把这张相片从打字机旁移到书架上,再从书架上挪到台灯旁,如此往复,没完没了。

我们知道,明暗处理得当的黑白照片会让人脸上的皱纹暴露无遗,这些皱纹就像时间表、藏书票、时间的烙印一样。

约瑟夫显然不完全记得自己在二十五岁之前观察过的所有那些布满皱纹的面孔——他们是历史老师利希岑娜与学校的军训教员(他已经不记得那人姓什么了),"军械库"的铣工米沙·卡萨托诺夫叔叔与卡先科精神病院的主治医师,娜塔莉娅·格奥尔基耶夫娜·巴斯马诺娃(玛丽娜的母亲)与全俄科研地质研究所干部处的伊万·叶戈洛维奇·鲍贡,布罗茨基曾为他朗诵过卡图卢斯的诗。

而他之所以这么做,也完全不是为了让别人说他是个疯子,竟敢傲慢地嘲笑一个惯于琢磨各种隐私和报告,偶尔还会浏览《星火》杂志和《列宁格勒晚报》的人。他这样做是出于本能,完全服从语言的召唤,这种语言在苏联官僚主义体系的内核中轰然作响,充斥着一种独特的、史诗般的声音。他把维吉尔的名言——"时间会带走一切"挂在嘴边,一头扎进这个内核。

摘自约瑟夫·布罗茨基的随笔《悲伤与理智》:

长话短说,弗罗斯特是一名地道的维吉尔式诗人。我所指的是写下《牧歌集》和《农事诗》的维吉尔,而不是写下《埃涅阿斯纪》的维吉尔……他知道如何依靠土地生活,在这一点上,他的知识至少不亚于维吉尔,后者看来倒是个很不像样子的农场主,从他在《农事诗》中给出的那些农事建议就不难看出这一点。

除少数几个例外，美国诗歌基本上都是维吉尔式的，也就是说都是沉思式的。如果把奥古斯都时代的四位古罗马诗人普罗佩提乌斯、奥维德、维吉尔和贺拉斯当作人的四大气质的典型代表（普罗佩提乌斯的胆汁型的热烈，奥维德的多血质的联想，维吉尔的黏液质的沉思，贺拉斯的忧郁质的平衡），那么美国诗歌，甚至整个英语诗歌，会让你们感到主要是维吉尔型或贺拉斯型的……弗罗斯特与维吉尔的相似与其说是气质上的，不如说是技巧上的。除了常常诉诸化妆（或假面），让一个虚构的人物来给诗人提供一种让自己保持距离的可能性，弗罗斯特和维吉尔还有一种共同的倾向，即把他们对话的真实主题隐藏在他们那些五音步和六音步的单调和晦涩之中。①

弗罗斯特的语言声调单一，这让布罗茨基联想到了彼得堡乏味的雨声：雨滴敲打着房檐和屋顶，淹了天井院落（这种情况合情合理，因为井里会有积水），冲刷着涅瓦河的右岸，以至于你根本不可能看见彼得格勒区及那艘正离

① 转引自约瑟夫·布罗茨基著，刘文飞译：《悲伤与理智》，页251、252。

开河岸、向沃洛达尔斯基大桥方向驶去的弗里亚金号拖船。

罗伯特·李·弗罗斯特从照片上注视着布罗茨基,现在这张照片紧靠着青春牌电唱机,旁边是打字机、书架、"杰克·丹尼"空酒瓶及礼花牌照相机。

约瑟夫盯着墙上那幅画着眼睛的地图看了一会儿,然后走到地图前,用圆珠笔在马达加斯加与合恩角附近画了一张嘴。

这张嘴发出了声音,吐字十分滑稽可笑:

> 我独自走在冬天的雨中,
> 以整个身心去感受苦痛。
> 但无论我走到什么地方,
> 都看到那高处窗户的灯光。
> 那灯光代表着它的一切:
> 我不会回去除非它熄灭;
> 而我不进屋它就不消隐。
> 似乎我们两个在比输赢,
> 看谁先让步,看谁能占先。
> 而大地此时已漆黑一片。
> 寒气凛冽中雨水变成雪,

大风飞扬又加上一层灰。①

在黑暗中退缩——这当然是个极富隐喻性的形象。假如当真发生这种情况(内部界限遭到破坏),那么谁也不会提出调和主义,无边的黑暗将为此提供担保。

布罗茨基在其随笔《为何是俄罗斯诗人?……》中,就这一话题做了如下论述:"诗歌是一种有边界的艺术,没有人比俄罗斯诗人更明白这一点。格律、韵脚、民俗传统及古典主义遗产、诗体学本身——全都坚定地预谋反对所有人对'歌曲的需求'。而摆脱这一状况的方法只有两种:要么尝试突破这些壁垒,要么爱上它们。后者显然是一种更温和的选择,而且或许也难以避免……"

唯有在两种情况下,才有可能迫于无奈去爱:一是艺术家原则上(就其总的性格、气质而言)愿意去爱,二是这种爱确实能带来好处,日后能掩盖它所造成的一切痛苦和屈辱。只是应该善于退让,而不是丧失对边界的认知,这一点在抵达边界之前就能做到。不过,不言而喻,每个人对此都有独特的认知,因而边界有可能一直拐到首都近郊为止,

---

① 罗伯特·弗罗斯特:《茅草屋顶》。转引自罗伯特·弗罗斯特著,顾子欣译:《弗罗斯特诗选》(江苏凤凰文艺出版社,2018),页107。

但尽管如此,还是没有人会说这是背叛变节,而是说这是深谋远虑,是善于在任何情况下达成所愿……

反之,过度讲求原则被视为狭隘和愚蠢的表现,既狭隘又愚蠢,你就要承担陷入死胡同的风险。

由此可见,忠实于文字并不总是意味着忠实于自己,因为在这种情况下,最初占优势的都是不由自主的东西——语言的影响及对语言的影响(如威斯坦·奥登所言),而影响之存在的前提,在于各方中有一方处于受奴役状态。

众所周知,利己主义要求别人做出牺牲,并且绝非神秘莫测的牺牲,而是完全具体可感、实实在在的牺牲。由此引发的悲剧具有古希腊罗马悲剧般的规模——伴随着悲伤、哭泣,伴随着自残,伴随着出走荒漠或渺无人烟的山区,最后,还伴随着索福克勒斯《安提戈涅》中的合唱。歌队在第一合唱歌的第一节中唱道:

奇异的东西虽然多,

但没有一样能像人这样奇异:

他们冒着狂暴的南风,横过灰色的

大海,劈开汹涌的波涛

前进,不怕被吞没的危险。

他们把不朽不倦的大地,

这最古老的女神,也搞得疲劳不堪,

用骡子拉着犁头,年复一年,

来来回回翻耕土地。①

最后,在鞋套街和老马厩街街角处一座院落里的长椅上,我读着巴拉丁斯基的《觉醒》,读完了《普希金的同时代诗人》这部文集。

另一段按语

当然,我立刻想起了一件事:有一天,鲁扎娜和卡利娜·利希奇安这一对姐妹在"音乐台"节目中演唱了巴拉丁斯基作词、格林卡作曲的一首抒情歌曲。我几乎从没看过这个节目,当时我也不清楚这是巴拉丁斯基的歌,但是不知怎的,我还是听完了这首抒情歌曲,然后才关了电视。

此刻我正走在阿尔巴特大街上,低声哼唱这首歌:

你不必以重新学会的柔情蜜意

徒劳无益地将我勾引;

---

① 索福克勒斯:《安提戈涅》。转引自索福克勒斯著,张竹明译:《古希腊悲剧喜剧全集 索福克勒斯悲剧》(译林出版社,2007),页 265-266。

对于昔日时分的一切爱恋

失望的人都已经感到陌生！

我不再相信山盟海誓，

也不再相信爱的温馨，

我不能把自己重新献给

一场已经把我背叛的旧梦！

不要再增添我盲目的忧伤，

也不要重提过去的情景，

你这为人分忧的朋友呵，

别把病人从沉睡中惊醒！

我在沉睡，睡得酣甜；

请你忘却昔日的憧憬。

你能在我心中唤起的

只会有烦乱，绝没有爱情。①

不过，诗歌和音乐齐头并进还是令人感觉十分古怪。

---

① 叶甫盖尼·巴拉丁斯基：《觉醒》。此处使用的是吴笛先生译本。

第十二场

约瑟夫·布罗茨基在流放地诺林斯克村,阿尔汉
格尔斯克州,一九六四年(雅科夫·戈尔丁摄)

第一点启示

海军部大厦滨河街的正对面,坐落着尤里·采赫诺维采尔的住宅,他在列宁格勒很有名,人称"采赫"。一九六二年,就是在这里,二十二岁的约瑟夫·布罗茨基双手搭在护墙上,望着奔流的涅瓦河水。他暗暗地问自己:"我到底是不是诗人?"这样的问题他从前一定想过,但不知为何一直不敢给出肯定的答案。是啊,他写诗,或者就像他喜欢说的那样,写点"小诗",但是谁不写呢,毕竟写诗有点类似于说废话,类似于优雅、灵活的话术,因而掌握起来并不复杂。也就是说,问题根本不在于此。那么在于什么呢?

约瑟夫望着河水朝河湾方向流淌,鱼儿则从水里望着他,它们多半也在朝河湾方向游动。突然,他好像灵光一现、茅塞顿开一般,脑海中浮现出一种前所未有的特殊感觉。双眼看到了水和双手之间的空间,既然能用手抓住它,那么,可见,也能用手把它描绘出来。可是这片空间变化莫测,因而仍然有赖于时间,更确切地说,有赖于及时描述多变状态的技巧。

往日我也曾在交易所

的柱廊下等候冷雨过去。

认为这是——上帝的恩赐。

也许这样想并没有错。毕竟

我也幸福过。醉心于

天使们。时常诅咒吸血鬼。

曾在正门像雅各那样

守护着从楼梯上跑下来的

美人。

这一切都永久地消失到

哪里去了……①

看来,诗人在认识自我的同时,也一并认识到,在某个手工制造(这里取该词的字面意义)的空间,有可能领会时间的意义。

第二点启示

一九六四年。

丰坦卡街 22 号,维修建设管理十五局俱乐部。

约瑟夫望着聚集的人群,这些人是来审判他或为他辩护的。他仿佛正在翻看父亲在波罗的海航运局上班时拍的

---

① 约瑟夫·布罗茨基:《近于哀诗》。转引自约瑟夫·布罗茨基著,娄自良译:《布罗茨基诗歌全集 第一卷(上)》,页 285。

照片。同样眼窝深陷的面孔,同样激动不安的情绪。约瑟
夫在倾听内心的声音,他惊讶地发现,不论对哪一个人,他
都既不感到愤怒,也不抱有好感,总之没有任何感觉,而是
把当下发生的事当作戏剧演出的一部分(而他从来都不喜
欢戏剧,也很少去看戏)。他隐隐约约听到了一些提问,但
根本无须作答,因为有的问题本身同时也是提问者所给出
的答案。

布罗茨基当然明白,所有这些人对他的态度各不相同,
从深恶痛绝到心悦诚服,从同情怜悯到冷如冰霜,感情和情
感的光谱在这里大相径庭。而他为什么偏偏觉得后者更讨
人喜欢呢?毕竟谁也不可能钻进别人脑子里弄清楚他在想
什么。这种冷漠态度的背后是什么呢?就像弗朗茨·卡夫
卡在《过路人》中所写的:"也许这两人互不相识,他们只是
各自赶要回家……说到底,难道我们不能觉得累吗,我们
不是喝了这么多酒了吗?"①

当然,一切皆有可能,一切都完全可以理解。

布罗茨基提出并立即发自内心地赞同这一假设:冷漠
的态度最有可能保护你免受他人伤害,免于枉费苦心地向

---

① 弗朗茨·卡夫卡:《过路人》。转引自卡夫卡著,彤雅立译:《卡夫卡
中短篇小说全集》,页15。

别人解释或证明什么——当谈话进行不下去,你只能傻笑或背诵卡图卢斯或奥登,你的谈话对象因而指责你愚蠢时。

第三点启示

一九六五年。

阿尔汉格尔斯克州,科诺沙区,诺林斯克村。

约瑟夫坐在桌旁,桌上摆着打字机、VEF Spidola 牌收音机和锡拉丘兹市出产的蜡烛,这些蜡烛是安娜·阿赫马托娃通过玛丽娜·巴斯马诺娃带到诺林斯克转送给他的。桌上还放着一部英国诗选。不知怎的,很难说因为什么(在穿堂风的作用下,或者是手不小心碰到的?),翻开的书页上刚好是威斯坦·休·奥登的诗《悼念威·巴·叶芝》。

他在严寒的冬天消失了:

小溪已冻结,飞机场几无人迹,

积雪模糊了露天的塑像;

水银柱跌进垂死一天的口腔。

呵,所有的仪表都同意

他死的那天是寒冷而又阴暗。

远远离开他的疾病

狼群奔跑过常青的树林，

农家的河没受到时髦码头的诱导；

哀悼的文辞

把诗人的死同他的诗隔开。

……

时间对勇敢和天真的人

可以表示不能容忍

也可以在一个星期里，

漠然对待一个美的躯体，

却崇拜语言，把每个

使语言常活的人都宽赦，

还宽赦懦弱和自负，

把荣耀都向他们献出。①

约瑟夫·布罗茨基："我记得我坐在小木屋里，透过和舷窗一样大小的正方形窗户望着外面那条湿润、泥泞的小

---

① 威斯坦·休·奥登：《悼念叶芝》。转引自穆旦译，王宏印编：《穆旦译作选》（商务印书馆，2019），页314–315。

路,几只母鸡在那儿走来走去,我对刚刚读完的东西将信将疑,心想,我的语言知识是否跟我开了个玩笑。"

该发生的都发生了。这些年的所思所想突然间出现在现成的诗句中。

相机镜头调得准极了:冬天,空荡荡的机场,积雪覆盖的雕像,测量仪器及奔跑的狼,所有这一切似乎勾勒出一个空间,用细节将其填得满满的,而时间,尊重语言并宽恕懦夫与庸才的时间,则起到了平衡画面的作用。

心如止水。

不愠不火。

天平凝然不动。

在意识到这一点的那一刻,约瑟夫感觉自己就像一位年近六旬、经验丰富的诗人(一九六五年奥登五十八岁),从此明白了一件事:天平的动与不动,不是眼睛能发现的(就像忒弥斯一样,双眼被蒙蔽住了),而是要用心去感受,这才是所谓真正的诗歌。

约瑟夫·布罗茨基:"即便我从来不曾与他相遇,他的诗作的现实也总是存在的。应当感谢命运,因为它使你接触到了这一现实,因为这些天赋,而且是无价的天赋,它们不是提供给任何一个具体的人的。可以把这称为精神的慷慨,如果这精神不需要人,它便会在这人的体内发生变化。

作为这一变化的结果,不是人成了圣者,而是精神获得了人性,变得清晰可辨了。仅此一点,即关于人是有止境的这一点的补充,就足以让人对这位诗人下跪了。"①

值得注意的是,这是布罗茨基在流放阿尔汉格尔斯克期间,在与世隔绝和孤独寂寞中领悟到的。

按部就班的生活使人不得不接受生活所特有的时空规律。

季节轮回。 300

即将消失在地平线上的森林发出单调的声音。

天空忽高忽低。

天色忽明忽暗。

温暖的气息一点点溜走。

每天都在同一地点观赏同样的风景。

这当中有点佛教、冥想的意味,能让人集中意念、净化心灵,消除那些使人无法专心思考真相(这里指的是诗学的真相)的杂念。

而那道投向"和舷窗一样大小的正方形窗户外面那条湿润、泥泞的小路"的目光,最终变成了投向自己内心深处的目光。

---

① 转引自列夫·洛谢夫著,刘文飞译:《布罗茨基传》,页139。

列夫·洛谢夫在其为布罗茨基创作的专著中写道："'诗歌'……这个词源自希腊语 poiesis，意为'做'，亦即运用语言工具创造之前没有的东西。"[①]当一个全新的、不可思议的世界从无到有，在北方空旷的天地间，在昼与夜、冬与夏的交替中开始形成的时候，对于约瑟夫来说，这一观念变得格外亲切起来。类似的形成过程本身就是周而复始的，在列·弗·洛谢夫看来，"有日、周、年的循环周期，诗歌的基础，也就是声音（其中包括诗行末尾的韵脚）、节奏、形象和主题等的周期性重复"。[②]

木材运输车沿着科诺沙的大道向维利斯克方向驶去，一路尘土飞扬，现在，在这条大道的上方，耸立着一座由词语、文字片断、乐句、回忆录、有情节或无情节的片段、诗歌典故及奥登或弗罗斯特、巴拉丁斯基或里尔克、庞德或卡图卢斯的诗文构成的巴别塔。

301　　这座建筑物神圣庄严，散发着魅力，不容你有任何理由怀疑它的永恒不朽。

布罗茨基最终在十九世纪和二十世纪之交的英美诗歌传统中找寻到了自己的声音，当然，他对古希腊和古罗马的

---

① 转引自列夫·洛谢夫著，刘文飞译：《布罗茨基传》，页 140。
② 转引自列夫·洛谢夫著，刘文飞译：《布罗茨基传》，页 141。

巨人也有所依赖,并且从俄罗斯语言和语音的表现手法出发,反复揣摩这一经验。事实上,继普希金一辈的杰出诗人之后,布罗茨基首当其冲,在俄罗斯诗人中跨出了这空前的一步。当然,这一行为勇敢之至,甚至带点无赖性质(我们已经知道,约瑟夫·亚历山德罗维奇一贯如此)。不过重要的是应该明白,这可不是一个对自身才华信心十足、希望引起别人关注的纨绔子弟一时兴起的反常之举,而是一位艺术家自然而然、真情流露的表白,他为此付出了太大的牺牲,任凭人们指责他不劳而获和扭捏作态、形式主义及丧心病狂。

一九六四年秋天,苏联克格勃少将、苏共中央行政部门负责人尼古拉·罗曼诺维奇·米罗诺夫在一场车祸中遇难,而此前不久,他责成苏联总检察长罗曼·安德烈耶维奇·鲁坚科、苏联克格勃主席弗拉基米尔·叶菲莫维奇·谢米查斯特内以及苏联最高法院院长亚历山大·费奥多罗维奇·戈尔金"检查并向苏共中央汇报约·布罗茨基案件司法裁决的实质及依据"。

可见,"老广场"①终于听腻了列宁格勒方面关于"文学

---

① 莫斯科市中心红场附近的一条街道。苏联时期苏共中央委员会的办公地点就在这条街上。

懒汉"的喋喋不休的聒噪。

短期(为期两个月)调查后查明，"布罗茨基的非政治
倾向及其对自身文学才能的夸大，不可作为实施一九六一
年五月四日所颁布命令①的依据"。

翻译成通俗易懂的话，这就意味着应当了结布罗茨基
案，并立即释放诗人本人。

摘自法国作家、剧作家、存在主义哲学家、一九六四年
诺贝尔文学奖得主(他拒绝接受该奖)让-保罗·萨特致苏
联最高苏维埃主席团主席阿纳斯塔斯·伊万诺维奇·米高
扬的信：

　　　　我斗胆给您写这封信，因为我是你们伟大国家的
朋友。我经常访问你们的国家，见过许多作家，我深
知，已被西方那些和平共处的敌人称作'布罗茨基案
件'的事件，只是一个令人不解、让人遗憾的例外。但
是我想向您通报，反苏媒体试图利用这个事件挑起一
场大战，这一例外被视为苏联司法的典型事例，这场宣
传战已经到了这样的地步，即指责当局厌恶知识分子，
具有反犹倾向……因此，我才向您发出这封纯粹的私

———————————

①　关于不劳而获的命令。——作者注

人信件，以我对我们寄予厚望的社会主义国家真诚的
友好态度之名义，请求您出面保护一位非常年轻的人，
他已经成为或正在成为一位优秀的诗人。①

由于收件人过于特殊，无论克里姆林宫还是"老广场"
都无法对这样一封信置之不理。就这样，这起由列宁格勒
共青团掀起的普普通通的迫害事件(这样的事件在那个年
代即便没有数千起，也有数百起)，突如其来地在世界范围
内传播开来。在苏联实施新外交政策以缓和国际紧张局势 303
的背景下，这件事相当不合时宜。

此外，科·伊·楚科夫斯基、德·德·肖斯塔科维奇、
萨·雅·马尔夏克等德高望重的苏联名人提出应尽快释放
布罗茨基，回绝这个要求同样是不行的。

官僚机器运转起来了。

然而列宁格勒方面并没有对莫斯科的喊话做出特别热
情的回应。他们还是和原来一样，坚持认为犯人是寄生虫
和狂妄的反苏分子，所以罪有应得。

各种争吵、机关部门的种种把戏以及办公室的繁文缛
节，最终导致了一个结果：由于约·亚·布罗茨基"在行政

---

① 转引自列夫·洛谢夫著，刘文飞译：《布罗茨基传》，页145。

强制迁入地表现良好"，而且"据阿尔汉格尔斯克州科诺沙区'达尼洛夫斯基'集体农庄主席一九六四年十月十三日报告……工作态度良好，未发现违反劳动纪律的情况"，列宁格勒市法院司法委员会(按照检查监督程序)建议提前释放布罗茨基·约瑟夫·亚历山德罗维奇。[①] 这件事发生在一九六五年九月四日。

值得注意的是，在这出荒谬绝伦的悲喜剧的结论报告书中，我们找不到"委员会"参与其中的蛛丝马迹，可是从约瑟夫到达阿尔汉格尔斯克州那一刻起，委员会就已经在暗中观察诺林斯克发生的大事小情了——违反劳动纪律、经常性地矿工、在科诺沙的审前拘留室里居住、违反羁押制度、去列宁格勒休假时逾期不归——这些都是实情，但是由于苏联检察厅提出了异议，这一切又都没有发生过。

摘自约瑟夫·布罗茨基的随笔《小于一》：

304

历史无疑会重演：毕竟，历史和人一样，可供做出的选择并不太多。但是至少，人们应该弄清楚，与在俄国这样的异域王国中通行的独特语义学打交道时，人们为何会成为牺牲品。人们为自己的思维习惯和分析

---

① 转引自列夫·洛谢夫著，刘文飞译：《布罗茨基传》，页143。

习惯所累——也就是说，用语言去解剖体验，于是便剥夺了人们思想的直觉的特长。因为，一个清晰的概念固然美妙，但它所指的永远是斩去松散边角的含义的浓缩体。而在现象世界中，松散的边角是极为重要的，因为它们是相互交织的。

这番话本身就可以表明，我绝不是在指责英语的无用，也不是悲叹英语使用者们心理上的休眠状态。我所感到遗憾的是这样一个事实：恰好为俄国人所具有的关于邪恶的先进观念，却因缠绕不清的句法而被拒绝进入意识。令人奇怪的是，我们中有几个人曾见过一位直言不讳的邪恶，它迈过门槛，说道："喂，我是邪恶。你近来过得怎样？"

如果说这一切仍带有一种哀歌的情调，那么，这不是因为这段文字的体裁而是因为其内容，对于它来说，愤怒是更为合适的。当然，两者均不提供过去的含义；哀歌至少不创造新的现实。无论一个人发明出怎样复杂的装置去捕捉自己的尾巴，他最终得到的将是满满一网鱼，却没有水。鱼压低他的船。鱼足以使他晕眩并使他乞求于一种哀歌的音调。或者，将鱼扔回去。[①]

① 转引自约瑟夫·布罗茨基著，刘文飞译：《文明的孩子》，页26。

此刻,他回忆起和父亲一起去大学滨河街上的动物博物馆时的情形。博物馆的大厅里光线昏暗,窗户上挂着深蓝色的丝绒窗帘(显然,这是为了营造一种深沉的气氛),专用木箱中摆放着从坤斯特卡梅拉运到这里的畸形鱼的干尸。

双头鱼。

无鳍鱼。

长着蹼的鱼。

没有眼睛的鱼。

像狗一样的鱼。

约瑟夫饶有兴趣地仔细观看这些稀奇古怪的展品,它们也紧张地睁着鼓胀的眼睛,盯着如丝绒般黯淡的大厅深处,这时他想,"鱼儿冰冷的眼睛快要冻僵了","鱼儿总是沉默不语"。

父亲则刚好相反,他不喜欢这个大厅,想赶紧逛完这里,他不明白这些怪物有什么好参观的,它们毫无用处——不适合捕捞,不能做成食物,而且也压根谈不上任何美学价值。

参观完博物馆,约瑟夫和亚历山大·伊万诺维奇沿着河堤缓步向施密特中尉桥方向走去。父亲回忆起自己当年

布罗茨基和父亲亚历山大·伊万诺维奇在公寓阳台上,列宁格勒,
一九六七年(其母玛丽娅·莫伊谢耶夫娜摄)

在波罗的海航运局上班时拍摄捕捞西鲱和波罗的海鲟鱼的情景,他还记得,那时差点把刚花大价钱购买的照相机掉进水里。"那样的话,妈妈会生气的。"他笑着说。

儿子听着父亲的话,也笑了。

随后,当然,他俩讨论了近期阅读的书籍。

摘自约瑟夫·布罗茨基的随笔《小于一》:

如果我们做出伦理的选择,我们所依据的不是直接的现实,而是来自小说的道德标准。我们是贪婪的读者,我们处在对我们所阅读的一切的依赖之中。也许是因为其明确的形式因素,书本以一种绝对的力量控制了我们。狄更斯比斯大林或贝利亚更为真实。小说比一切东西都更能影响我们的行为和交谈方式,我们的谈话有百分之九十是关于小说的。这会造成一个恶性循环,但是我们不愿打破这个循环。

就伦理观念而言,这一代人是俄国历史上最书生气的一代,为此得感谢上帝。仅仅因为说海明威比福克纳好,朋友间的友谊就会中止;文学神殿中的座次就是我们的中央委员会。读书起初不过是知识的正常积累,但很快就成了我们最重要的职业,为了它可以牺牲一切。书本成为第一和唯一的现实,而现实则被视为无意义的、让人厌恶的东西。与他人相比,我们似乎是在逃避或伪装我们的生活。细想一下,无视文学倡导的准则而过的生活,是卑琐的,也是无价值的,所以,我们曾认为,我此时仍认为,我们在当时是正确的。①

现实的魔咒,或者是对绝户生活的变态的幻想。

应该选择哪一个?

俄罗斯文学照例悄悄地提示了答案。

摘自米·叶·萨尔蒂科夫-谢德林的长篇小说《格罗夫廖夫一家》中的"绝户"一章:

在一个很短的时期里,波尔菲里·弗拉基米雷奇完全丧失了跟外界接触的愿望。他再也不关心闯进他生活里的那些混乱状态。他只希望一个人安安静静地待在他最后的避难所——书房里,再也不对生活有更好的要求。他完全失去了从前那种对周围的人挑剔、讨厌的习惯,他是又胆怯,又显得阴郁地恭顺。他和现实的一切联系都切断了。他只希望什么都不去听,不去看······307这些跟他再也没有了关系。从前,如果办事员在呈阅的

<hr>

① 转引自约瑟夫·布罗茨基著,刘文飞译:《文明的孩子》,页23。

各项家务管理报告里偶尔出现小错,他会狠狠地教训他一顿;现在有时候报告晚了几个星期,他也并不生气,他只是偶尔需要一些数字,来进行一些异想天开的估计。可是他一个人待在书房里的时候,就可以随心所欲地进行漫不经心的空虚冥想。他两个兄弟都死在酒上。他,同样地,也耽溺在昏醉中间。不过他的昏醉是精神上的。他把自己关在书房里,从清晨直到深夜,在一些想入非非的问题上绞尽了脑汁。他精心结撰了一些荒唐的计划,在虚构的听众前面演说,脑子里一想到谁,就替谁虚构一幕场景。①

和很少与之交谈的人谈话,如果这个"很少与之交谈的人"就是你自己,那么这场谈话绝不是情绪低落或精神疾病——比如精神分裂症——的征兆,而是过度关注自我——自己的感受、自己的体验及情绪、自己的感受与心态——的结果。

在这种情况下,心态起起落落,形成了感情的浪潮,这浪潮如科特贝尔②堤坝上的浪头般涌动……

---

① 萨尔蒂科夫-谢德林:《格罗夫廖夫一家》。转引自萨尔蒂科夫-谢德林著,黄裳译:《谢德林作品集(下)》(上海译文出版社,2015),页657。
② 科特贝尔,克里米亚的一座城镇。

一九六五年。.

九月。

莫斯科。

在列夫·洛谢夫的书中，我们读到：

　　离开诺林斯克后，布罗茨基首先去了一趟莫斯科。
莫斯科文学界的熟人们在努力张罗，想把他的诗作发
表在具有自由主义名声的《新世界》和《青春》杂志上。
但是，即便是与这些出版物打交道，也需要一定的外交
手腕，可布罗茨基对此很不擅长。他被领去见雷巴科
夫，后者通过关系可以帮助他发表作品，可是，他的傲
慢却让雷巴科夫感到如此气愤，以至于三十年之后，雷
巴科夫还在回忆录中怒气冲冲地回忆起与"这个坏
人"的见面，说这个人想没完没了地朗诵他那些莫名其
妙的诗。布罗茨基对这次会面的回忆却有所不同：这
个很有经验的文学家来了一番教诲，该去与什么人谈
一谈，以便再对什么人施加一点压力，诸如此类，这些
教诲让他觉得简直就是拜占庭的规矩，他很快就丧失
了认真聆听说教的能力，为了摆脱这场枯燥乏味的交
谈，他便提出要朗诵诗作。

朋友们还是安排他在《新世界》见了特瓦尔多夫斯基。特瓦尔多夫斯基曾对布罗茨基的被捕表示愤怒，许多回忆录作者都提到了他因此而与普罗科菲耶夫发生的那场著名争吵。但是，布罗茨基的诗作却未必符合这位人民诗人的口味。他很委婉地对这位年轻诗人说："您的诗中没有表达出您的感受。"他还邀请布罗茨基去他家做客，目的是谈谈诗歌。约瑟夫的回答是："不值得去。"瓦·帕·阿克肖诺夫想把布罗茨基介绍给《青春》编辑部，就带他去参加了编委会的一次会议，"约瑟夫在编委会上听说了《青春》作家生活于其间的那种苏维埃噩梦，简直失去了知觉……他说，他参加了一场巫婆的狂欢夜会。实际上，这却是当时最大限度的自由主义"。所谓的"苏维埃噩梦"并不是说，瓦西里·阿克肖诺夫、阿纳托利·格拉季林、安德烈·沃兹涅先斯基、叶甫盖尼·叶夫图申科以及其他一些决定该杂志当时的自由主义朝向的作家们在编委会上滔滔不绝地大谈对党和政府的忠诚，他们的圈子里所奉行的行为方针，甚至很难被称为是认同派的，这里所指的，更可能是他们为了发表作品、为了在国内获得读者而采取的一种社会行为策略……年轻的六十年代作家对伊索寓言的运用达到了一个很高的艺术境

309

界。虽说他们中间的一些人也相信"带有人性的社会主义",甚至在当时还相信这样的神话,即列宁的革命起初是高尚的,后来才被恶棍斯大林所出卖,踏进了血泊之中,但是,对于自己所处的苏维埃体制,年轻作家们却构成了一个隐秘的反对派。布罗茨基当时与叶夫图申科、阿克肖诺夫、阿赫马杜琳娜建立起了友好的关系,但是那种伊索语言,无论是作为一种文学风格还是作为一种社会行为方式,他都难以接受。[1]

布罗茨基经受了"生活的学校"和近乎"斯大林式的劳改营"的考验,刚刚从流放地归来,很可能,他的示威性的反抗令万事亨通、自命不凡的莫斯科人觉得多少有点愤慨和不解。也许正因为如此,约瑟夫始终无法与我们前面提到过的任何一位文学家建立起友好的关系,尽管那位叶甫盖尼·亚历山德罗维奇·叶夫图申科下了不少功夫,想把布罗茨基拉进当时官方的,用现在的话来说,文学界的朋友圈中。

对于他来说,莫斯科无疑是他人的城市。而且这里的症结根本不在于哪一座城市更好(彼得堡人和莫斯科人永

---

① 转引自列夫·洛谢夫著,刘文飞译:《布罗茨基传》,页149—150。

远都在争论这个毫无意义的问题），而在于这座城市没有属
于约瑟夫的空间，而且这里的时间不经他同意，就从阿尔巴
特和波克罗夫卡街、红场和列宁山、花园环和玛丽娅小树林
溜走了。

> 现在我要离开莫斯科了。
> 咳，上帝保佑，无尽的折磨。
> 果然他们好像发现了，唉，
> 百年未遇的心仪目标。

> 那么好吧，请从不同的方位射击，
> 并向波澜不惊的现实鸣炮致敬，
> 尽管这只是从莫斯科的黄昏
> 转移到了圣彼得堡。①

---

① 约瑟夫·布罗茨基：《现在我要离开莫斯科了……》。

第十三场

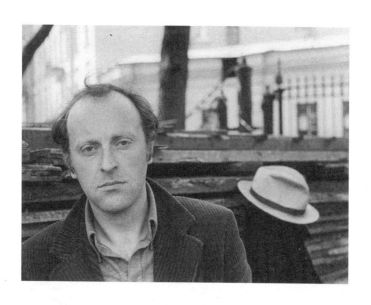

约瑟夫·布罗茨基

他们搭便车从费奥多西亚①赶到了科特贝尔。

一九六七年，布罗茨基与阿纳托利·奈曼一起，开启了前往"蓝色山谷边缘"（克里米亚-鞑靼语"科特贝尔"的俄语译法）的首次短途旅行。

这两位年轻人一路上当然都在谈论诗歌，读诗，为一些新鲜有趣的感受开心不已。可是，当汽车驶过乌尊-瑟尔特山脊，即滑翔爱好者与浮空飞行家熟知的克列门季耶夫山之后，约瑟夫却沉默了。

卡拉达格死火山的轮廓浮现在黄昏的地平线上，那景象让他立刻联想到了把脸浸入海湾的巨兽。

它一直在喝含盐的海水，却怎么都解不了渴。

吞咽的间隙，它鼓起胸膛，使劲地呼气，向空中喷出一股股散发着海藻及科特贝尔杂草气息的热气。

想来基梅里的黄昏就是如此吧，充斥着各种各样的声音和气息。而晚间时光呢？马克西米利安·亚历山德罗维奇·沃洛申②在一九〇七年对其做过这样的描述：

　　　水的原野起伏荡漾，

---

　　①　费奥多西亚，黑海北岸克里米亚半岛上的一座城市。
　　②　马克西米利安·亚历山德罗维奇·沃洛申（1877-1932），俄罗斯诗人，文艺评论家，画家。

镶嵌着银色的花边。

思维混乱，犹如深一脚浅一脚地

踩在熔流的微波之上。

雾蒙蒙的天睁开金色眼眸，

波浪溅起的一道白光闪过，

在昏暗的深渊上方碎裂，

那是来自东方牧场的白天的花穗……①

就这样，整整六十年过去了。

约瑟夫一直不知道，在这里，卡拉达格山麓，杰普森高原，坐落着雅典娜曾经居住过的一个古老村落（按照马克西米利安·沃洛申的说法，这个村庄叫卡利耶拉村。一九二七年，他参加过这里的古城遗址发掘工作）。然而直觉告诉他，欧里庇德斯悲剧《美狄亚》的开场合唱就是在这里唱响的。歌队队员分列在山丘的梯田上，这些梯田呈台阶状向上朝卡拉达格方向延伸。歌队队员的歌声伴随着风的咆哮、海的喧嚣和鸟儿的鸣叫，清晰可辨。

---

① 马克西米利安·沃洛申：《水的原野起伏荡漾》。

"听见了吗,宙斯,可怜的妻子号啕痛哭?

莫非悲痛是天堂里的云彩常有的表情,

冷漠的赫利俄斯就是在这片云彩中消失得无影

无踪?"

"疯狂的死神胡喊乱叫,歇斯底里令人苦恼倍增。

这骨瘦如柴的女子不请自来,迈步走进屋宇。

眼前的床铺简直比那张空床还要冰冷。"

"随他去吧,可怜的妻子,再去想不忠的丈夫纯属

枉然。

那个无用之人得到这样的下场乃是理所当然。

你要记住,遭雷劈比被闪电击中更加凄惨。"

关于科特贝尔的历史,布罗茨基是后来从艺术评论家 315
和翻译家亚历山大·格奥尔基耶维奇·加布里切夫斯基
(1891-1968)与他的画家妻子娜塔莉娅·阿列克谢耶夫
娜·谢维尔措娃(1901-1970)那儿听说的。

此时汽车开进村里,在公共汽车站停下了。

两位好友从这里步行经过市场,沿着斯塔莫娃街向杰
普森山脚走去。

米哈伊尔·阿尔多夫记得,第一次去科特贝尔的时候,
布罗茨基经常待在加布里切夫斯基家:"我们每天喝酒,开

玩笑,听外国广播。"在这座房子里,约瑟夫备受尊敬和爱戴。

"这是我这辈子见过的最有才华的人,"亚历山大·格奥尔基耶夫总是反复说这句话,丝毫也不顾交谈者的反对,"而你们见过斯特拉文斯基、康定斯基,甚至还有列夫·托尔斯泰。"加布里切夫斯基每次都不动声色地摊开双手,说:"这是我这辈子见过的最有才华的人。"

听着这类对自己的议论,约瑟夫不能不自问这些话是否合理和正确。他当然知道,玛丽娜·茨维塔耶娃是如此谈论天才的:"天才:最易产生灵感——此为其一,但又能约束这种灵感——此为其二。精神上最为分裂,但又最为聚合。最被动,但又最具效能。允许自己被彻底毁灭,直至最后一粒原子,而一旦这粒原子(在对抗中)幸免于难,便会成长为一个世界。因为在这个……对抗(抵抗性的)原子中,包含着人类成为天才的全部机会。没有它也就不会有天才——而只有受压制的人,疯人院及最安全的居所的院墙全都靠这种人(而他一直都是如此!)支撑着。没有意志力就不会有天才,但是如果缺乏灵感,则即便不会有更大的天才,也还是会有较小的天才。意志力,是不可胜数的亿万个灵感的单位,多亏了这个单位,才有这些无法计数(创造了多达数十亿)的灵感,没有它的话,一切只能归零——即归为溺水者身体上方

316

的泡沫。在创作中,缺乏灵感的意志力只会令人生厌。文笔拙劣。这样的诗人,还是去当兵得了。"

分裂与聚合。

自毁与反抗。

灵感与意志。

诗歌道路的反常性和不可预知性在这些概念中表现得淋漓尽致。

但是这些概念对布罗茨基来说未必适用,他的道路曲折复杂,而且他本人也未必就像那个能喊出"都怪我!"然后跟在埃斯库罗斯和索福克勒斯的主人公后面悲痛欲绝的古希腊英雄一样。

约瑟夫一边探索这个问题的答案,一边丈量从杰普森到乌尊-瑟尔特,从休留-卡亚到霍巴-特佩,从吉尔吉斯隘口到库楚克-雅内沙尔(沃洛申就葬在此地)的距离。

在这里,他坐在渐渐变冷的石块上。

他从高处遥望哈梅列翁与基伊特-阿特拉姆岬角,内心波涛汹涌:

> 当那么多往事,特别是
>
> 苦痛,都成为过往,
>
> 别再等待他人的支持,

坐上火车出发,在大海边下车。

大海宽广无边。

深不见底。这并非一种——

令人大喜过望的优势。但是

如果觉得孤独,

最好待在这些地方,这里的风景

打动人心,不会令人徒增痛苦。①

随后,他向前伸出手臂,就像在列宁格勒海军部大厦滨河街时一样,他能感觉到,在双手与风声呼啸的库楚克-雅内沙尔斜坡之间,存在一个神秘莫测的未知空间,马克西米利安·亚历山德罗维奇在他的水彩画上、康斯坦丁·费奥多罗维奇·博加耶夫斯基②在他的油画上都描绘过这样的空间。

周围再无旁人,因此谁也不会看到,有个人正形单影只地站在山顶,用目光轻抚着科特贝尔海湾阴郁的水面、如心电图般弯弯曲曲的卡拉达格山的轮廓,对于这座山来说,早在一亿五千万年前,时间就凝滞不动了。

---

① 约瑟夫·布罗茨基:《当那么多往事,特别是……》。

② 康斯坦丁·费奥多罗维奇·博加耶夫斯基(1872-1943),俄罗斯画家。

布罗茨基的第二次科特贝尔之行是在一九六九年十月。当时他顺利搞到了一张创作之家的疗养证,可是第二年,酷爱在不同的地方走走看看的布罗茨基却出发去了雅尔塔,以《约瑟夫·布罗茨基致维克多·戈雷舍夫的第一封信》的形式,将他对当地文学基金会的回忆保存了下来:

　　　　老头啊,真可惜,你不能马上

　　　　赶来:这里可真阔气。

　　　　老头啊,你行事中规中矩;

　　　　说句粗话,你就是个白痴。

　　　　就连我,年老的写作狂,也

　　　　能做到。可你毕竟是协会成员。

　　　　想想看,一月份,没有

　　　　护耳帽、夹克衫和大衣的负累……

　　　　我不要

　　　　描写大海……

　　　　时而风平浪静,

　　　　时而狂风骤雨。这种情况早上常有,

　　　　整个码头都结冰了,

　　　　太阳的血色光芒

　　　　照耀并穿透了

所有这些腐烂的物品……

而"创作之家"本身就臭不可闻。

就像一个半犹太社区。这里的伙食

总让人觉得烧心,但

在规定的时刻进食,——

拼命苦干也不会比

待在家里更糟。晚上,从外面传来

犬吠和晶体管收音机的尖叫……

但屋里本就空空如也。

唯有值班员和执着的

安东·帕·契诃夫的半身像

守在大厅。我既翻译

又创作。不过这种情况少之又少。

服用过安眠药,

我酣然入睡……

　　约瑟夫睡着了。他梦见自己和玛丽娜在晚上一起沿格林卡街向圣尼古拉斯海军教堂走着。这时一个人迎面跑来,满脸惶恐,看得出,他被吓坏了,因为后面有人在追赶他。玛丽娜吓得站在原地一动不动,于是约瑟夫紧紧地握住她的一只手,他俩继续往前走。是啊,当然没必要停下来弄清楚那人是谁，是否需要帮助，他在躲避什么人，或者，也许是他在追赶什么人。

不排除他是在夜跑，为了寻开心，单纯为了打发时间，或者相反，只是为了有效地利用时间而已。但是从另一方面来说，追赶他的人完全有可能是个武装分子，如果确实如此，那么包括约瑟夫和玛丽娜在内的所有人的安全就都受到了威胁。正是出于这样的考虑，必须加快脚步，就近找个门洞躲藏起来，熬过这个令人不安的时刻。终于，玛丽娜和约瑟夫安全了，他俩马上开始嘲笑自己刚才过于紧张，嘲笑自己杯弓蛇影，因为，说实在的，那两位逃跑者和追赶者都只是喝多了，急于找个地方躺下来休息一会儿，哪怕是那种在尼古拉花园和剧院广场里极常见的长椅也好。

自从上次在诺林斯克分手，约瑟夫再次见到玛丽娜·巴斯马诺娃，是在一九六五年九月的莫斯科，当时他从流放地出发，途经列宁格勒，来到了这里。

语文学家、文学编辑柳德米拉·格奥尔基耶娃·谢尔盖耶娃——诗人及翻译家安德烈·谢尔盖耶夫（1933-1998）的妻子——是这样描绘此次会面的："约瑟夫本应在莫斯科与玛丽娜·巴斯马诺娃相聚，然后带她来我们这儿。我觉得他俩都想把故乡及那里所有沉重的、未解决的问题

319

抛到一边,在一个新的、友善的地方安顿下来。但结果这次会面并不顺利。门铃响了。门外站着一位容貌娇美、身材高挑、深色头发、面色苍白的年轻女子,她的眼睛的颜色令人惊讶,是英国人所说的那种紫罗兰色。后来据我观察,这双眼睛的颜色会随着心情和采光的不同而在灰蓝色到绿色之间变换。就这样,我们第一次见到了玛丽娜·巴斯马诺娃,约瑟夫一直觉得她的脸长得像战后缴获的电影《通往断头台的道路》里的瑞典影星莎拉·莱安德,风华正茂的约瑟夫不可救药地爱上了她。关于他对玛丽娜的爱,关于他俩的复杂关系,我们已经从约瑟夫·布罗茨基的书信和诗歌中了解了很多……即便在莫斯科,他俩仍然被空间和时间分隔开来:约瑟夫没去接玛丽娜,这令她感到惊讶,于是她按地址独自找到了我家。当她得知约瑟夫不在我们这儿时,便打算离开。但我们没让她走,而是和她聊天,一起吃了晚饭。将近半夜的时候,约瑟夫醉醺醺地乘坐一辆出租车赶来了。原来,他在街上遇见了瓦夏·阿克肖诺夫,然后被拉去找叶夫图申科,之后他们便在一起吃饭。约瑟夫刚刚从流放地乘飞机飞过来,又累又饿,所以很快就喝多了,没算好时间。我们十分紧张,不知道约瑟夫在哪儿,为什么不和玛丽娜见面。但我们谁都不聊这个话题,而是聊玛丽娜作为画家在忙些什么,聊她的画家父母,聊一些书……玛丽娜是个博学多识之人,

320

懂文学、懂艺术,很有修养:她没有对突发状况表现出丝毫的愤怒,尽管她的眼睛里时而冒火,时而熄灭,她的面孔也变得更加苍白了。显而易见,她也不十分独立,她心里藏着一个谜团,甚至可能是一个秘密,而她与约瑟夫刚好性格相反——她安静、内向,说话声音低低的,轻声细语,显然是为了保护自己的内心世界不受他人侵犯。在我看来,就在这个晚上,我们和玛丽娜之间建立起了特别友好的关系。后来约瑟夫为此感到开心,他说,在他所有的朋友当中,玛丽娜最喜欢和我们相处。在我们所知的那几次与首都文学界领袖的纷争过后,在与《新世界》及《青春》编辑部发生冲突之后,布罗茨基和巴斯马诺娃去了列宁格勒。"

一场特殊的会见正等着约瑟夫。

经科尔涅伊·楚科夫斯基和鲍里斯·瓦赫金(维拉·潘诺娃之子,约瑟夫曾和他一起去拜会捷尔任斯基区党委书记科萨列娃)介绍,他被苏联作家协会列宁格勒分会下属的翻译家集体委员会吸收为会员,这使布罗茨基享有了一定的社会地位,保护他免受不劳而获及反社会倾向的指责。

有趣的是,这一次,作协列宁格勒分会的领导——米哈伊尔·杜金与达尼伊尔·格拉宁以慈父般的态度对待约瑟夫,而一年多之前的那些事早就被抛到了九霄云外。

回到列宁格勒后,布罗茨基面临着两种状况。一方面, 321

来自"办事机构"的巨大压力不复存在(当然,对这位不久前的"文学寄生虫"的严密监控并未解除);但是,另一方面,他的作品仍旧无处发表,他只能靠偶尔在杂志上客串写写书评,做点翻译,在电视台和影院做点编辑工作赚钱谋生。

据了解,布罗茨基当时获邀在瓦季姆·雷先科与格里高利·鲍若尼扬的电影《开往遥远八月的列车》中饰演敖德萨市党委书记纳乌姆·古列维奇。

影片讲述的是一九四一年敖德萨地下党支部的活动。据了解,拍摄工作是在敖德萨电影制片厂进行的。

总导演瓦季姆·格里高利耶维奇·雷先科(1933-):"是马克[助手列昂尼德·马克]介绍我和布罗茨基认识的。我们一起去了一趟列宁格勒,为这部电影选演员……列昂尼德仔细研究了纳乌姆·古列维奇——在战争年代,他是敖德萨市党委的领导人——的照片后,说:'想象中,他和约瑟夫·布罗茨基长得很像。我一定要介绍你们认识一下。'几天之后,他把诗人带了过来。当时正值寒冬,而布罗茨基只穿着一件单薄的风衣就来了。我不可能注意不到这一点。鞋子也一样,明显不是当季货。我明白,他这是没钱了。这一点儿也不奇怪,因为现在禁止发表这位失宠诗人的作品。还有一点非常特别。扮演电影里的角色在物质上对布罗茨基有所帮助,不过他一开始就要求通读脚本。他认识了角色，深入了解了角色，确信这个角色不过于意识形态化，然后答应出演。"

摄影导演列昂尼德·康斯坦丁诺维奇·布尔拉卡（1938- ）："几乎不需要按照古列维奇的样子给年轻的、当时还不出名的约瑟夫·布罗茨基化妆，除了为他剃个大光头之外。有些参加过敖德萨保卫战的人与古列维奇有私交，他们确认，真正的市委书记与电影里的这位百分之百相像。"

然而摄制期刚一结束，就有人从基辅打来电话，要求删除约·亚·布罗茨基的镜头。为什么突然做出这样的决定？对于瓦季姆·雷先科提出的这个问题，上面的答复是："在影片所承载的重要政治任务与一位不为人知的诗人不可信赖的思想言行之间，存在着偏差。"

从当时敖德萨人的回忆可以得出结论：这个消息并没有令约瑟夫过于难受：他从来都不认为自己是电影演员，这份短工来得偶然，因而不完全是应得的，况且他在拍摄期间结识了一些有趣的人，而这对于他来说是一笔更大的财富。

例如，在画家亚历山大·阿努菲利耶夫——敖德萨非官方美术流派的奠基人之一——的画室里举行的一次晚会上，约瑟夫遇到了画家、建筑师、策展人玛格丽塔·扎尔科娃。

摘自尤利娅·扎尔科娃（玛格丽塔之女）的回忆录："她与约瑟夫·布罗茨基十分要好。那时我和父母住在卡纳特街2号,妈妈经常与约瑟夫一起煮芳香扑鼻的咖啡,他们一边望着大海、港口、吊架,一边聊高雅的话题。"就是在丽塔·扎尔科娃这栋房子里,约瑟夫结识了安德烈·塔尔科夫斯基,同样是在这里,他还遇到了自己在莫斯科的友人瓦西里·阿克肖诺夫。

然而远非所有的敖德萨知识分子都能接受布罗茨基。据尤利娅·叶甫盖尼耶夫娜·扎尔科娃说:"她(母亲——作者注)带他去见认识的画家,但每到一处都有人频繁地对布罗茨基冷嘲热讽。朗诵诗歌的时候,他的身上出了红疹子,他的声音也让人感觉非常不舒服,症结显然就在于此。在敖德萨,只有我的父母亲能对他做出正确的评价。"

> 利曼城覆盖着厚厚的冰层,
> 仿佛大陆上无声的语言,
> 它黯淡下来,而云朵飘逸,
> 有如天花板上的斑点。
>
> 我沿着上升的台阶,
> 像那个水手,像那辆邮车一样,
> 把自己抛到了噩梦的高度,
> 我用指甲刮栏杆,

拿眼泪为颧骨镀上

　　　鱼身一样的银色。

　　　孤身一人，

　　　仿佛冬季天地间研钵里的白棰，

　　　游方使徒在那里冻僵了

　　　背对着祖国，脸却朝向那人，

　　　他不曾走到那人

　　　褴褛的衣衫下。①

　　他在朗诵诗歌，却好像没听到自己的声音，没听到自己那哀鸣般嗡嗡作响的、伤风感冒似的声音。他闭上了眼睛，却因此招来听众的讥笑。他发出丘疹或冒出汗来，面色苍白；他保持着单一、枯燥的语调，发不好舌颤音 P 和非舌颤音 Л。但是即便如此，他的口齿还是异常清晰，有时甚至还会飙出高音，仿佛想要高歌一曲似的。

　　对于约瑟夫来说，诗歌的语音形式本身没有任何意义，说话带鼻音、发不好 P 和 Л 音、语速太快，或者刚好相反，拖长话音，似乎要借此引出补充含义，这一切都是允许的。重

---

　　①　约瑟夫·布罗茨基:《在敖德萨的普希金纪念碑前》。

要的是,要使语言能够有机地传达出状态和情感,这种情感在本质上绝对是非理性的,不受时间的限制,却能极其忠实而准确地描绘出艺术探索的空间。

超然物外——音调低沉,依稀可辨。

傲慢自大——发音响亮而清晰。

自我封闭——伴随着吼叫,同时还要闭上双眼。

极度自恋——勉强张开刻薄的、仿佛被危险的剃刀划伤的双唇。

想必这里出现了诗人本人的人心向背问题。假如他的举止令人愤慨,相应地,他的作品就不可能被读者接受。可是如果恰恰相反,他魅力四射(天知道他有什么魅力),那么他的作品也会生动鲜活,富于生气和激情。之后便是一片寂静,每个人都以不同方式领会这寂静的含义:有轻松愉快的,有困惑不解的,有满腹忧虑的,也有漠不关心的。

对于上面罗列的所有方式,约瑟夫都能容忍,只有一样除外:让他无法接受、无法理解的是,玛丽娜不喜欢他的诗,或者说,让他更加莫名其妙的是,她可能喜欢别人写的,而不是他(布罗茨基!)写的诗。

这件事简直令他百思不解,使他陷入了疯狂和恐惧,让他隐约感受到一阵阵心痛和妒忌。

流放归来后,布罗茨基尽量确保自己每天都能见到巴斯马诺娃,他要在这例行公事般的、有时极其短暂极其无聊的日常会面中,用悔恨之斧及随后发作的"歇斯底里症"来消除发生在诺林斯克的鲍贝舍夫相关事件的影响,他的"歇斯底里症"往往以大闹一场和相互诅咒告终。

当然,随着内心的痛苦逐渐减轻,有些事似乎已经变得十分可笑,不值一提,没必要做出如此激烈的情绪反应了。可是,坐在格林卡街那栋房子正门的窗台上,约瑟夫一边抽烟,一边思考:他和玛丽娜之间从一开始就横亘着一道无形的界线,无论他还是她,都无法跨越这道界线。

这时从楼上传来"砰"的开门声,紧接着,压低嗓音说话的声音带着回声顺着楼梯、栏杆传了下来,消失在石头小屋和壁龛中。

门"砰"的一声,关上了。

"年轻人,您怎么又在我们这层楼吸烟了!赶紧把烟掐灭,否则我就报警了!"约瑟夫一转身,看见面前站着一位中年妇女,容貌文雅端庄,眼睛上方扣着一顶毛茸茸的马海毛帽子,身穿一件均码棉纶风衣和一双长筒胶皮靴,这双靴子显然是在"红三角"工厂买的。

"您听到我的话了吗,年轻人,赶紧把烟掐灭!"

约瑟夫无可奈何地从窗台上爬下来,一声不吭地离开门厅,来到大街上。

他听到身后有人抱怨:"真是岂有此理!"

就这样,那天他没有见到玛丽娜。

他在她家的窗户下徘徊,然后坐在剧院广场的长椅上创作,脑海中翻捡着词语、文字片断、乐句。旁边那张长椅上有个人在睡觉,在他的脸上盖着一本《星火》杂志。

也许,老布罗茨基坐在夏园里阅读《星火》杂志时,看上去也是同样的光景。他也会打个盹。刮风的日子里,人特别容易犯困。

一阵风把杂志从睡着的人脸上吹落。布罗茨基也读完了一首写给"一九六五年的小不点儿"的诗——尼古拉·格里巴乔夫①的《红褐色的猫》。

326

　　现在乌斯季娜奶奶

　　忙着做重要的事:

　　她用细树枝

　　用细树枝

　　抽打那只肥猫!

---

　　① 尼古拉·马特维耶维奇·格里巴乔夫(1910–1992),俄罗斯诗人、作家、社会活动家。

她在教红褐色的库兹马

明白事理,

因为库兹马

不够聪明……

那人小声哼哼起来,翻了个身,用双手捂住了脸。

摘自列夫·洛谢夫的著作《约瑟夫·布罗茨基:文学
传记试笔》:

　　一九六五年,在布罗茨基不知情的情况下,他的
《长短诗集》在纽约出版了。这部诗集所收的主要是
一九六二年前的旧作,是根据未经作者审阅的苏联地
下抄本编辑而成的,布罗茨基从不承认这是他的作品。
这些散见于侨民报刊的个别诗作虽然开始被译成多种
外语,却还没有被国内的读者所阅读,这些作品的发表
还不能称为"正义的凯旋"。列宁格勒作家圈子里许
多同情布罗茨基的人以及莫斯科的许多熟人,都想让
布罗茨基在结束流放后出版一部诗集,一开始,集体的
努力似乎起到了一些作用。一九六五年末或一九六六
年初,根据一些具有自由主义倾向的编辑的建议,布罗
茨基就已把一部诗集的手稿交到了苏联作家出版社列

宁格勒分社。他想把这本诗集命名为《冬邮》，与在美国出版的那部诗集不同，这里收入的主要是一九六二至一九六五年间的诗作。①

审稿时先是编委会讨论稿件，然后由内审专家——弗·尼·阿利丰索夫与弗·亚·罗日杰斯特文斯基——写出意见。讨论期间发生了论战，焦点是布罗茨基作品的"圣经主题"，此外，委员会认为他的创作缺乏"对公民情节，对作者的思想及艺术立场"及"对当代重大迫切问题之态度"的清晰表达。这场讨论预示着布罗茨基凶多吉少。

事实证明果然如此——在开了一年的空头支票之后，苏联作家出版社要求充实该书的"公民情节"。

显然，对于这种要求，布罗茨基只会一笑了之。

于是，维拉·潘诺娃及列宁格勒著名诗人、散文家瓦季姆·谢尔盖耶维奇·舍夫涅尔（1914-2002）再次向约瑟夫施以援手，舍夫涅尔对布罗茨基的这部诗集做了如下表态："我认为，《冬邮》一书与其说需要评阅人的审阅（无论这一审阅如何充满善意），不如说更需要读者的评价。因为在我看来，布罗茨基已经到了这样的创作年龄，他需要的不是充

---

① 转引自列夫·洛谢夫著，刘文飞译：《布罗茨基传》，页 152–153。

满期待的评阅,不是鼓励性地拍拍肩膀,而是把他的作品送到读者那里去接受铁面无私的评判。我同意出版此书。"①

无论是莫斯科还是列宁格勒的文学家都与舍夫涅尔意见一致,但最终起决定性作用的,却是诗人、散文家及苏联作家出版社列宁格勒分社主编伊利亚·科尔尼利耶维奇·阿夫拉缅科(1907-1973)的意见:"约·布罗茨基的诗歌缺乏民族根基……(它们——诗歌)游离于俄罗斯诗歌传统之外",原稿"完全不配得到关注,因为书中有大量诗歌充斥着乌七八糟的东西,毫无意义"。

事情发生了意想不到的转折,在此之后,显然,除了从出版社拿走自己的手稿外,约瑟夫别无选择。

此事发生在一九六七年秋天。

同一时间,也就是一九六七年十月八日,约瑟夫·布罗茨基和玛丽娜·巴斯马诺娃的儿子安德烈降生了。

索福克勒斯悲剧《奥狄浦斯王》开场部分中奥狄浦斯的独白在米哈伊洛夫斯基城堡正对着莫伊卡河与夏园的台阶上响起。

---

① 转引自列夫·洛谢夫著,刘文飞译:《布罗茨基传》,页154。

啊,可怜的孩子们,我不是不知道

你们的来意;我明白,你们都在受苦。

可是不论怎样,

你们的痛苦远远比不上我的。

你们的悲哀只有一份,

只为自己,不为别人,

而我的悲痛则同时

既为着城邦,又为我和你。

因此,我不是大白天睡觉的懒虫,被你们梦中叫醒,

你们怎知道我哭了多少回,想过多少主意

煎熬中度过多少黑夜和白天……①

亚历山大·伊万诺维奇·布罗茨基睁开了双眼。

他在夏园里读《星火》杂志的时候,确实打了个盹儿。

不过风已经停了。

现在他又能轻松自在地呼吸了,也能从容不迫地往家走,妻子玛丽娅·莫伊谢耶夫娜·沃利别尔特在家已经做好了晚饭,等着他回来。

---

① 索福克勒斯:《奥狄浦斯王》。转引自索福克勒斯著,张竹明译:《古希腊悲剧喜剧全集 索福克勒斯悲剧》,页 7–8。

第十四场

约瑟夫·布罗茨基,墙上挂着陀思妥耶夫斯基的经典画像

一九九二年。

按语

有轨电车在北方造船厂附近的环线上拐了个弯,吱吱嘎嘎地驶上了固定路线。在到达斯塔切克大街之前,车厢里有一半是空的,不过一驶入阿弗托沃区,便开始人满为患了。

在此之前,售票员一直一动不动地坐在那个高高的、没有靠背的座椅上,椅子牢牢地固定在地板上,椅背上焊着一块牌子——"售票员席"。

此刻,他面无表情地望着车窗外面:路灯柱、公寓楼的外墙、围墙、稀稀落落掉光了叶子的树木以及商店的橱窗在车窗外飘过。所有这一切,他即便没有见识过数百次,也有几十次了。当然可以闭上眼睛什么都不看,只管坐车,但是这样做会丢工作的。

于是,售票员极不情愿地从自己的座椅上爬下来,开始"售票"。他卖票的样子也像刚才望着窗外时一样——面无表情,一副漠不关心的神态。然而随着他在车上不停地 走动,越来越让人产生一种虚幻的、不真实的感觉,一种错觉,因为毫无疑问,在一号线上担任售票员的不是别人,正是约瑟夫·亚历山德罗维奇·布罗茨基。而此时诗人约瑟夫·布罗茨基在美国已经生活二十个年头了。

"对，这就是安德留哈·巴斯马诺夫，他的儿子。"坐在我旁边的男子弥尔顿斯四十岁出头，身穿一件牛仔夹克。他看到我浑身一颤，说道："这里的人全都认识他……那么您呢，不是本地人？"

"不是，"我没有马上回答他，"我是从莫斯科来看望朋友的。"

"也就是说，您是莫斯科人，"男子用大拇指和食指捋了捋他那浓密的眉毛，咳嗽了几声，然后不无遗憾而又诚心实意地总结道，"这很明显……"

"售票"这一程序结束了，售票员巴斯马诺夫重新回到了自己的座位上，心事重重地陷入了沉思。这趟行程中，我在劳动广场下了车，而载着布罗茨基之子的有轨电车继续行驶，一直开到了瓦西里岛，那里好像是八号线所在的区域。

当时，九十年代初，安德烈·巴斯马诺夫频繁地出没于彼得堡的各个团体，表演吉他弹唱。他特别喜欢萨莎·巴什拉乔夫①(1960–1988)的歌。

例如这首：

---

① 亚历山大·尼古拉耶维奇·巴什拉乔夫，俄罗斯诗人、摇滚音乐家、歌手。苏联时期非官方的地下艺术代表人物之一。

工作日的中午我站着醒来。

再一次混淆了床垫和墙壁。

我孤身一人走出狂欢人群，

但——可不是吗！——今天是休息日。

日子过得不好不坏。

厨房里正在烤下水做的烧饼。

赫鲁晓夫式公共住宅的小天地吱吱作响，

脚下的拖鞋唧唧哝哝。

邻居布尔施坦可耻地殴打了女邻居。

我和她给他戴了绿帽子。

我不会和这里的任何人出去侦察，

谁也不能和我一起进入敌人巢穴……①

安德烈·巴斯马诺夫的嗓音浑厚粗犷，他果断地拨弄着琴弦，尽情歌唱，巴什拉乔夫的歌也许就像维索茨基的歌一样，除了他俩，别人都唱不了，唯有他能唱。不仅如此，他在二十二岁时来纽约投奔父亲的时候，也演唱了若干首类

---

① 亚历山大·巴什拉乔夫：《侦查员的功勋》。

似的歌曲,这让约瑟夫感到恐惧。他确实不知道,爸爸仇恨所有这些"苏联摇滚乐"。

据阿拉·乌弗良德回忆,安德烈来到美国后,布罗茨基给他往列宁格勒打了个电话找他——因为是他安排的这次会面——布罗茨基几乎怒吼着开口说道:"你给我打发来个什么人啊?"

"你求我打发谁来,我就打发谁来了。"话筒里回应道。

一九六七年。

安德烈——奥西波维奇——巴斯马诺夫……

布罗茨基听到这组词语,准确地说是听到这个名、姓、父称的组合后,立刻火冒三丈:为什么是巴斯马诺夫,而不是布罗茨基?为什么是奥西波维奇,而不是约瑟弗维奇?

玛丽娜当然做出了回答,但她没有过分渲染,也没有表现出丝毫的冲动,因为案件已经了结而且不允许上诉了,而她既没有精力也不愿花费力气再去制造对立。

约瑟夫·布罗茨基:"在我看来,个人应该忽略环境。他应该或多或少地超越时间的范畴。假如你开始以今天的是非标准'编辑'你的伦理、你的道德,那将是一场灾难……万事万物的发展都要符合逻辑顺序。"

这样的见解着实荒谬。

334

忽略环境的前提是放弃事物发展的逻辑，因为超越时间及非理性的事物都不受制于严格的逻辑体系，而是更多地依赖情感与感性。"编辑"问题，换言之，嵌入现有体系的问题也并非无可争议。因此，艺术家（作为创造者）在否定和排斥一种制度及其法则的同时，也必定在制定自己的规则，并试图将自己周围的一切——家庭、孩子、亲戚、朋友——纳入（大体上是强制性地）这种制度。有的人对此欣然接受，有的人甘愿自我牺牲，而有的人则相反，对此不但不能理解还要予以拒绝。当然，这种离经叛道的做法在富于创造性的诗人看来，是一种背叛，是难以承受的打击，经受过这样的打击之后，友情将会破灭，爱情也会演变为严重的心理疾病。

事实上，我们在这里谈论的是两种专制——政治及创作上的专制——之间的冲突，当这种冲突发展到顶峰时，艺术家（由于客观原因）无法与政权进行势均力敌的论战，而是会和他周围的人展开辩论（确切地说，这种争论不会有任何结果）。

安德烈出生后，巴斯马诺娃和布罗茨基就彻底分手了。

他俩突然明白了：这些年来一直深藏心底、给人以希望的梦想，与他们在格林卡街和彼斯捷尔街所过的现实生活根本就水火不容。

约瑟夫认为自己受到了排斥，而玛丽娜觉得自己被抛弃了。

那么父母的态度又如何呢？

不论是这边的还是那边的父母，对此都漠不关心，不过这倒也在意料之中。

布罗茨基又一次觉得这座城市狭小逼仄，仿佛只有那个六十年代的、区区几平方米的"一间半房子"大小，那时实在找不到地方躲避"委员会"，躲避"他们无处不在的眼睛、无所不闻的耳朵"。

现在也是如此，无处躲藏，也无法独自面对自己的伤痛——到处都是两人共同的熟人、喋喋不休的谈话、出乎意料的偶遇、知情人假惺惺的表情、各类暗示、各种流言。

让人深感意外的是，尽管这座城市拥有诸多景点、道路、无垠的海岸线及波罗的海广阔的海域，然而你在这里仍旧无处可逃。

一切都输光了，看透了，心被击得粉碎。

于是他只能快速走过那些庭院，穿街过巷，然后通常会跑着绕过青铜骑士雕像，同时用手掌捂着脸，彻底装出一副超然洒脱的样子，试着给自己戴上"可怜的叶甫盖尼"的面具。

他的脑海里回响着普希金的诗句：

那失去理智的可怜人绕着

偶像的底座走了一圈，

把他疯狂的视线投向

那半个世界的君主的容颜。

他觉得胸口发闷，于是

把额头靠在冰凉的栏杆上，

他眼前像蒙上一片云雾，

烈焰燃烧他的心房，

血在沸腾，他变得阴沉可怕，

在这高傲的铜像面前……①

约瑟夫深知，自己有时会陷入消沉的状态，而摆脱这种状态的方式，要么是把文学作品里那些由节奏和主题有可比性的段落、章节组成的片断发疯似的一股脑儿写到纸上，要么就是在歇斯底里症发作之际，昏头涨脑地寻找一个能倾听、理解和怜悯自己的人。

---

① 亚历山大·普希金：《铜骑士》，冯春译。转引自亚历山大·普希金著，王士燮、余振、查良铮、郑铮、汤毓强、冯春、卢永译：《普希金文集（第三卷）》（人民文学出版社，1995），页495–496。

没有烦恼，没有爱，没有忧伤，

没有惶恐，也不觉心痛，

半小时之后

似乎将人生路重走一遍……①

他当然知道受人怜悯有损尊严。至少上学期间就有人摆弄着一张画像，向他灌输过这方面的知识。画像上是一位瘦高个儿老头，长着一对下垂的浓眉，仿佛悬崖上丛生的山松。老头长得很像弗里德里希·尼采。大家都叫他"马克西姆·高尔基"。

教室里，黑板上方，挂着一排用油彩画的伟人像——普希金、高尔基、马雅可夫斯基。

这个三人组合总是令人望而生畏，不仅如此，列宁勋章也时常在高耸的胸脯上，在西装上衣或紧身军装上颤动不已——"不必怜悯我们，因为我们也没有怜悯过任何人"！

可是他拿自己也毫无办法，因为在这种流程（寻找并找到善良的灵魂）结束之后，他就变得轻松些了，能呼吸了，也不再感到心痛。

一九七二年，基洛夫剧院的芭蕾舞演员玛丽安娜·库

① 约瑟夫·布罗茨基：《没有烦恼，没有爱，没有忧伤……》。

兹涅佐娃与约瑟夫·布罗茨基的女儿娜斯佳降生了。

她出生两个月之后,约瑟夫离开了自己的祖国。

自此,他再也没见过自己的长女。

而娜斯佳直到一九九五年才听说自己父亲的事。

> 你会凭笔迹认出我。在我们这个善妒的王国
>
> 一切都很可疑:签字,纸张,数字。
>
> 就连孩子都厌倦了这些小玩意儿;
>
> 还是玩具娃娃更有趣。因而我也手生了。
>
> 现在,每当我碰到数字"九"
>
> 带着疑问的颈项(通常是在凌晨)
>
> 或者(在后半夜)"二",我都会忆起那只天鹅,
>
> 它从侧幕后方飞了出来……①

337

这首献给玛丽安娜·库兹涅佐娃的诗,是布罗茨基在一九八七年创作的。

显然,多年以后,一些零散的回忆组合起来,构成了一幅图画,而在此之前你是无法断定将会出现这样一幅图

---

① 约瑟夫·布罗茨基:《你会凭笔迹认出我。在我们这个善妒的王国……》。

画的。

例如,在国立艾尔米塔什博物馆所收藏的休伯特·罗伯特的画作中,回忆已然成为想象的战利品,而且完全不可能将现实和虚构区分开来,因为压根就不存在任何现实。

更准确地说,现实是存在的,但是却没有见证者……

摘自约瑟夫·布罗茨基的随笔《一个半房间》:

显然,记忆的缺陷乃是生物需服从自然规律的证明。任何一种生命都别指望幸免。假如你们不是法老,就别想着成为木乃伊。你们认同你们回忆的对象保持着这份清醒,容忍了自己记忆力的这种特质。一个正常人不可能认为万事万物都会延绵不绝,他甚至也不指望他本人或他的作品万古长青。一个正常人不会去记他早饭时吃了什么。那些因循守旧、循环往复的事物注定会被遗忘。早饭是一回事,你喜欢的事物则是另一回事。你能做到的最好的事,就是把节省空间作为挡箭牌。你也可以运用这些你精心呵护的神经细胞认真地思考一下:这些中断的记忆会不会仅仅是你内心潜在的声音呢? 你怀疑我们大家彼此心性不同;怀疑我们的自主意识远超群体精神,至于人情意识,那就更不必说了;你怀疑小孩不把父母放在心上是

338

因为他总是被外面的东西所吸引，因为他关注的是未来。小孩爱惜自己的神经细胞，而这想必也是为了应对不时之需。常言道：记忆越短，寿命越长。换言之，未来越长，记忆越短。这是预测你们的寿命长短、揭示谁在未来会成为德高望重之人的一种方法。遗憾的是，不管我们是不是德高望重，不管我们是独立自主还是有所依赖，我们都是在旧调重弹，而至高无上的神灵也不会为了我们而浪费神经细胞。

记忆是时间的产物。然而既然时间是一种难以定义的物质，那么相应地，根据次要甚至更次要的特征来评判记忆则是可行的，因为记忆（回忆）已经处于空间和时间的范畴之外，早已断绝了与这二者（它们都在退化）的种属关系。

记忆的碎片。

往昔生活的点点滴滴。

记忆的火花。

第一枚火花。

一九六六年。

约瑟夫坐在汽车后排靠近车窗的座位上，审视着自己。

汽车在科马罗沃疾驰。

约瑟夫望着窗玻璃上自己的样子——眼睛红红的，头发蓬乱，满脸绝望的表情，积雪覆盖的树木在上面一闪而过。看着此情此景，他开始感到恶心。

头晕目眩。

终于，汽车驶近了镇公墓的大门，拐了个弯，停了下来。

约瑟夫最先下了车，步履蹒跚。他感觉身体不舒服。

第二枚火花。

挖墓工人一边抽烟解乏，一边谈论什么地方更适合建坟墓——一定得是上风向的，利于通风，而且土质要软和，下面有一锹深的黏土，还要有"大白鲑"。

"什么是'大白鲑'？"布罗茨基声音颤抖地问。

"就是白砂子。"有人回答。

显然，挖墓工人已经有点"接纳"他了，他们泰然自若，说起话来不慌不忙的。

约瑟夫从衣兜里掏出一块旧的地质罗盘，这还是他以前从事地质勘探时用过，不知怎么保留下来的。他开始给墓穴定位。挖墓工人感到莫名其妙，安静了下来；他们还从来没遇到过这种事。不过布罗茨基对他们的张皇失措毫不在意，要知道最重要的，是要让逝者头朝东躺着。

总算确定了方位，约瑟夫大声宣布："来，这么挖！"

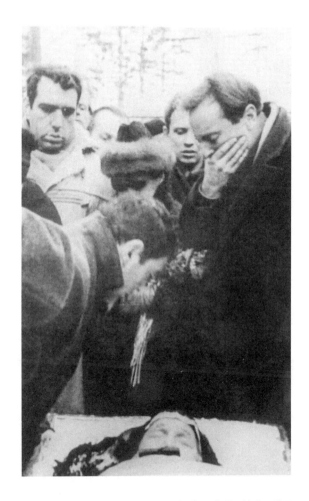

在安娜·阿赫马托娃的葬礼上(依次为奈曼、莱茵、科罗博娃、鲍贝舍夫、布罗茨基),科马罗沃,一九六七年三月十日(鲍里斯·施瓦茨曼摄)

第三枚火花。

圣尼古拉斯海军大教堂前面的广场。

约瑟夫站在一辆公共汽车旁边,就在刚才,安娜·阿赫马托娃的棺木被人们抬上了这辆车。

有人在一旁传递鲜花和花环,由于受到了遮挡,无法看清传递者的面孔。

瞧,此刻,一个用黑缎带将鲜花和云杉枝条捆扎而成的庞然大物从眼前飘过,缎带上写着"肖斯塔科维奇赠"。

一股股热气从口中呼了出来,但是天气并不冷,四下里弥漫着激动不安和悲观绝望的情绪。

约瑟夫望见阿尔谢尼·塔尔科夫斯基[①]正站在远处。

他拄着一根拐杖。

约瑟夫感觉塔尔科夫斯基衰老了很多,看上去疲惫不堪。也许,等他约·亚·布罗茨基活到这样的岁数,也会是这般模样。但他活不到这样的年纪。

阿尔多夫、梅伊莱赫、科佩列夫、莱茵、奈曼从教堂里走了出来。

约瑟夫扶着公交车的侧壁缓步走到附近的一条长凳旁

---

① 阿尔谢尼·亚历山德罗维奇·塔尔科夫斯基(1907-1989),俄罗斯诗人、翻译家。俄罗斯传统诗风的捍卫者。

坐了下来。眼前的一切全都飘了起来——模糊不清的画面,嘤嘤嗡嗡的人声,黑压压的花圈。脑海里有个声音在回荡:

　　　　您将扬起秀美的面庞——

　　　　笑声响亮,仿佛在致悼词,

　　　　暖洋洋的大桥上,声音模糊不清——

　　　　转瞬就将惊扰虚空。

　　　　我没看见,也不会看到您的泪水,

　　　　不会听到车轮沙沙作响,

　　　　载着您奔向海湾、奔向葱茏的树林,

　　　　环游这没有您的纪念碑的祖国……①

在圣尼古拉斯海军大教堂的钟楼上,钟声敲响了。

第三枚火花。②

　　棺材刚一放进墓穴,马上就有人问:十字架立在哪儿——脚部还是头顶上?约瑟夫此刻完全乱了阵脚,他想

---

　　①　约瑟夫·布罗茨基:《致阿赫马托娃》。
　　②　原文如此。

躲藏起来,捂住耳朵和眼睛,他不愿看到也不愿听到这可耻的一幕。但是争论越来越激烈,在所有人当中,列夫·尼古拉耶维奇·古米廖夫①尤为愤怒,因为他认为不该破坏教堂的规矩。

　　第四枚火花。

　　谢尔盖·米哈尔科夫站在阿赫马托娃坟墓的上方,照着一张小纸片宣读一些有关职责、荣耀、勇气、才干及忠于国家的内容。他显然被冻着了,他的双唇发紫,因而想尽快读完这些陈词滥调然后去取暖,比如说钻进那辆停放在殡葬地不远处的黑色"伏尔加"里。随后,塔尔科夫斯基走到坟墓前,喃喃自语似的念叨起来。谁也听不清他在说什么,但是在科马罗沃公墓的一片死寂中,这番絮语却比此前那位发言者铿锵有力的话语意味深长得多。

　　透过塔尔科夫斯基口型的变化,约瑟夫读出了一首诗:

　　　　在冰上,在雪上,在茉莉花上,

　　　　她用比雪更洁白的手心

————————————

　　① 列夫·尼古拉耶维奇·古米廖夫(1912—1992),俄罗斯历史学家、民族学家、人类学家。安娜·阿赫马托娃与尼古拉·古米廖夫之子。

将半个灵魂,将关于她的

最好的半首歌

带进了自己的寿棺……

这个没有完全被认可的女人,被视为异端,

她不相信尘世的赞美,

画完了自己在尘世间的半圆弧线,跨过严寒的门

　　槛,透过

光的旋涡,她遥望南方。

明亮而多疑的双眼中

不露形迹的目光看到了什么?

远方的冬天敞开的门扉

或者一堆篝火,它正

拥抱着我们……①

第五枚,即最后一枚火花。

在阿赫马托娃的"小室"里,大家围坐在桌旁。

从国营商店买来的蜡烛已经点燃了。

---

① 阿尔谢尼·塔尔科夫斯基:《纪念安·安·阿赫马托娃》。

火炉把屋里烤得暖烘烘的。

不过此刻约瑟夫不知为何却在琢磨另一件事。他在想，一九六三年十二月三十一日到一九六四年一月一日的那个晚上，也是在这里，在科马罗沃的某个地方，玛丽娜·巴斯马诺娃和季马·鲍贝舍夫就这样手握蜡烛坐在桌旁。

他想象中的这幅画面异常生动、立体而又清晰。或许是出现了幻觉？因为在安娜·安德烈耶夫娜生前，曾几何时，他们常在这里聚会，同样坐在烛光下——朗诵诗歌，谈天说地，举杯畅饮。

阿赫马托娃仍旧感到困惑："约瑟夫，我实在不明白这是怎么回事；您怎么会不喜欢我的诗呢！"布罗茨基马上开始为自己辩解，同时他也注意到，玛丽娜正嘲弄地注视着自己。

后来大伙就都到屋外抽烟去了。

而现在，所有人也都到了屋外。

有人提议点一堆篝火，因为阿赫马托娃喜欢。

于是大伙开始摸黑寻找柴火。

结果只找到一些受潮的柴火。

最后，这次尝试以失败告终，大伙只闻到了刺鼻的烟味——当你把干燥的碎柴和撕碎的报纸放到冻结的树皮和潮湿的枝条上，试图一起点燃时，就会出现这种情况。

布罗茨基与出版社合作,完成了一部史诗的写作,更准确地说,是他创作完成了苏联作家出版社后来无法出版的《冬邮》的手稿,在此之后(应该说,在经过一段漫长的休整之后),他又一次受到了克格勃的邀请。

会谈亲切友好,几乎就和在家里聊天一样。

克格勃假装对约瑟夫在西方出版的作品和那些时不时来列宁格勒拜访他的、为数众多的外国友人毫无兴趣。他们还装出一副关心人的模样,因为直到现在,这位年轻的天才诗人在苏联境内还没出版过自己的著作,而他的诗歌一直深受人民的喜爱。

摘自约瑟夫·布罗茨基接受所罗门·沃尔科夫采访时的谈话:

343

打过招呼之后,他们开始聊天气,聊健康以及其他事情……然后开始表演一首绝妙的小提琴二重奏。一个人唱歌。"您所经历的是一种反常状况,约瑟夫·亚历山德罗维奇。特别是您在——该怎么说呢——文学活动方面的经历。您的书在西方一部接一部地出版,所以我想,不论是您,还是我们,都同样希望搞清楚这一切是怎么回事。我们想按部就班地让您成为一个正常的、能在苏联发表作品的作者。"我评论道:"哦,天哪! 这话可真悦耳动听!"但是从另一个方向传来了另一种声音:"现在总有一些外国人来找您。他们中间有苏联真正的朋友。但是,您也知道,也有一些人是敌探……""嗯,"我说,"您更清楚。我可不知道。"他们说:"您是知道的,约瑟夫·亚历山德罗维奇,我们当然更清楚,但您是有学问的人……"我嘛,只上到八年级!"……所以我们格外重视您的意见。"在另一个方向有人唱道:"是时候了,是时候出版您的作品了。"所有这一切都在同步进行! 另一个方向有人在唱:"我们偶尔也会对您的评价、对您对某个人的印象十分感兴趣。您是知道的,这些人中间……"而另外一个方向有人唱道:"您是该出本书了!"所以,您瞧,这就是自自然然的聊天……

"如果我没会错意的话,您刚刚是在建议我出版自己的诗集,只要我同意与您合作就行,是吗?"

"干吗要提这么尖锐的问题呢?"

"不是的,我只想搞清楚那番话的意思。"

"我们认为您出书的情况不正常。因此我们很愿意帮助您——出版这本书,无需任何审查,用上好的芬兰纸出版。"

现在已经很难说清,是谁在这次谈话时装模作样,装到了什么程度,又是谁没有装模作样。

"在这里"还是"在那边"出版作品——确切地说,这是一个带有存在主义性质的问题,因为在极其复杂的情况下,不论是"在这里"还是"在那边",一位俄罗斯诗人,当他经受了公审、流放及苏联的其他"令人不齿的卑鄙行径"之后,他的名字在西方广为人知,那么他注定会成为"铁幕"双方的情报部门特别关注的对象。

六十年代末七十年代初发生的一些事证实了这一点。

柳德米拉·施特恩在其著作《无冕诗人》中写道:"在这些伙伴中⋯⋯有根纳季·什马科夫、康斯坦丁·阿扎多夫斯基、米哈伊尔·梅伊莱赫以及几位来自意大利的斯拉夫主义者。约瑟夫终生与'我们的'意大利人保持着友谊,值得单独为他们写一个故事⋯⋯这几个意大利人是在一九六五年出现在我们生活中的,他们当时来列宁格勒读研究生。令人惊讶的是,尽管他们在出身、教育和生活经验方面与我们大相径庭,但大家却那么地意气相投。他们和我们喜欢同样的音乐与绘画作品,如痴如醉地阅读同样一些书籍,背诵同一些诗人的作品,而且都深受俄罗斯文学的'毒害'。约瑟夫与他们当中的乔瓦尼·布塔法瓦、福斯托·

马尔科瓦蒂、西尔瓦娜·达维多维奇及安娜·唐尼等尤其亲近。我们都觉得美女西尔瓦娜长得像电影明星，也许这是因为她和当时非常走红的西尔瓦娜·潘帕尼尼同名的缘故。关于她的家庭状况，我们知之甚少。而关于安娜，我们知道她是威尼斯人，名门之后。安娜留着一头金色的披肩秀发，面部轮廓分明，身材曼妙。她刚满二十岁。她家——据说是美第奇家族的后代——信奉天主教，非常虔诚，对小孩的教育极其严格，喝酒、抽烟及参加深夜派对都是绝对不允许的。此外安娜还十分腼腆。她特别不好意思讲俄语，尽管她对这门语言掌握得相当不错。她总觉得自己的俄语书面语色彩太强，不够自然，她希望掌握成语和俚语，她抄写加利奇、维索茨基和奥库加瓦的歌，并把它们背诵了下来。"

要知道在当时和外国人交往与其说十分罕见，不如说是极其特殊的现象，特别是在交往双方性别不同、都很年轻、不问政治、在这个国家看不到任何实现自我价值之可能性的情况下。而"这个"国家所指的当然是苏联。

想要离开苏联的想法四处蔓延开来。

有的人甚至不敢对最亲近的人承认这一点，但是也有人恰恰相反，把移居国外当作吹嘘和取乐时的谈资。

在此提醒各位，当时只能通过三种（尽人皆知的）方式离开苏联。

安娜·唐尼和福斯托·马尔科瓦蒂,列宁格勒,一九六五年

　　第一种方式是逃离这个国家。那些有可能,比如说借职务之便,离开苏联的人(也包括"不归者")通常会采用这种方式。我们在这里指的是外交官、情报人员、学者、艺术家、运动员。当时最有名气的"不归者"包括:作家阿纳托利·库兹涅佐夫(1929–1979)、舞剧演员鲁道夫·努列耶夫(1938–1993)、语文学家、翻译家斯韦特兰娜·阿利卢耶娃(1926–2011)、舞剧演员米哈伊尔·巴雷什尼科夫(1948–)、社会学家米哈伊尔·沃斯连斯基(1920–1997)、花样滑冰运动员奥

列格·普罗托波波夫（1932- ）及柳德米拉·别洛乌索娃（1935–2017）、象棋选手维克多·科尔切诺伊（1936–2016）、外交官阿尔卡季·舍甫琴科（1930–1998）。

在一九六〇年的俄罗斯苏维埃社会主义共和国刑法中，"逃离"苏联被划归单独列出的第64条"叛国罪"，这条法律所规定的惩罚形式，乃是"剥夺自由十到十五年，没收财产，并处以二至五年流放，或者免于流放，或者处以死刑并没收财产"。

第二种方式是遣送出国。七十年代初，只有持以色列护照才有可能在没有返程机票的情况下合法地离开苏联。根据以色列国一九五〇年通过的"回归法"，每一位犹太族人，无论其居住在世界上哪个国家，都有权**迁居以色列**（返回自己在历史上的家园）。苏联也不例外。如此一来，离开苏联去以色列长久居留便有了法律依据，但前提是放弃苏联国籍，同时放弃苏联境内的动产及不动产。对于绝大多数苏联的犹太人来说，这种离开的方式相当令人痛心。人们就此彻底告别了自己的亲朋好友及事实上的故土。然而远非所有人（在习惯了莫斯科、列宁格勒、基辅、维尔纽斯或里加的生活之后）都能适应中东地区特殊的生活方式，因而绝大多数被遣送出国的犹太人都不会前往特拉维夫，而是去了纽约。在确定是否有权迁居以色列这个问题上，家里的亲戚

布罗茨基一九五五至一九七二年住在这幢房子里

关系发挥着特殊作用。所以那些年流传着一句臭名昭著（而且绝对厚颜无耻）的谚语："犹太老婆——不是珍宝，而是移民工具。"

最后一种，也就是离开"邪恶帝国"的第三种方式，是与外国人通婚。

这种方式最为奔放，如果你愿意的话，但操作起来也最复杂。一方面，以外国公民的丈夫或妻子的身份离开苏联，不应以注销苏联国籍为前提，而且允许拥有双重国籍——苏联与苏联公民所去国家的国籍。但是另一方面，所有人都心

347

知肚明,这其中百分之九十的婚姻是虚假婚姻,是专为离开苏联而缔结的婚姻。而在一系列国家(例如美国),虚假婚姻被视为刑事犯罪及对本国公民权利和自由的侵犯,这使得上述程序的道德成分变得复杂起来。

毫无疑问,所有这些方式(也许第一种除外)都被约瑟夫的朋友们——无论是他在列宁格勒的朋友还是外国友人——讨论和认真研究过。尽管如此,还是绝对不该认为这类谈话中包含着某些反苏、反党的阴谋诡计。这只不过是年轻人的行事风格而已,这些经历过"解冻"的年轻人听"美国之音"和BBC,读英文原版书,喜欢爵士乐和摇滚乐,他们在某种意义上尖酸刻薄而又喜欢冷嘲热讽,他们彻底厌倦了苏联的种种愚蠢行径,坚信"在那边"一切完全不同。

有些人后来顺利地离开了苏联,他们中的大多数人都证实了这一点:无论在以色列还是美国,德国还是法国,一切确实完全不同。

也就是说,和他们当初在莫斯科或列宁格勒的厨房里所做的美梦相去甚远。

第十五场

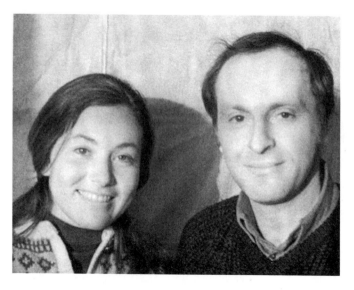

约瑟夫·布罗茨基和卡罗尔·安舒茨,一九七二年

一九七一年,斯拉夫学专业的美国大学生卡罗尔·安舒茨来到列宁格勒实习。

白夜、艾尔米塔什、北方首都的独特建筑都令年轻的卡罗尔赞叹不已。而了解富有诗意的列宁格勒地下文化的奥秘,是掌握俄语、理解俄罗斯文学以及从总体上把握谜一样的俄罗斯灵魂的必要条件,这一点对于任何人来说也都不是秘密。因此,卡罗尔在彼得堡一座"阴森森的"公共住宅里,在一场聚集了众多语文学家、诗人、翻译家及音乐家的"家庭音乐会"上与约瑟夫认识,便不足为奇了。

当然,布罗茨基并不知道(他也不可能知道),自己新结识的这位美国女友的父亲,是美国的高级外交官、美国国务院工作人员、美国驻欧洲(也包括苏联)大使事务顾问诺伯特·安舒茨。换言之,卡罗尔或许已经把这件事告诉了自己的俄罗斯朋友,但他作为一位真正的俄罗斯诗人对此并不在意,或者相反,他对这个重要情况有着自己的理解,他深信这是命运的安排,只能去顺应它。

我们现在无法断定,他俩的这次相遇究竟是一次巧遇还是有人刻意安排的。不过,据卡罗尔·安舒茨说(这番话是她在这件事过去四十年之后才说的),事情是按照一套清晰可读的方案推进的。

"他很想出国,想找个外国女人结婚。可见,他还是希望返回俄罗斯的,想回来就能回来。而我的出现让这个方案变得可行起来。不管怎样,我们相爱了,于是他向我求婚。我回答说'好的'。"

可以想象,无论在美国方面还是在苏联,这则消息很快便尽人皆知了(假如这消息不是由美国方面放出来的话)。

卡罗尔·安舒茨:"我来找美国驻莫斯科领事,他对我说:'俄罗斯人有强烈的民族中心主义,所以这段婚姻不会有好结果的;我建议您别这么做。'"

但是年轻人被彼此和结婚的念头深深吸引着,显然听不进专业人士的劝告。

结婚登记的时间定在了一九七二年五月十日。

然而就在此前头一天晚上,彼斯捷尔街布罗茨基家的电话铃响了。电话是移民局打来的,让约瑟夫去签证登记处履行必要的手续。

约瑟夫·布罗茨基:"我知道,签证登记处是不会平白无故给人打电话的,我甚至以为,是不是某位外国亲戚给我留下了一份遗产。我说,我很晚才有空,要到七点左右,他们回答:好吧,那就七点,我们等您。在签证登记处,一位上校接待了我,他很客气地问我情况怎么样。一切正常,我回答。他又说:您接到前往以色列的邀请了吗?我说:是的,接到过;不仅是以色列的邀请,还接到过前往意大利、英国和捷克斯洛伐克的邀请。

"上校问：您为何不利用一下前往以色列的邀请呢？或许，您以为我们会不让您走？我回答：我是这样以为的，但这不是主要原因。上校问：那主要原因是什么？我回答：我不知道到了那儿能干些什么。

"于是，谈话的调子变了。他对我的称呼也从客气的警察的口吻'您'变成了'你'：我来告诉你，布罗茨基，你现在就把这张表给填了，再写一份声明，我们会做出决定的。我问道：如果我拒绝这样做呢？上校回答：那可够你喝几壶的。

"我坐过三次牢。进过两次疯人院……在这些大学里可以学到的东西，我完全掌握了。好吧，我说。文件在哪儿？……这是周五晚上。周一他们再次打来电话：请来一趟，把护照交过来。然后就开始讨价还价，谈论什么时候离境。我不想马上就走。可他们却说：要知道，你已经没有护照了呀。"①

一九七一年十二月三十一日，耶路撒冷的外交部领事处向约瑟夫·布罗茨基发放了编号为 № 22894 / 71 的许可证，批准他以移民身份入境以色列国。

---

① 转引自列夫·洛谢夫著，刘文飞译：《布罗茨基传》，页170。

许可证上列出的邀请方是雅科夫·伊夫利,据说是约瑟夫的叔叔,居住在特拉维夫东南方向二十公里处的雷霍沃特市摩尔杰伊·阿盖淘特街 24 号(七十年代末,在苏联持不同政见者爱德华·库兹涅佐夫〔1939- 〕的倡议下,弄虚作假邀请他人赴以色列的操作被叫停)。

以色列国入境签证上规定的有效期为一九七二年五月二十九日至八月二十八日。

从苏联离开的出境签证在列宁格勒州城市执委会内务局完成了公证,出境时间截至一九七二年六月五日。

可以肯定的是,事情进展得如此神速(办理布罗茨基的出境材料花费了不到三个星期的时间,然而按照既定流程,正常的办理时长从半年到一年不等),是(苏联和美国的)相关部门协同动作的结果。这让人感觉非常奇怪。

不言而喻,双方中的任何一方都是在完成自己的使命。登记结婚和被请去移民局的日子相重合当然并非出于偶然。一方面,绝不允许美国高官的女儿与持不同政见的苏联诗人缔结婚姻关系。尤其是考虑到虚假婚姻(而这场婚姻毫无疑问是虚假的)在美国是一种刑事犯罪。约瑟夫对此毫不知情,我们也是后来在维也纳国际机场调整航班时才确信这一点的。

另一方面,布罗茨基这张牌在苏联已经被废掉了,所以应该趁着西方舆论界(也包括情报机构)对他的兴趣日益增加而赶紧把他驱逐出境。

诗人、随笔作家列夫·弗拉基米罗维奇·洛谢夫(1937-2009)写道:

苏联政府所采取的那种近乎密封的锁国政策,在六十年代末开始出现松动。一定数量的公民开始被允许离开苏联,去与境外的亲戚团聚。在一九六八、一九六九和一九七〇这三年里,每年都有近千名犹太人离开苏联去以色列。这个数字在一九七一年骤然攀升至三万人,到一九七二年则超过三万两千人。苏联步入一个严重的经济危机时代,这一危机导致它在二十年之后的崩溃。七十年代初,勃列日涅夫政府没有其他选择,只能缓和军备竞赛,改善与西方的经济关系。苏联的战略导弹和渴望移居国外的苏联公民,都成了这一地缘政治游戏中的筹码。获准出国的人数在一九七二年春出现大幅度增长,其中的原因十分简单:莫斯科正在等待美国总统理查德·尼克松的来访。美国以及强大的犹太人议会游说团,一直在要求苏联放宽移民条件,为了后来的粮食供应和"缓和"政策,他们给尼克松预付了这样一张支票。

布罗茨基此时的确有"邀请"——一封得到以色列政府认可的邀请,此信由一位虚构的以色列亲戚发出,邀请他去祖先的土地上定居。许多犹太出身或半犹太出身的苏联公民,都在外国朋友的帮助下预备了这样的"邀请信",以备万一。有时,这样的"邀请"也会在被邀请者没有任何主动要求的情况下不请自来。布罗茨基获得的那份邀请,似乎就是这种情况。至少,他一直没打算利用这份邀请。在当时,他还一直以为情况会发生变化,他们会准许他出国旅行,就像当局有时所做的那样,他们不仅允许像阿克肖诺夫、沃兹涅先斯基、叶夫图申科这样一些具有特殊官方身份的作家出国,甚至也允许另一些人出国,这些作家在布罗茨基看来,在当局眼中应该与自己的身份差不多,比如列宁格勒的先锋派诗人维克多·索斯诺拉。[1]

还有一点我们应该明白:随着俄罗斯文艺界的侨民(如果可以用这个词表示的话)人数在美国和欧洲持续增加,这就要求"委员会"提高工作积极性,并且在各地探索新的形式、寻找新的人物,以实现苏联对外政策方针所提出

---

[1] 转引自列夫·洛谢夫著,刘文飞译:《布罗茨基传》,页170–171。

的任务。

安德烈·西尼亚夫斯基、维克多·涅克拉索夫、亚历山大·索尔仁尼琴、弗拉基米尔·马克西莫夫、尤里·达尼埃尔、娜塔莉娅·戈尔巴涅夫斯卡娅、瓦季姆·杰罗涅、亚历山大·加利奇、阿纳托利·库兹涅佐夫、萨沙·索科洛夫、爱德华·利莫诺夫、列夫·科佩列夫、纳乌姆·科尔查文、尤兹·阿列什科夫斯基、格奥尔基·弗拉基莫夫、弗拉基米尔·沃伊诺维奇、鲍里斯·哈扎诺夫、亚历山大·季诺维也夫、尤里·马姆列耶夫、瓦西里·阿克肖诺夫、谢尔盖·多甫拉托夫、阿纳托利·格拉季林……我们眼前的这份清单远远不够完整，那些在七十年代去国的苏联作家、诗人和记者在英语圈中形成了一个绝对独一无二的俄罗斯文学团体，他们有自己的杂志、出版社，最主要的是，还有自己的读者群。可想而知，苏联的宣传机构把他们当中的每个人都形容为叛徒和背弃者，指责他们追逐"大票子"（美元），说他们离开自己的祖国只是为了追名逐利。

然而我们不得不承认的是，有时候，那些由《播种》及《大陆》杂志、阿尔迪斯及YMCA出版社推出的作品并不逊色，甚至经常还会在文本质量、深刻程度及独创性方面胜过《新世界》和《十月》杂志、苏联作家出版社及青年近卫军出版社推出的作品。与此相反，在《各民族友谊》与《道加瓦》、《西伯利亚星火》与《旗》杂志上刊发的作品,其受关注范围已经远远超出了苏联国界。

侨民作家与国内(这里指的是苏联)的本土作家共同构成了一个统一的语言迹区,自觉或不自觉地将俄罗斯文学置于意识形态及政治壁垒之上。

例如,维克多·涅克拉索夫与钦吉斯·艾特马托夫,鲍里斯·哈扎诺夫与阿纳托利·金,萨沙·索科洛夫与维克多·阿斯塔菲耶夫,他们都是同一文学进程的组成部分,参与这一进程不需要任何护照,也不存在任何缓冲区,如果觉察不到这一点,还要一味地与之作斗争,就显得愚蠢而且毫无意义了。

不过我们还是要回到一九七二年五月。

摘自卡罗尔·安舒茨的回忆录:

> 布罗茨基噙着泪水[从移民局]走了出来。他面临着两种选择:要么去精神病院接受强制治疗,要么移民以色列。他几乎陷入了绝望。对于他来说,我的存在变得没有意义了。他不得不向他这辈子认识的所有人告别,就像临死前那样。至此,我们的关系也结束了。

就这样,刚好在年轻人们想出的那个计划遭遇了失败的当口,这段关系画上了句号。

他陷入了绝望。

此刻……

> 理智占据了头脑,犹如夏天
>
> 笼罩着阴云密布的第六块大陆,
>
> 多想和它们——头脑与乌云——一起
>
> 彻底消失,不留残迹。在某处终于
>
> 有事情发生了,但我的耳朵一动不动
>
> 失去光亮的眼睛眨也不眨,
>
> 电线嗡嗡作响,而我在做的事,
>
> 一块石头或一只靴子——单独或一起——也在
>
> 做……①

绝望,是因为他再也不相信他曾经确信不疑的事,他曾经构想出未来的一幅幅绝美画面,然而现在突然间真相大白:所有这一切只不过是假象而已,事实上这一切全都是

---

① 约瑟夫·布罗茨基:《他心灰意冷》。

子虚乌有。至少纳博科夫在其同名小说①中就是这样描述这种状态的。

当时是一九七二年五月，可以想象，无论他还是她，都感受到了绝望。

他绝望，是因为那个貌似真实的愿望破灭了，支离破碎，原来，你被人当成小学生一样戏耍了，而这种把戏，无疑是一场性质十分可疑、对手极其严肃而又危险的游戏。

她绝望，是因为这一切庸俗甚至猥琐到了极点。

这正是安东·契诃夫所描绘的那种猥琐。作为一位名副其实的斯拉夫学学者，卡罗尔当然读过而且也喜欢这位作家。她被人利用、被人抛弃了，而之前的甜言蜜语、真情流露、山盟海誓，全都变得一文不值。

换言之，全都是信口雌黄。

在阿尔卡季·利沃维奇·利沃夫（1927–2020）的著作《论布罗茨基》中，有下面这段文字：

> 个体意识的真实历史是从哪里开始的呢？布罗茨基认为，是从初次撒谎开始的。当然，在说出第一个谎言之前，个体意识已经走过了一段路，但这还不是其真

---

① 这里指的是弗拉基米尔·纳博科夫（1899–1977）的长篇小说《绝望》。

正的历史,而仍旧是前传。直到有一天,一个人不但撒了谎,并且还第一次意识到自己撒了谎,意识真实的传记便开始了。

约瑟夫的第一个谎言永远留存在了他的记忆中,那时他还只是七岁的小孩奥夏。这位一年级小学生来到学校图书馆注册,需要填写读者卡。我们用布罗茨基本人的话来转述这件事:"第五项,当然是'民族'。我七岁了,明明知道自己是犹太人,却对图书管理员说我不知道。女管理员既疑惑又兴奋,建议我回家去问父母。我再也没回这家图书馆,不过我成了许多其他图书馆的读者,那些地方也有同样的卡片。我并不以自己是犹太人为耻,也不怕承认这一点。"奥夏在图书馆对图书管理员撒了谎,之后他为什么没有回到那里去?难道不是因为他在图书管理员面前会感到羞愧吗?不是的,原因不在于此。尽管奥夏也有羞耻感,但那完全是另外一种羞耻感。布罗茨基说:"让我感到羞耻的只是俄语里的'犹太人'这个词,而不是其含义。"

三十年后,布罗茨基教授解释说,他之所以感到羞耻,是因为在俄语书面语中,"犹太人"这个词就像"纵隔"或"海峡"一样罕见。"纵隔"这个词,读者大体上都知道而且也能记住。如果谁想不起来了,可以去查乌沙科夫词典。至于"海峡"这个词,读者不仅在当代详解词典中找不到,在正字法词典里也找不到。"海峡"即北方俄语方言中的"水道",是从古芬兰语中借用来的。

"纵膈"和"海峡"这两个词语都没有任何可耻的、肮脏污秽的含义。而"犹太人"这个词,据布罗茨基研究,在战后俄语书面语中并不比前面提到的那两个词更常见,"就其地位而言,这个词近乎一个脏字或某种性病的名称"。那么,"犹太人"这个词的地位在哪一部词典中与脏字或和性病相关的词语近似呢?读者只要乐意,尽可以在莫斯科、彼得堡和俄罗斯其他城市满大街地寻找答案,而约瑟夫·布罗茨基——对于他来说,文字凌驾于人从造物主那里获得的一切财富之上——会搬出一个带有"犹太人"字样的现成的砂箱:"一个七岁孩子所掌握的词汇足够让他感受到这个词有多罕见,因此非常不愿意用这个词来称呼自己;不知为何它会对韵律感造成损害。我记得,'犹太佬'这个词倒让我觉得简单些:它明显带有侮辱性,因而毫无意趣,不会被种种细微差别所累。"坦白说,我无论如何都无法理解,"犹太人"这个词在哪方面损害了犹太人布罗茨基的韵律感,即便他对词语和诗行中音节的长度及重音高度敏感——尽管在这方面他处理"犹太佬"这个词的方式没有任何问

360

题。七岁的奥夏撒了谎,他十分清楚,他对图书管理员说的话不是真的。这件事就这样留在了记忆里,三十年后,它被布罗茨基视为其个人意识之真实历史的起点。一年级小男生奥夏清楚地知道自己是犹太人,他宁可给自己戴上一副面具,假装懵懂无知,而三十年后的诗人、美国的大学教授布罗茨基,则在"犹太人"这个词上做起了文章,就像马戏场上的丑角,时而展示杂技演员的技艺,时而充当马戏表演里的魔术师、变戏法者,他会根据角色的需要戴上不同的面具,为亲爱的观众表演马戏团节目单上的搞笑节目。布罗茨基在撒谎方面有着罕见的、演员般的天赋,他酷爱各种乔装角色,却不诉诸那些与换装相关的原始方式,而是使用面具。年复一年,面具和脸越来越贴合,以至于完全没有办法把它从布罗茨基那幅与生俱来的面孔上剥离、撕扯下来。不过这个面具在静止不动的时候却也不像古希腊戏剧中十分流行的那些面具,那些面具上画着预先给定的特征,恶习和美德在上面暴露无遗,只要戴面具的人一登上舞台,再老实的观众也能一眼认出他们扮演的角色。奥夏——后来的约瑟夫、约瑟夫·亚历山德罗维奇——的面具,是用栩栩如生的有机材料做的,能随着主人一起变化,迎合主人多变的心思和花招频出的想法。这些心思和想法严格服从其主人的意志,在幼年和青年时代,主要是凭直觉去服从,而进入智力和职业的成熟期,就总是,或者几乎总是对最终的效果抱有期待,没有这种期待,演员在生活的戏剧舞台上就不可能像在专门配备的戏剧舞台上那样游刃有余。

于是乎,约瑟夫便独自出现在了"专门配备的舞台上"。

一九七二年六月四日。

列宁格勒。

"公路"机场(一九七三年更名为布尔科沃机场)。

在机场候机大厅(如今的布尔科沃机场二号航站楼)的台阶上,约瑟夫身穿牛仔裤、灯芯绒上衣和一件绒线衫,坐在手提箱上。

不用说,他正在抽烟。

约瑟夫的朋友,艺术理论家米哈伊尔·伊萨耶维奇·米利奇科(1934-)拍下了这一幕。

当时广播里发出通知:从列宁格勒飞往维也纳的航班开始检票了。

布罗茨基离开苏联，
"公路"机场，一九七
二年六月四日

　　这是一条"非常棒的"航线，因为它途经布达佩斯。但同时它又"不是特别好"——因为要经过东柏林，这里的中转通道让人联想到苏军驻德特遣队的检查站。

　　约瑟夫对着相机镜头微笑着。令人完全无法理解的是，这个微笑的表情究竟意味着什么呢？难道他真的感到幸福，因为他这辈子一直梦寐以求的长途旅行终于开启了？或者，有可能，他之所以微笑，是因为他不完全相信"这里"的一切已然成为过眼烟云，还会发生其他事情，从而中断这一连串荒诞不经的事件。

可是,不,不会发生其他事情的!

甚至对私人物品——那个用两根行李绳捆牢的皮箱(里面有一些手稿、私人物品和一瓶伏特加)——的检查也将快速而礼貌,就像平时那架"犹太佬运输机"(这个称呼是列宁格勒至维也纳和莫斯科至维也纳航班上的乘客自己想出来的)上乘客的私人物品接受检查时一样。

一位边防军人正在彬彬有礼地检查行李箱,因为他一眼就看出这是个结实耐用的好东西。约瑟夫也含笑注视着边防军人,因为他明白,这是一位真正的苏联边防军人——仪表堂堂,面颊绯红,就像从米特罗方·鲍里索维奇·格列科夫军事艺术工作室的油画上走下来的一样。

边防军人正了正闪闪发亮的赛璐珞帽舌(内务章程规定,帽舌应该位于眉毛上方两指处),然后确认没有任何违禁品,也就是说没有那些写着苏联地址的笔记本、非家庭成员的照片。而这位即将前往以色列永久定居的约瑟夫·亚历山德罗维奇·布罗茨基的行李中也没有任何文件。

他毕恭毕敬地把手提箱还给了它的主人。

当然了,手提箱为此——为自己受到如此礼貌的对待——骄傲不已,它感觉自己简直就是苏联被驱逐者之手提箱的一座丰碑。

谢尔盖·多甫拉托夫:

结果,一个箱子就够用了。

对自己竟如此吝啬,我几乎要痛哭一场。毕竟是三十六岁的人,还有十八年工龄,挣了点钱,置办过点家当,想象中,也拥有一点个人财产什么的。可最终仅仅是一只行李箱,而且尺寸不大。难道我是叫花子?怎么会这样破落呢?

藏书怎么办?我收藏的书基本属于禁书,海关不会放行的。不得不把它们连同所谓的私人档案一起分送给朋友们。

手稿呢?早已被我秘密地转移到西方去了。

家具呢?写字台被运进寄卖店,有几把椅子被画家切金拿走了,此前他一直用木箱当椅子坐。其余的东西全扔了。

就这样,我带着一只箱子离去。箱子是胶合板做的,表面包了布料,还有镀镍金属包角,锁头已失灵,只得用晾衣绳捆牢。

这只箱子曾经伴随我参加少先队夏令营,箱盖上用钢笔字写着:小班,谢廖沙·多甫拉托夫。有人并无恶意地在旁边添上:掏粪工。箱面的布料已经有几处破裂。

箱盖内侧粘着一些照片:洛奇·马西阿诺,阿姆斯特朗,约瑟夫·布罗茨基,着透明服的罗洛布丽吉达。

海关官员试图用手指甲抠下罗洛布丽吉达的照片,结果只划破了表层。

他没动布罗茨基,只是问这人是谁?我回答说是一个远房亲戚⋯⋯

⋯⋯我才取出箱子,把它打开。

浮头儿是一套体面的双排扣西装,原来是打算穿它接受采访、参加研讨会、讲课和庆祝活动什么的。我认为,还可用于诺贝尔文学奖颁奖仪式。西装下面是一件府绸衬衣和一双包着纸的鞋;再下面是一件人造毛的绒布夹克,左边有一顶人造兔毛防寒帽,三双芬兰绉纱袜子,还有一双司机手套。最后是一条军官皮带。

箱子底有一页一九八○年五月的《真理报》,醒目的标题是"伟大的学说永存!"卡尔·马克思的肖像位于整个版面的中心。

我在学生时代就喜欢给世界无产阶级领袖画像,特别是马克思。简单勾几笔,已经很像了⋯⋯

我看看空箱子,布罗茨基在上,卡尔·马克思在下,而位于其间的是一去不复返的生活,珍贵无比而又绝无仅有的生活。

我合上箱子。里面响起卫生球沉闷的滚动声。餐桌上堆起五颜六色的杂物。这就是我三十六年的全部,

我在故乡生活的全部。我不禁想,难道这真的就是全

　　这时,就像人们常说的那样,往事涌上心头。也许,往事就藏匿于这些破鞋烂衣的褶皱里,现在终于浮出水面。这些回忆可以叫作"从马克思到布罗茨基",或者"我的积累",要不干脆就叫"行李箱子"……①

这时,边防军人以一名军士此刻应有的全副礼仪,拎着布罗茨基的行李箱去办理行李托运,在那里,一位身穿蓝色民航制服上衣的妇女给行李称重,然后在上面贴了许多颜色各异的标签。

啊,哈迪斯的女儿,你说,你威严、刚正的目光意味着什么?

　　① 引自谢尔盖·多甫拉托夫著,刘宪平译:《小箱子》(人民文学出版社,2005),页1-4。

穿蓝色制服上衣的妇女：

它确实很轻，分量轻得要死！

里面空空如也，就像它主人的人生，

国家培养了他，他却要从这里逃跑。

他贪图锡安山①的享乐，因此永远都别指望得到宽恕！

边防军人：

我是觉得可惜了这个手提箱，质地结实，用皮子做的。

大概原先是公用住宅里住户家的装饰品。

可是现在呢？它就要飞去维也纳了，

到了那儿可没人能瞧得出它的稀有价值。

穿蓝色制服上衣的妇女：

垃圾！

边防军人（吃惊地）：

说谁呢？

穿蓝色制服上衣的妇女（皱起眉头看着约瑟夫，他正在一个小本子上写着什么）：

他知道说的是谁！

约瑟夫（几乎没听到）：

———————————

① 锡安山又名圣山，即圣经中"赐平安的山"，是圣城和耶路撒冷的代名词，在信徒心目中有着崇高的地位。

昨天还深恶痛绝的事，明天

就要发生了，环境的变动

只会刺痛人心；显然，我是该

出去走一走，远离这里，消失得

无影无踪了。可是空虚苦闷之际

理智占据了头脑，即便在那里

又能怎样呢?! 我只能手握

圆珠笔，尽量显得平静安详。①

这时广播里发出通知：从列宁格勒飞往维也纳的航班检票完毕。

后来，叶连娜·多甫拉托娃（谢尔盖·多纳托维奇·多甫拉托夫的妻子）说："维也纳是苏联侨民生命中的里程碑，缓冲区。那些下决心离开自己祖国的人，通常只有到了维也纳才会最终决定去哪个洲或哪个国家生活。"

不过，想必布罗茨基清楚自己路在何方。

此刻，当那盏显示"请系好安全带"的信号灯亮起来的时候，显而易见，通往过去的大门便永远地关上了。机身颤抖了一下，开始缓缓地在跑道上滑行。

---

① 约瑟夫·布罗茨基：《他心灰意冷》。

显然，一切都在重演，仿佛又回到了一九六六年，他坐在车上，汽车沿着积雪覆盖的道路向科马罗沃疾驰。

和当时不同的是，此刻的约瑟夫看到自己正坐在舷窗旁边，时间和空间在窗外加速行进，越来越快。

他呆呆地注视着窗玻璃上自己的影子。

当时的自己双眼通红，头发蓬乱，似乎万念俱灰。

现在已经不一样了，现在，雪片般的云朵正从脸上掠过。

这种尴尬场面令人头晕目眩起来，此时，万米高空中突然响起了流亡诗人、诗歌巨匠清晰而响亮的声音：

尊敬的列昂尼德·伊里奇：

离开俄罗斯非我所愿，这一点您或许是清楚的。我决定向您提一个请求，我有权这么做，因为我坚定地认为，我十五年来从事文学工作所做的一切，不是为了别的，都是为了并且将来也只是为了让俄罗斯文学发扬光大。我恳请您给我一个机会，让我能生存下去，能参与文学进程。哪怕是当一名翻译也好——到目前为止，我也在以这个身份做事。我斗胆认为，我的工作是一份好工作，而我也能继续做贡献。毕竟一百年前就修炼成这副模样了。我属于俄罗斯文化，我意识到自己是它的一部分，一个组成部分，无论身在何方都不可能影响到这一最终结局。语言——是比国家更古老、更必不可少的事物。我属于俄罗斯语言，而说到国家，就我的观点而言，衡量一个作家是否爱国，要看他如何运用他生活其间的人民所用的语言写作，而不是看他如何在讲台上赌咒发誓。对于我来说，离开俄罗斯令人痛彻心扉。我在这里出生、长大，在这里生活，我所拥有的一切都是我亏欠它的。我遭遇的所有不顺，远远少于美好的事物，因而我从不觉得自己蒙受了祖国的侮辱。即便现在也没有这种感觉。因为，虽然我不再是苏联公民了，但我仍是一名俄罗斯诗人。我相信我会归来；诗人总归是要回来的：肉体或是创作。我宁愿相信二者都会归来。人们已经走出了弱肉强食的时代。为此世界上有太多的弱者。善良是唯一的正义。由于邪恶，由于愤怒，由于仇恨，即便是那些所谓的正义之士，也不能稳操胜券。我们都会受到同样的处罚：死刑。正在写下这些文字的我会死去，正在阅读这些文字的您也会死的。我们的事业会留下来，但它们也注定遭到破坏。因此，任何人都不应干涉他人从事自己的事业。生存条件本就过于严苛，干吗要让它变得更加复杂呢。我希望您能正确理解我这番话，理解我对您的请求。我请求您给我一个机会,让我在俄罗斯文学、俄罗斯大地上继续存在下去。我认为,我没有对自己的祖国犯下任何过错。恰恰相反,我认为,我在很多方面是对的。我不知道您对我的请求会做出怎样的回应,也不知道您的回应是否会起作用。可惜我之前没有给您写完这封信,而现在时间已经不够了。但我还是要告诉您,无论如何,即便我的人民不需要我的躯体,我的灵魂对他们来说还是有用的。

歌队(由若干边防军人及穿蓝色民航制服上衣的妇女组成)站在机场候机大厅的台阶上,唱道:

走得好!

走得好!

走得好……

第十六场

布罗茨基与卡尔和埃伦德亚·普罗弗

亚历山大·伊万诺维奇·布罗茨基躺在一张巨大的双人床上,这张床还是玛丽娅·莫伊谢耶夫娜在一九三五年购置的。

他把双手枕在脑后,眼睛望着装饰有摩尔风格石膏雕像的天花板。天花板上布满了斑驳的裂纹和楼上邻居家漏水留下的痕迹。

天花板就像一幅地图。

而他此刻远远地飞离陆地,从高处鸟瞰甚或从正在高空飞行的苏联国际航空公司图-154大型客机上观察一块块陆地和不同的水域。

这个念头令他开心不已。

可是,只有当你就这样躺在床上,望着天花板,陷入虚幻状态,游离于时空之外时,一切才变得如此简单。

约瑟夫在万米高空飞行的时候,很可能也有类似感受,他首先飞越苏联领空,之后又飞越欧洲,他在脑海里一遍又一遍地读着写给苏共中央总书记列昂尼德·伊里奇·勃列日涅夫同志的信,他竭力克制激动的情绪,自我安慰:自己长久以来所做的一切终于有了结果。

与此同时,飞机开始下降,进入了厚厚的云层。

当天晚上,亚历山大·伊万诺维奇刻意没关电视,一直等着看天气预报,确切地说,他不是在等着看沉闷无聊的数字播报和图片展示,而是在等他喜爱的《曼彻斯特和利物浦》的旋律。

法国女歌手、演员玛丽·拉福莱站在一扇窗前演唱《曼彻斯特和利物浦》,雨滴沿着窗玻璃流淌下来。

她神情忧伤,似乎有眼泪从她的眼睛里涌出。

而列宁格勒此刻也在下雨。

飞机穿越云层向下飞行,划着弧线开始降落,几乎就在贴近地面的瞬间,一道道水流噼里啪啦地落在舷窗上。

维也纳同样也在下雨。

一切正如想象中一样——"昨天还令人厌倦"的事,明天就要发生了。细雨蒙蒙,天色灰暗,简直和彼得堡一模一样,可是人们却天真甚至愚蠢地以为这里时常晴空朗照。

期待和现实之间存在着巧合与差异。

这是一个有两种解决方案的公式,它要么令人灰心丧气,要么相反,让人产生幸福感。

373　　从约瑟夫来到维也纳施韦夏特机场中转区开始,之后发生的一连串事件,令人对第二种方案产生了根本性的怀疑。

如前所述,在所谓"犹太人移民浪潮"中,维也纳是苏联侨民的中转中心。正是在这里,在最终的签证担保这道关口上,决定着来自苏联的被遣返者下一步的行程——前往以色列还是美国。

显而易见,希望远渡重洋者的队列比那些渴望回归故土人士的队伍多出了好几倍。

在维也纳施韦夏特中转区得知,美方不允许布罗茨基先生入境,因为他们获悉他曾经诱惑美国公民卡罗尔·安舒茨假结婚,而根据美国法律,这是刑事犯罪。

如此一来,持有以色列第 22894 / 71 号入境签证的布罗茨基,接下来只能乘坐维也纳至特拉维夫的航班。

事情发生如此转折,令布罗茨基始料未及。

需要指出的是,约瑟夫还从没去过以色列,尽管他向来对圣经问题抱有兴趣(这一点在他的创作中有所反映),也游历过世界上许多地方,但不知怎的,他下意识地抗拒前往应许之地。

不过,后来他也同样再没造访过自己童年和青年时代生活过的那座城市。

很可能,他根本无法认清那个早已不复存在之人体内的自我,他担心自己来不及做完所有分内之事便提前死去。

然而就在此时此地,在维也纳,他无比清晰地意识到另外一些问题,一些他在列宁格勒时从未考虑到的问题。

首先,负责"引导"布罗茨基的美国特工,其诡辩水平与那些一直和他们进行专业接触的苏联特工毫无二致。

374

其次,根据剩余原则,迁居以色列等同于移民,对于任何一位遣返者来说,只要他是美国领土上不受欢迎的人,(迁居以色列)便是一种惩罚和践踏自由的行径。

最后,也就是第三点:没有美方高级"玩家"的参与,这一冲突便不可能得到解决。

卡尔·普罗弗和斯特罗布·塔尔博特就是来帮助布罗茨基的。

卡尔·雷·普罗弗(1938-1984),斯拉夫学家,翻译家,出版商,哲学博士,密歇根大学教授,阿尔迪斯出版社的创始人。后来布罗茨基是这样评价普罗弗的:"他使俄罗斯文学重新获得了持续性的发展,从而为其挽回了尊严……卡尔·普罗弗为二十世纪俄罗斯文学所做的贡献可以与古腾堡的发明相提并论,因为普罗弗开启了出版业的新篇章。他用俄语和英语出版了那些原本注定永远不会见诸版面的书籍,拯救了为数众多的俄罗斯作家与诗人,使他们免于被遗忘,免于精神错乱和陷入绝望,使他们的文字免于被歪曲错解。此外,他还改变了俄罗斯文学本身的气象……就俄罗斯文学而言,俄罗斯人有心无力的事,他做到了……"

斯特罗布·塔尔博特(1946-),美国外交官,政治学家,美国副国务卿(1994-2001),主管俄罗斯与独联体国家事务,华盛顿布鲁金斯学会总裁。在布罗茨基逗留维也纳期间,担任《时报》杂志记者。摘自塔尔博特访谈:"我在美国外交使团中有一些朋友,我和他们有来往,因为他们对俄罗斯感兴趣。我告诉他们,布罗茨基需要帮助,他将为美国文学增光添彩。美利坚合众国应当向他提供一切可能的帮助。"

在一个月之内(七月份,约瑟夫持美国护照离开了维也纳),美利坚合众国究竟是如何向诗人提供这种"一切可能的帮助"的,我们不掌握相关信息。不过我们认为这不很重要,因为据布罗茨基本人回忆,他的生活终于出现了重大转折,在列宁格勒时的种种梦想,曾经只是诗意的幻想,现在开始变成现实。外交上的例行公事及情报机关的交易超出了他的认知范围。

约瑟夫·布罗茨基:"一九七二年六月。我在维也纳下了飞机,在那儿接我的是美国出版家、我的朋友卡尔·普罗弗。我知道奥登正在奥地利度夏,于是向普罗弗提出请求——能不能找到他呢?六月四日我飞到了维也纳,六日或七日我们乘车出发,去寻找那个位于奥地利北部的基尔赫斯杰坦,奥登就住在那里(奥地利总共有三个叫基尔赫斯杰坦的地方)。终于,我们找到了要找的基尔赫斯杰坦,驱车来到一栋房子跟前,女管家赶我们走,说奥登不在家(其实她赶的是卡尔,因为我对德语一窍不通)。我们正打算离开,我突然发现,一个穿着红衬衫、打着背带、体格健壮的人正沿着山坡往上走。他腋下夹着一捆书,手里拿着外套。他从火车站来——去了趟维也纳,在那儿买了一些书……第一天,当我和他在这个基尔赫斯杰坦坐下来聊天时,我就开始了对他的"盘问"。这是一段格外漫长的访谈,话题是:他对各位英语诗人持怎样的看法。奥登给我的回答(有点不情愿)相当清晰、明确,以至于我迄今——嗯,不能说奉为金科玉律吧,也还是一直觉得应该认真对待……他说,他特别看重的唯一一位俄罗斯作家就是契诃夫。还有,我记得,奥登指出,他是不可能与陀思妥耶夫斯基同处一个屋檐下的;这种英国人常见的表达方式。对吧? 顺便说一句,奥登写评论文章高度赞扬了译成英文的康斯坦丁·列昂季耶夫①……他尝试张罗、安排我所有的事务。从美国诗人协会为我弄了一千美元,所以我初来乍到就有钱花。他对我就像母鸡爱护自己的小鸡宝宝一样。我实在是太幸运了。最后,我来到奥地利两个星期之后,我们一起坐飞机去了伦敦,参加'国际诗歌节',我们在

---

① 康斯坦丁·尼古拉耶维奇·列昂季耶夫(1831-1891),俄罗斯作家、文学评论家、哲学家。

那儿一起发了言……"

与此同时,在卡尔·普罗弗和斯特罗布·塔尔博特的共同努力下——前者在密歇根为约瑟夫提供了工作担保,后者则与哥伦比亚广播公司旗下的电视台取得联系,对冲突事件进行了解释——美国最终允许布罗茨基入境,而直到一九七二年七月初,他才抵达密歇根州沃什特瑙县安阿伯市,该市位于底特律以西五十六公里处。

密歇根大学,即约瑟夫即将任教的校区,就坐落在此地。

卡尔和埃伦德亚·普罗弗一家彻底承担起了照顾这位俄罗斯侨民诗人的职责,就好像他是他们亲密和喜爱的亲戚一样,不仅为他提供住处,还直接帮他安排好了工作。

对于这位在三十二岁才初次来到美国的苏联侨民来说,这里的一切都非同寻常,令人震撼,既难以置信,又千真万确,应当学会适应这种实实在在的生活。

377

摘自约瑟夫·布罗茨基写给翻译家维克多·戈雷舍夫的诗体书信:

假如何时我能把

美国放置在两个俄语音节中,

我就会写下:很多很多。

我会写下一切——人,公路,

洗衣粉,住宅,
画着喷涌的可口可乐的栏板,
摩天大楼,异性,
可穿戴设备,歇斯底里,骗局。

这一切令人眼花缭乱。
这里没有谦卑的国家标准。
当你以不到八十五英里的
时速在九十四号

州际公路疾驰
(我们这些俄罗斯人,永远都
学不会换算),而在右侧
城际巴士呼啸而过,

而左边是一辆拖车,
拖着三层崭新的小车,晃晃悠悠,
到处都亮着车灯,
而从后方挤压、逼近的

是一台制冷机,因而你无法

再增添什么:车头前方是

煤气罐的屁股,而洪水的兄弟——

瓢泼大雨正击打着车窗……

而此刻密歇根仍旧在下雨。

显然,它在跟踪一位列宁格勒来客。

可以想象,这相同的一幕也会在土生土长的伦敦人身 378
上上演……

听完《曼彻斯特和利物浦》,亚历山大·伊万诺维奇从床上坐起来,关了电视,向约瑟夫的办公桌走去。他一直不怎么认为自己的儿子在做正事。他不止一次对儿子说,最好还是给自己找一份有固定收入、季度奖金和社会保障的真正的工作,因为诗歌只会带来不幸,而无论如何都不会带来钱财。

这就像伊万·帕夫洛维奇·尤瓦乔夫①的做法一样,他曾经伸出食指指着天空,对自己的儿子说:"只要你是哈尔姆斯,你就注定不会幸福。"

---

① 伊万·帕夫洛维奇·尤瓦乔夫(1860–1940),俄罗斯作家,沙俄时代曾经是位思想激进的民意党人。他也是俄罗斯著名诗人、作家、剧作家丹尼伊尔·伊万诺维奇·哈尔姆斯(1905–1942)之父。

亚历山大·伊万诺维奇在桌子前坐下,桌上还留着约瑟夫那台打字机的支架上黑色橡胶套的印记。

与此同时,在安阿伯市普罗弗的居所,布罗茨基也正坐在桌前。

是的,在这里,他甚至没有试着复制自己在彼得堡那一间半房子里的小小的空间或者诺林斯克的"办公间",当然,尽管有些细节还是让人一眼便能看出端倪。

一台打字机。

一张父亲身穿制服的照片。

窗玻璃下面的相框里母亲和父亲的双人照。

一张威斯坦·休·奥登的照片。

一瓶开了盖的尊尼获加(也可能是其他品牌)。

几个活页本(我们发现,约瑟夫在列宁格勒办理行李清关时,就是在其中一个本子上记录了一些东西)。

一盏维多利亚风格的台灯。

379 一台索尼牌收音机。

一尊普希金半身像。

几本美国诗选。

胡乱摆放的草稿。

约瑟夫环视所有这些物品。

他把一页纸放进打字机里:

是时候了。我准备开始。
从何说起,不重要。张开
嘴。我可以沉默。
不过我最好说说话。

讲什么？讲白天,讲黑夜。
或者就——什么也不说。
或者就讲东西。
讲东西,而不是讲

人。他们会死。
全都一样。我也必有一死。
这是无效劳动。
好像在风上写字。

我的血是冷的。
它的冷比冻到
河底的冰更难以忍受。
我不爱人们。

他们的外貌不合我的心意。

他们的脸使生活

习惯于某种摆脱

不掉的样子。

他们的脸上有点儿什么，

它违反理性。

它表现出不知

对谁的谄媚。①

380　　　三年之后,普罗弗居所的这个房间里将会住进另一位

俄罗斯作家,他的作品《愚人学校》受到纳博科夫本人的高

度评价,这本身就已经是一件不可思议的事了。

　　这位作家也将坐在这张桌子跟前,桌子周围全是另外

一些物品,也就是说,眼前的一切——不论纪念照、书籍还

是电器——几乎全都不复存在了,只剩下一摞摞放得整整

齐齐的笔记本、一只茶杯和几根铅笔。

　　据说,伟大的英格玛·伯格曼②也是通过这种方式,借

助于笔记本和铅笔,与永恒展开交流的。

---

　　①　约瑟夫·布罗茨基:《静物画》。转引自约瑟夫·布罗茨基著,娄自

良译:《布罗茨基诗歌全集　第一卷(下)》,页171–172。

　　②　英格玛·伯格曼(1918–2007),瑞典导演、编剧、制片人。

第十六场的副歌(结尾)

歌队一动不动地演唱。也可视作"Deus ex machina",即刻意为之而又令人意外的事件转折,对于前面一章具有补充意义。在这里带有按语的性质。

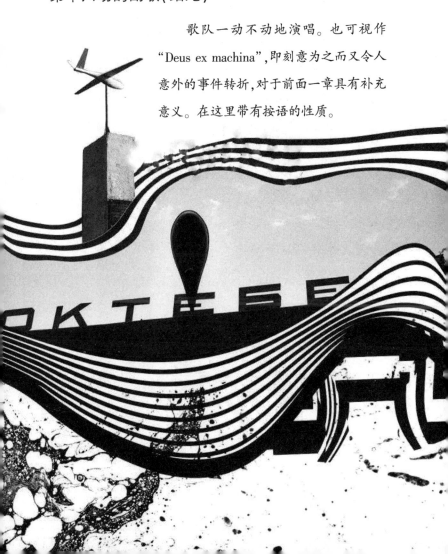

萨沙·索科洛夫

萨沙·索科洛夫(亚历山大·弗谢沃洛多维奇·索科洛夫,1943-),小说家,随笔作家,《愚人学校》《狗与狼之间》《红木》《三联画》的作者。 383

他像一名卫兵,耶路撒冷圣殿门前的守卫者,态度倨傲,一丝不苟,沉默寡言,那神情,令人不由得对他肃然起敬。他总是预先透露部分文本或章节,对其做简要描述,也透露题词,即献辞,不过有时候,他会拿一张极薄的卷烟纸把题词盖住。现在,一阵响亮的脚步声过后,他用英语做了简短的自我介绍,又用俄语清晰地重复了一遍,然后轻蔑地噘起嘴唇,说:“衬页,源自德语 Schmutztitel。”他再次用石笔在一块木板上标出工作日,以某种方式计算、“点数”工时。

例如:

“公元一九九〇年。

“印刷品的装帧差劲极了——用的是芥末色的廉价新 384
闻纸,字迹模糊不清,印刷胶干裂了,像琥珀粉尘一样。

“可见这些都是‘减分项’。

“但是也并非没有‘加分项’,可以算作‘加分项’的,有亮闪闪的硬壳书皮和令人咋舌的印数——七万五千册,这些书是由特维尔一家半死不活的苏联图书出版单位——多半是顺便——印制的。

"衬页设计得空洞而压抑,甚至有点像科普捷沃区或基米良泽夫斯基公园周边的混凝土围栏。

"所幸在书的右上角放了一句简明扼要的献辞——'献给我的朋友和邻居、低能儿维嘉·普利亚斯金',假如没有这句话,衬页上标新立异的寒酸气会令人不快,它也就不大可能被用来装帧如此卓越的文学作品了。

"慢性精神分裂症。

"人格分裂。"①

现在我们也来发挥丰富的想象力,从一九九〇年跳跃到二〇〇七年的事件当中。

说什么好呢——看着我们眼前的衬页,就好像这些年的时光并没有一晃而过!尽管它已经破旧不堪,但还是没有丧失其卑微的尊严。

那么,二〇〇七年秋天究竟发生了什么事呢?

萨沙·索科洛夫出人意料地来到了科特贝尔。

"真不错!"——你还能怎么说呢。

可是,不对,可以用雅科夫·鲍里索维奇·克尼亚日

---

① 以上似乎是萨沙·索科洛夫对自己的小说《愚人学校》的部分剧透。

宁①(1740–1791)的话来说：

> "要是在近卫军，他明天就是上尉。"
>
> "不必了，让他在军队里当兵。"
>
> "说得好！让他锻炼锻炼筋骨……"
>
> "可是，他父亲是谁？"②

父亲——弗谢沃洛德·索科洛夫——是一位情报 ³⁸⁵
人员。

母亲——利季娅·索科洛娃——也是一位情报人员。

"让他锻炼锻炼筋骨！"——的确如此。

他借住在前青年诗人协会会员、诗人弗拉基米尔·阿列伊尼科夫(1946-)家，显然，他俩是老朋友。

适度的沉默是为了更好地开口说话——萨沙很长时间都没有露面。

这位《愚人学校》的作者当时只有一张公开照，即瓦列里·费奥多罗维奇·普罗特尼科夫拍摄的那张著名的《方

---

① 雅科夫·鲍里索维奇·克尼亚日宁，十八世纪下半期俄罗斯著名的诗人、作家。

② 雅科夫·克尼亚日宁：《吹牛大王》。转引自普希金著，磊然等译：《上尉的女儿》(人民文学出版社，2016)，页126。

格》，照片上的索科洛夫穿着一件卸了肩章的老式奥地利军大衣，凝视着相机镜头。

他的眼神透着洒脱。

看着这张八十年代末的照片，你会不止一次跃跃欲试，想要弄明白——这个抽着烟斗、戴着帽子、迷恋下棋、少言寡语、爱喝昂贵的法国白兰地和咖啡、不卑不亢、极内向而又目空一切的家伙，究竟是怎样的人？

莫非这件老式奥地利军大衣也是这个画谜的一部分，有着独特的意义？或者根本就不是！

这事关傲慢。

傲慢是每一位伟大的俄罗斯作家必不可少的品质，索科洛夫从祖母安东尼娜·亚历山德罗夫娜那儿继承了这种品质，用萨沙的话来说，很久以前有一首非常有名的抒情歌曲《花园里的菊花早已谢了……》，就是写给这位老人的。

文章中进一步写道："和任何一位自尊自爱的波兰女人一样，祖母心肠硬，爱抽烟，爱读法国小说，而且只喜欢我这个小孙子。别的孩子她都不喜欢，因为他们太吵了。"

386　　终于，索科洛夫现身了。

他悄无声息地走进房间，笑了笑，相当拘谨地打了个招呼，拿起一只巨大的旅行杯，喝了一口茶水——这可能是当时的错觉——然后开始聊电影艺术，而我的反应有点迟钝，不太机灵，显然，当时我的内心还完全无法摆脱那件卸掉或摘下肩章的该死的奥地利军大衣的纠缠。

不过，一个有关电影脚本的必要性及其在电影产业中的作用的问题，让我回过神来。

我清醒地意识到，答出这类问题能让我们的关系变得熟络起来（要知道我是来为萨沙拍电影的），于是我大致说了这么几句："我认为，拍摄纪录片其实并不需要脚本，而在拍摄故事片的时候，它也只是用来申请制作费的官方文件而已。"

萨沙走出房间——后来才知道，他是往自己的水杯里续茶去了——回来时说了一句恰到好处的话："没有任何电影脚本，这可太棒了！"

过了几天，当我们在太平湾①摆好摄影机准备拍摄时，索科洛夫解释说："情节作为文学的一个侧面，对我从来都没有吸引力。情节是凭空虚构的东西，情节是用来出售的。对我来说，重要的在于话语是如何发挥作用的，它是一种语言的舞蹈。假如我出生在另一个时间、另一个地点、另一个家庭，我可能会成为一名作曲家，因为语言也是音乐的一种形式。而一切最终取决于状态、音调……"

————————————

① 克里米亚一处风景优美的海湾。

这里提到要寻找一种状态,在这种状态下,不能有任何既定的因素,在这种状态下,一切都经历着从无到有的过程,或者压根什么都不会出现。

从这个意义上来说,我们认为,文学与非娱乐性质的电影极其相似,因为电影脚本的任务在于迁就形式,因而无法发出自己的声音。萨沙一边攀登克列门季耶娃山,一边倾听滑翔机迎着十月的暖风发出的声音,确切地说,是那种吱吱呀呀的声音,这架滑翔机是为了纪念科特贝尔空域的征服者而安设在这里的。

他在一个表层剥落的混凝土基座上坐下,抽起烟来。

状态找到了?

有可能;那么,应该以怎样的形式加以体现呢?

例如,以回忆录的形式,在这种情况下,首先要依照传统进行诸如此类的预告:

“第一次跟随父母来到科特贝尔,在青蛙山不可避免地加入收集红玉髓的狂热大军,之后又和众人一起前往卡拉-达格山品尝当地的酸葡萄酒,夜间裸泳,参观文学基金会的露天影院,而且,当时大概还产生了乘汽艇横渡黑海的念头。”而现在,从滑翔者山(即克列门季耶娃山)的山顶就能俯瞰这片黑海,任凭目光一遍又一遍穿越这片海域。

这是思想的穿越:“一切从何开始?当然还是要从某个

声响开始。接下来务必把各种声响全都组合起来。而语调最为重要！有时候我想不出起始句，但是能想到一些字词，便把它们排成一排。如果我觉得自己陷入了某种困境，那么我就躺下睡五分钟，当我醒来的时候，问题往往会迎刃而解。"

白天睡过一觉后，凭着直觉找到了解决问题的办法，随后，我们便出发前往少先队夏令营营地，该营地位于捷普谢利河与秀留-卡亚山麓之间。

这里有一座圆形剧场，是由刷着厚厚一层油漆的长凳围起来拼凑而成的。落座之后，索科洛夫开始谈论当地的一个传说，据说亚历山大·普希金的真坟就在这里，在卡拉-达加山麓的某个地方（至于莱蒙托夫，毫无疑问，他葬在高加索）。之后，他开始朗读《愚人学校》的第一章。

388

好吧，但该从何下笔，该如何用字遣词呢？都没关系，你开头就这么说吧：那儿，在车站那儿的水塘。在"车站那儿的"？不过这不正确，修辞上有错误……①

---

① 转引自萨沙·索科洛夫著，宋云森译：《愚人学校》（武汉大学出版社，2018），页13。

脑海里立刻勾勒出一幅火车站的画面——炎炎烈日下,气氛沉闷无比,车站上有一半是空的,不用说,到处弥漫着煤焦油和烤包子的气味——爱干净的克里米亚鞑靼人在这里卖烤包子。萨沙捕捉到了语调,于是提议在费奥多西亚火车站继续拍摄,他还是从基辅赶到这里的,因为他费了些周折才经由乌克兰溜到了科特贝尔。原则上,他不能享受航空交通服务。

这里的车站附近没有水塘,但是有一些销售纪念品的摊位,在这些摊位上,你会看见密封在玻璃纸里的巨大的螃蟹和像巨型仙鹤草一样的刺猬鱼。还有一支由费奥多西亚当地民兵组成的铜管乐队在这个车站上演奏乐曲。

萨沙继续朗诵道:

> 好吧,那我就如此开头:那儿,在车站附近的水塘。且慢,那车站呢,车站本身呢,要是不为难的话,请你描述一下车站吧,那是什么样的车站,什么样的站台,木造的还是混凝土的,还有旁边的屋子是怎样的,想必你记得它们的颜色,或者,你也许认识曾经住在车站附近那些屋子里的人们?[1]

---

[1] 转引自萨沙·索科洛夫著,宋云森译:《愚人学校》,页 13。

我们试着剪辑一下这些相互切换的镜头,一个片断、一个片断地将它们呈现出来。

第一个片断——费奥多西亚火车站附近的一位居民出现在镜头里,一开始他试图指挥那支铜管乐队演奏;随后他大摇大摆地走到索科洛夫跟前,向他要烟抽。

第二个片断——一个五六岁的男孩久久地注视着摄像机,若有所思,目光呆滞,这难免令人生疑,觉得他也许就是维佳·普利亚斯金①。

第三个片断——萨沙拿着手机与人通话,情绪激动,这引起了一群聚集在谢尔盖·米罗诺维奇·基洛夫纪念碑基座旁边的当地居民的注意。

第四个片断——萨沙站在路边,一行人骑着自行车在这条路上鱼贯而行。他们在车座上扭动胯骨,费力地踩着脚踏板,火红的落日余晖映照着他们微笑的面庞……

那天,我们在沉沉暮色中回到了科特贝尔。

大家全都进了厨房。

这下冰箱要"遭殃",冷冻柜也要"遭殃"了。

这时大家自然而然地谈起了布罗茨基。

①《愚人学校》的主人公。

更准确地说，大家是在索科洛夫回忆完谢尔盖·多甫拉托夫叔叔之后转而谈论约瑟夫的，顺便说一句，多甫拉托夫为人拘谨并且出了名地冷漠，尽管如此，那些回忆却温暖备至，这实在令人觉得不可思议。

"不，我和布罗茨基不是朋友。"

"怎么会呢？"

"无话可说呗，和一个一辈子都没有从头到尾读完一部小说的人有什么可说的。"

"哪能呢！要知道在美国，布罗茨基可是'掌控'着整个俄国侨民文学的方向呢！"

"这是两码事，一码归一码。"

"你（我们转而以'你'来称呼他）怪他没有出版你的《愚人学校》，而且还搞混了你和马拉姆津？"

"不是。那种纳博科夫式的傲慢和睨视交谈者的冷漠眼神——这些都是正常行为，彼得堡的黑手党都是如此。侨民群体里的列宁格勒人总是非常活跃，让人感觉他们比实际的人数还要多……不知道为什么他不喜欢我。我觉得有两点原因——首先，我不是从列宁格勒来的；其次，我完全是步他的后尘——中间隔了三年。这个间隔刚好和我们的年龄差一致。我住进了他以前住过的房间……我也奇迹般地受到了欢迎，也被安排进大学教书，并且同样受到媒体

390

萨沙·索科洛夫,加州伯克利

的关注。"

"你不喜欢他的诗吗?"

"怎么会呢,我喜欢他早期诗歌悦耳的音调。"

第二天,我们只在人烟稀少的科特贝尔四处走了走。

河堤上,从那只拧在路灯柱上的扬声器里传来了吵闹声:"走开,关上门,我现在有别人了,我的记事本上再也不会有你的电话号码。"

萨沙停下脚步,念叨着:"关门,别人,你的,记事本……妙啊,这可是一首诗啊!"

可惜没有摄影机。

就在那一刻,我恍然大悟:你所拍摄镜头的数量,与你自然而然生发的情绪是完全一致的。

拍摄备用镜头——这意味着你破坏了自然、顺畅的交流,意味着你强迫主人公做他不愿意做的事,他在那一刻一定会觉得这种做法虚伪做作,而这在纪录片中是绝对不允许的。

那么到底该怎么做呢?

等待。

而我等到了,尽管当时并没有想着一定要等到些什么。

391 事情就这样发生了。就在我们结束散步之际,萨沙说,他很想完整地朗诵一遍自己的新作。

让我们想象一下这样的舞台场景——一个空荡荡的房间,办公桌上摆放着一个花瓶,里面插着一束枯萎的花朵。室内布置与约瑟夫和萨沙在普罗弗家先后居住过的那个房间完全一致。

索科洛夫出现了,他的身后一片模糊,犹如一堵衬墙。他仍旧孤身一人,只带着一部摄影机和他的文字作品。

他的声音飘然而至,越来越嘹亮,那声音来自圣山上吹拂着云彩的风儿,来自波涛汹涌的海岸,来自簌簌作响的枯树,来自空旷的科特贝尔海滩……

据说在那里,好像就是如此……

事实上确实如此,大体

如此。仅此而已。

换言之,还算可靠,

尽管不够详细:

显然,细节有赖于文字,

而眼下倚赖的却是清单,

聊天时提到的特殊阅读清单……①

朗诵持续了整整十七分钟。

当人们在影院里看到这一幕时,部分观众起身离座,一边嚷嚷着"这不是捉弄人吗……",一边走出影院,而另一部分观众则相反,在朗诵结束时送上了掌声。

离开科特贝尔之前,我向萨沙展示了那本一九九〇年版的《愚人学校》。

这一次,衬页上的人穿着一件普热梅西尔之战②时期的奥地利军大衣,衣服上没有肩章,纽扣全都系得紧紧的。

---

① 萨沙·索科洛夫:《论辩》。原文中格式如此,与诗人的诗歌格式不符。此处保留原文格式。

② 普热梅西尔是波兰东南部的一座边陲城市。一战前期,即一九一四年,俄军与奥匈帝国守军在此展开了一场耗时六个月的惨烈的攻防战。这场战役直接影响了"一战"的进程,拖垮了沙俄与奥匈两大帝国。

他早已失去了官职和封号，留在这里当起了看门人，担负着监视任务，充当眼线。他抬起一只手，贴近自己那红褐色的、泛着黄疸般色泽的脸庞，搭起了凉棚。

从这里，从克列门季耶娃山（即滑翔者山）的山顶上，可以尽情地眺望大海。

索科洛夫曾在一封信中提及，他计划购买一艘双人皮艇——说到底，就是为了横渡大海。

为了实现青年时代的梦想。

约瑟夫把打字机推到一边。

不行，今天还有东西没有写完。

他走到窗前，抽起烟来。

他看见一辆福特 Galaxie 警车从普罗弗家门前缓缓驶过，车上坐着圣殿守护人，即耶路撒冷神庙大门的卫士。

第十七场

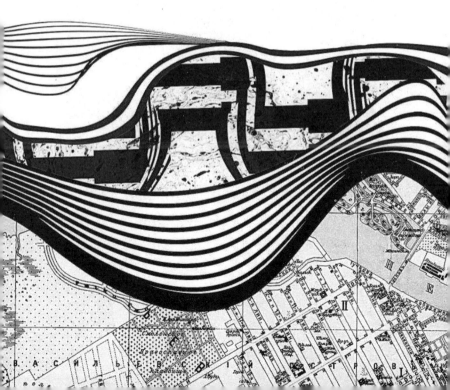

布罗茨基在其位于纽约蒙顿街的住宅里，一九八〇年

"布罗茨基无力抵御我们这个浮躁的时代：他重复和加剧了这种浮躁，而没能克服它、化解它。（要知道，无论当今世界混乱到何种地步，人这种生灵仍然有可能得以保全甚至还会提高一个数量级……）布罗茨基的大部分诗歌贯穿着彻骨的冷漠，因而难以打动人心。在这部诗集①中，你唯独感受不到人性的单纯和心灵的坦诚。他的诗从富有艺术性的诗歌转向辞藻华丽的智力游戏。这一印象由于作者有着稳定的、贯穿始终的世界观而得到了强化：说他以倨傲的态度看待世界，这还不够——他对现实非常挑剔，对生活总是摆出一副反感、厌恶，有时甚至是敌意的面孔……布罗茨基二十四岁时因为经历了司法流放而受到极大的刺激，这不足为奇。他在一些咄咄逼人的诗歌中表达了这样的感受……土地、万物、马匹及乡村劳作，全都生机勃勃。曾几何时，我，一个城里的大学生，因为撞见一辆马拉的大车而目瞪口呆，体验到了类似的感受，于是喜悦之情油然而生。我想，假如布罗茨基的流放生涯再长一点，那么他成长过程中的这个组成部分也就有可能更长久。但他很快就被赦免了，回到了自己的城市，对乡村的认识也就完全没有留

---

① 这里指的是莫斯科文学艺术出版社于一九九〇年出版的《词语的部分：约瑟夫·布罗茨基诗选(1962-1989)》。

驻在他的心里。布罗茨基诉讼案带给他的世界性声誉起初远远超过了他的诗歌的知名度。而且,这种声誉显然对诗人本人产生了深刻的影响。在诉讼案中,他实质上只为自己后来的论题——'艺术是一种私人经营的方式'辩护,后来他功成名就,也就无法做出正确的自我评价了。他开始认为自己与共产主义制度进行了一场声势浩大的斗争,对其造成了沉重打击,他把自己比作战胜牛头怪米诺陶诺斯的忒休斯……作品被查禁,他或许也因此而日益愤怒,几年后,布罗茨基移居国外。尽管布罗茨基在列宁格勒独特的知识分子圈中长大,但他几乎没有接触过俄罗斯的广袤大地。而且他有一种彻底的国际主义精神,他在很多方面生来就像一个世界主义者……为了追求复杂的诗歌形式,布罗茨基迷恋上了冗长到令人喘不过气来的长篇大论,他时常不得不简化文本内容,靠插入一些无关紧要或平淡无奇的诗句,甚至用那些只会分散我们注意力的空行来充实诗节……布罗茨基所秉持的假斯文做派决定了他的独特风格,这种风格建立在格格不入和嘲笑挖苦、多种风格的奇特杂糅之上,甚至缺乏明确的目的……时空的阻隔不足以造就形而上学的诗歌艺术。(此外,布罗茨基一再肆意攀扯欧几里得与罗巴切夫斯基的名字,并且语焉不详,缺乏深度,这是不是因他本人过于关注大写的空间而造成的呢)。"

397

以上是因"叛国罪"于一九七四年二月被苏联驱逐出境的亚历山大·伊萨耶维奇·索尔仁尼琴（YMCA 出版社出版了他的长篇小说《古拉格群岛》）的一段论述。

假如我们对这段论述加以评论，那么必将造成巨大的误导，因为毕竟这里所涉及的根本不是诗人布罗茨基在文学创作上的优缺点，而是二十世纪七八十年代俄国侨民文学两位关键人物在精神面貌和存在方式上的差异。这种差异本来就不可避免，毕竟它的形成有着太多的根源——修养、教育、社交圈、居住地，如此复杂，以至于你无法试着去消除（容忍）它或者哪怕只是去讨论它。

这是客观现实。

想来我们面对的是一场旷日持久的无解之争，这场争论发生在"西方派"与"斯拉夫派"、俄罗斯的欧洲人与国家至上主义者-土壤派之间，他们无论在国内还是在国外都势不两立，水火不容。

我们在约·亚·布罗茨基的文章中读到："如果你把麦克风递给索尔仁尼琴，他会对你不着边际地空谈一通。我认为这非常有失体面。作家的职责，在于创作供大众消遣的文艺作品。作家干预国家政策的程度，不能超过国家政策干预其专业活动领域的程度。假如国家开始逼迫你，要求你写点什么，那么你尽可以对它反唇相讥。不排除我对这个问题的态度是由我写诗这一点决定的。假使我写的是散文，或许我会有不同的想法。不知道。索尔仁尼琴所说的话根本就是一派胡言。他可算不上什么政治家。都是一般的蛊惑宣传，只不过还颠倒黑白罢了……至于索尔仁尼琴的语言，我只能说一点：这不是俄罗斯人的语言，而是斯拉夫人的语言。不过这是陈年旧事了……像每一位著名作家一样，他觉得这样的作家都应该有其独特的风格。是什么因素使他在一九六〇到一九七〇年代脱颖而出呢？不是语言，而是他的作品的情节。但是当他成为一位伟大作家后，他意识到他必须有属于自己的文学风格。而他原本是没有的，于是给自己立下了建立个人文学风格的目标。他开始使用达利词典。更糟糕的是，就在他写作《红轮》的时候，听说已经有一位这样的作家了，名叫约翰·多斯·帕索斯①。我猜想索尔仁尼琴从来没读过他的作品——就算读过，也是译文。索尔仁尼琴做了些什么啊。他借用了多斯·帕索斯'电影之眼'的原理。而为了让剽窃不至于太明显，他开始长篇累牍地阐释他运用了这一原理的那些文本。关于索尔仁尼琴的语言，我能对你说的全都在这里了……不论过去还是现在，索尔仁尼琴都不明白一个简简

---

① 约翰·多斯·帕索斯(1896-1970)，美国小说家。

单单的道理。他认为他的事与共产主义有关,与政治学说有关。他不觉得他的事与人有关……这是俄罗斯外省的一种倾向,即从所有的事情上、在任何可怕的经历中,都能发现一只上帝之手。"

不言而喻,上述引文只是冰山一角,在接下来的几十年间(此间布罗茨基与索尔仁尼琴争论不休),这座冰山从大西洋水域的诺曼底和拉罗谢尔移动到了纽约和费城(而且是来回移动的)。

这并不意味着俄罗斯侨民界的内部分裂是由无孔不入的"办事机构"的挑唆造成的(在我们的新"西方派"和"斯拉夫主义者"的相互指责中,居于首位的罪责,当然是与克格勃合作,而这种指责通常也并非空穴来风)。

只不过俄罗斯人世界观的开阔程度(顺便说一句,费奥多尔·米哈伊洛维奇①提议收敛的,正是这种"开阔程度")也仅仅是以其极端的自我表现形式作为先决条件的,俄罗斯的中间派要么平庸无能,要么过于胆小,要么,说到底,就是与叛徒和投机分子相差无几。这曾经是(至今仍然是)道德完美的体现——这种完美主义极尽高调甚至招摇过市,它所面向的首先是富于进取精神的人,魅力超群的个

① 这里指的是陀思妥耶夫斯基。

体,但是与此同时,它又完全依赖于客观环境,因而尽管表面上威风无比,事实上却苍白无力。

约瑟夫·布罗茨基:"俄罗斯人在本世纪遭受了任何一个国家的人民(嗯,或许中国人承受了更多)都未曾遭受过的苦难……我们认清了绝对赤裸裸的、真正赤裸裸的生存原则。我们骨肉分离,家破人亡,被驱逐到真实存在的苦寒之地。所以我认为,这件事的结局不应该是讽刺挖苦,而应该是相互同情。但我看不出这一点。无论在政治生活中还是在文化上都看不出这一点。而说到文化,就更加令人痛苦了,因为社会上举足轻重的人物一般都头脑聪明、处事圆滑。"

有趣的是,约瑟夫这次也谈到了他自己,他坦率承认自己的意识处于痛苦的分裂状态:一方面,他是一位饱受苦难而又富于同情心的艺术家,另一方面,他又是一位诗人、悲喜剧演员,在这幕悲喜剧中,人人都有一副独特的面具,而且这面具早已跟脸长在了一起。

比如说,布罗茨基帮助过谢尔盖·多甫拉托夫、尤兹·阿列什科夫斯基、爱德华·利莫诺夫,替他们联系出版商,撰写推荐信。然而他不肯接受萨沙·索科洛夫和瓦西里·

阿克肖诺夫,尽管他们在意识形态上非常接近,不过他也跟索尔仁尼琴彼此挖苦,他俩在意识形态上天差地别。与此同时,他还受到了艾基奇卡①的指责,后者以怨报德,说他招摇撞骗以及沾染了资产阶级习气。

我们在利莫诺夫的作品中读到:"布罗茨基的流亡,是一种奢侈浮华的、风光无限的、颓废主义者般的流亡,是有钱人的流亡。就地理意义而言,这就是威尼斯,就是罗马,就是伦敦,就是欧洲大都市的博物馆、教堂和街道。这就是高档的酒店,酒店的窗外不是新泽西的斑驳墙壁,而是威尼斯的潟湖。在数百名俄国流亡诗人中,布罗茨基是唯一能保持这样生活水准的人,他可以思考,可以旅行,如果生气了,还可以冲着世界发泄……布罗茨基的诗是供美国大学斯拉夫系那些遵纪守法之人写博士论文用的。这些诗的作者应该被选入很多国家的科学院。归根结底,借助纽约城那帮欢天喜地地把这位俄语诗人视为自己人的犹太知识精英的帮助,我敢肯定,约瑟夫·亚历山德罗维奇·布罗茨基还将获得那个以炸药发明者命名的奖项……有一段时间,我非常羡慕他那种无忧无虑……"②

---

① 即爱德华·利莫诺夫(1943–2020),俄罗斯作家、诗人、政论家、社会活动家。

② 转引自列夫·洛谢夫著,刘文飞译:《布罗茨基传》,页253。

还是在苏联的时候，约瑟夫就鄙视作家之间的钩心斗角，现在这种斗争（就像俄语一样）不仅跨越了国境，也跨越了种种政治壁垒。

与作协列宁格勒分会的情况如出一辙，在纽约和安阿伯，巴黎和慕尼黑，人们为了出版作品和获取稿酬，为了争取发言和讲座的机会，换句话说，为了赢得"阳光下的地盘"而斗争。而苏联人根深蒂固的思维方式，加之"第一股浪潮"中俄罗斯侨民顽固不化、过于严谨的作风以及西方式的墨守成规，凡此种种，都为当地出现新的文学作品清单提供了充足的养分。当时布罗茨基与马克西莫夫（《大陆》杂志）、莫洛佐夫与司徒卢威（YMCA 出版社）、伊洛瓦伊斯卡娅-阿莉别尔蒂（《俄罗斯思想》报）与索尔仁尼琴决定着作家作品的出版与否。

不过这种情况本身让人觉得再熟悉不过甚至是合情合理的，毕竟总得有人把控文学进程——负责作者队伍的吐故纳新，为他们加油鼓劲，或者相反，打击伤害他们，充当像亚·阿·普罗科菲耶夫及达·亚·格拉宁、谢·弗·米哈尔科夫及亚·特·特瓦尔多夫斯基、米·亚·杜金及康·亚·费定那样的角色。

将军！一切都使我厌烦。我

讨厌十字军远征。我讨厌

窗外那山岳、小树林、河湾

纹丝不动的景色。

糟糕,倘若研究外部

世界的是一个内心曾备受折磨的人。

将军! 我不认为,我离开

您的部队后,兵力会遭到削弱。

这不会引起什么大的灾难:

我不是独奏者,又与乐队格格不入。

从自己的木笛里取出吹口后,

我就烧了自己的军服,折断马刀。①

折断马刀等同于临阵脱逃。

一旦拔下吹口,便无法吹响号角。

而没有冲锋号,便无法号令士兵发起进攻。

布罗茨基是否察觉自己竟然变成了文坛"将领"? 应
该说,这个变化来得毫无意义,近乎残忍。

---

① 约瑟夫·布罗茨基:《致 Z. 将军的信》。转引自约瑟夫·布罗茨基
著,娄自良译:《布罗茨基诗歌全集 第一卷(下)》,页93。

当然,大权在握、自以为了不起的感觉是一种诱惑,即便你折断马刀、吐出吹口、昂然离开战场,也未必就能轻轻松松地抵御这种诱惑。最后一点尤其难以做到——背后放冷枪的事不是没有可能。

在美国生活了两年后,布罗茨基承认了两点:

一是他仍然觉得自己是这里的过客。

二是无论他写什么,都能在这里发表出来,这让他百思不得其解。

摘自列夫·洛谢夫的著作《约瑟夫·布罗茨基:文学传记试笔》:

在美国,布罗茨基先后居住过的城市有三座:安阿伯、纽约和南赫德利。安阿伯是他居住的第一座美国城市。在列宁格勒、维也纳和伦敦之后,安阿伯起初让布罗茨基觉得是一处穷乡僻壤。这种感觉在他最初几首美国时期的诗作中有所反映,他写到"这座骄傲地图上有它的简陋小镇"……布罗茨基自一九八一年起在芒特-霍利奥克学院任教,在学校所在的南赫德利购置了房产,这个位于马萨诸塞州的地方倒是个地道的小镇——在不大的芒特-霍利奥克女子学院四周只有几条街道。但南赫德利相比安阿伯而言也有其优势,从这里开车去纽约只要两个小时（如果没被交通警察盯上，只要一个半小时）。布罗茨基很喜欢能有机会在纽约和南赫德利之间来回奔走①……一九七四年，布罗茨基在纽约蒙顿街44号楼中租了一套房子，蒙顿街位于格林威治村西部，是一条僻静的小街，它始自第八大街，在44号楼前拐了一个弯，接下去再过两个街区，就到了哈德逊河。这座典型的纽约住宅楼并不大，是一座红砖立面的三层"联体别墅"，其主人是纽约大学教授安德鲁·布赖恩。布赖恩是一位东正教史专家，俄语说得很好，他自己住在院子里一处类似厢房的地方，他更愿意把房子租给熟人……从街道上看去，布罗茨基的住处好像是半地下室，但由于院子比街道低，从院子里看，他住的是一楼。一个小花园把楼房与并不吵闹的街道隔开，院子里很安静。布罗茨基的房门通向一个铺着瓷砖的小露台，露台上有一张小桌子。从温暖的春日一直到十一月，布罗茨基都会把打字机搬到这里来。对于一位俄国人来说，纽约是一座南方城市，就纬度而言比克里米亚还要更南。在这个舒适的小院里，微风吹来大海的气息，头顶上是野葡萄的枝

403

---

① 转引自列夫·洛谢夫著，刘文飞译：《布罗茨基传》，页236。

蔓,这几乎就是地中海的环境。而且,布罗茨基的住处又紧挨着格林威治村中被称为"小意大利"的街区。有好喝的浓咖啡出售的地道意大利咖啡馆"莱吉奥"和"伯吉亚",与这里只隔着几条街……他常说:潮湿的风,拍打着木桩的波浪,锈迹斑斑的旧军舰,岸边的砖墙仓库——这一切合在一起,会让他想起列宁格勒涅瓦河大小交汇处的河岸上他喜欢的那些地方。虽说,哈德逊河要更宽一些,比大涅瓦河的最宽处还要宽,这里所临近的也不是一汪很浅的河湾,而是一片海洋。[①]

约瑟夫摘下话筒,开始往列宁格勒拨打电话。

等待化作一声声"嘟嘟"的长音,无尽的等待。终于,父亲的声音打断了他的思绪,这声音来自想象的深渊和遥远的苏联,听起来有些沉闷。为此,他不得不提高嗓门,把话筒紧紧贴在唇边,大声说道:"爸爸,想象一下,昨天我做了第一个百分之百的纽约梦。我梦见我必须离开这里,离开格林威治村,去 120 街或 130 街上的某个地方。为此我需要坐地铁。可是当我走近地铁站的时候,我突然看见,这

404

---

① 转引自列夫·洛谢夫著,刘文飞译:《布罗茨基传》,页 242、243。

整个百老汇,也就是说从这里,呃,从哈莱姆或是更远的地方,都在上升,变成垂直的了! 也就是说,这整条长长的街道突然间变成了一座可怕的摩天大楼。地铁因此也不再是地铁了,而是变成了电梯。而我也在上升,当时我感觉百老汇是竖着的! 你能想象吗?"

"不太容易想象,儿子,"话筒那边说,"但是这不重要。"

"那场面真是惊心动魄,爸爸,"约瑟夫从躺椅上站起来,一边继续聊天,一边在那个摆着小桌子、铺着瓷砖的小露台上踱来踱去,"就这样,我来到了 120 街,走出电梯,来到了十字路口,就像来到了一个楼梯平台。对于我来说,这是一个全新的梦境,爸爸!"此时一只猫正卧在窗台上,观察着布罗茨基的一举一动,布罗茨基家的窗台是它的地盘。

"我很为你高兴,约瑟夫。"亚历山大·伊万诺维奇一边回答,一边试着想象这幅奇幻的画面就出现在这里,出现在列宁格勒。不,绝对无法想象涅瓦大街上会发生这种事情,要知道如果那样的话,海军部大厦就将高悬在亚历山大-涅夫斯基修道院的上方,或者相反,修道院高悬在海军部大厦的上方,然后倒塌事件在所难免,从而造成大量人员伤亡和混乱。

后来父子俩又聊了一会儿各种琐事,但那个垂直的城

第十七场　　523

市形象一直没有从父亲的脑海中抹去。

顺便插一句，后来，相同的情节在克里斯托弗·诺兰执导、莱昂纳多·迪卡普里奥主演的影片《开端》①中得到了分毫不差的精确再现。

约瑟夫挂断电话，披上一件风衣，一边走一边点燃一根烟，向离家五分钟路程的哈德逊河老码头走去。

每年的这个时候，不论早晚，这里都很冷清。

黄昏时分，一艘舰艇的舷窗里亮起了灯火，这艘"二战"时期的巡洋舰长年停靠在这里的码头上，现在舰上有一所厨师学校，因此码头上时常飘散着煮玉米、克里奥尔肉丁饭和烤架上烤熟的牛排味儿。

约瑟夫望着这艘灯火通明的舰艇，曾几何时，它在大西洋海域令敌人闻风丧胆。这时布罗茨基突然联想到了自己在盐巷读书时的那所学校，从前那儿曾经同样令他心惊胆战——当时他望着那艘带有四层甲板的苏联号蒸汽机客轮，那艘船是一九三五年在汉堡建造的，当时叫作阿尔伯特·巴林号。

在那儿，在苏联号客轮最上面那层甲板的小桌子后面，坐着校党组织书记、历史老师利季娅·瓦西里耶夫娜·利

---

① 我国国内该电影译名为《盗梦空间》。

希岑娜,她臭名远扬,因为她会冲着没写完家庭作业的学生大声吼叫——"滚出教室,弱智!"那枚别在她外套上的列宁勋章(据说,是安德烈·亚历山德罗维奇·日丹诺夫亲自别上去的)随之晃动起来,仿佛受到惊吓一般。簌簌发抖。

这实在是荒谬,因为学校的老师教导说:列宁无所畏惧。

当然,大学生们还是惧怕布罗茨基的……

惧怕他心不在焉的眼神。

惧怕他每次听完学生们胡扯后抿起的嘴唇。

惧怕他刻薄的点评和讥讽。

惧怕他那不够流利的英语——约瑟夫只要一生气,他的英语就变得糟糕透顶。

摘自文学评论家、约瑟夫·亚历山德罗维奇·布罗茨基昔日的学生斯文·伯克茨①的回忆录:

在我所有的老师当中,布罗茨基是最差的一位,与此同时又是最有活力、最吸引人的一位。说他差,是因为他的无所作为,在使我们接触的难懂的诗歌文本变得有趣和有益这一方面,他完全无所作为。这部分是

① 斯文·伯克茨(1951-),美国随笔作家、文学评论家。

因为经验不足，他起先是迫不得已才来教书的，部分是因为他的英文当时还有待提高。但最有可能的是，这就是他的为人以及他对诗歌的理解之反映。诗歌不是一种可以"解释"的东西，不是一种可以把握并分解为各种比喻的东西。因此，只能做出一种尝试：接近。这更像是一场战斗，你满怀恐惧、浑身战栗地投入战斗，与语言的素材面对面。这样的会面有可能动摇我们关于存在的基本认识之基础。布罗茨基把我们这些学生领进战场，却不打算代替我们作战。这里有着某种近乎残忍的东西。我们时而觉得，我们被剥得精光，被剥去的不仅有我们在诗歌认识上的无知和陈腐，还有我们关于整个世界的看法。

"关于这首诗你们是怎么想的？"他常常这样开始上课，手指着那首事先发给我们阅读的诗作，这可能是曼德尔施塔姆、阿赫马托娃或蒙塔莱的作品。在这些时候，布罗茨基的嗓音里能听出（我不认为这只是我的感觉）某种略带苦闷的、有些傲慢的语调，这有些像他所喜爱的奥登曾引用过的谢尔盖·佳吉列夫的一句话："你们来让我惊讶吧。"受到这样的激励，我们每个人都想说出些出色的意见来，以博得"很棒！"这样一种最高赞赏。但是通常，恐惧占据了上风。问题给出了,教室里却一片寂静,鸦雀无声。

我们毕竟还可以勉勉强强地继续向前走,甚至还建立起了某种同伴关系,就像同一个宿舍的人那样,这样一种关系很奇怪地把布罗茨基本人也吸引了进来。这并不是说,他的警觉有丝毫的放松,他让我们对所阅读的一切做出等值反应的要求没有丝毫的降低。不过,他还是参与到了我们集体努力的不等值状态中来了,尽管他还是时不时地唉声叹气。他是如何做到这一点的呢?

布罗茨基每天上课都迟到,当大家都已经坐立不安时,他才来到教室。他用手指头捻着一支熄灭的香烟,想用这种方式来让我们明白,在他看来,独自一人在什么地方抽烟要比给我们上课更为重要。然后,几乎是难以觉察地,响起了一声沉重的、雷鸣般的、带有呻吟的叹息。但所有这一切都是不无幽默的。一分钟之后,他那张鹰钩鼻子脸庞的悲剧面具就变得柔和起来。他缓缓地环顾教室,用目光打量着我们所有的人,面带微笑,似乎是为了让我们明白,他知道我们处在什么水平之上,我们还需要做什么,他似乎是在原谅我们的平庸。

但在这之后,他又重新开始不知疲倦地搓揉语言。

曼德尔施塔姆的一行诗,发问,沉默。直到这沉默变得无法忍受的时候,他才开始带领我们穿过声响和联想的密林,其间穿插着大量插笔和微型讲座,论及诗歌形象的逻辑、诗歌内容的伦理学、名词的寓意、韵脚等等……

……上完课离开教室的时候,我总有这样一种感觉,觉得我的身边、我们大家的身边似乎存在某种无形的力量,觉得我的生活似乎就是一种否定,在否定统治我的生活的那些无形的力量。①

也许,当约瑟夫拖着步子从学校往家走的时候,他也有这种感觉,觉得自己要过的生活就是否定发生在身边的事情——所有那些班会、功课、星期六义务劳动、礼堂里的少先队集会,以及女历史老师毛细血管分明的面孔,她凭借这张脸,即便浑身上下一动不动,也能让那些飞速冲下楼梯的学生立马停住脚步。

408　　他们停下来,呆呆地站在学校大厅里的平地上、铺着瓷砖的地板上、拱形天花板的下面,如果有机会,就躲到刷了

---

① 斯文·伯克茨:《我的蓝天同人:逆时的成长计算器》。转引自列夫·洛谢夫著,刘文飞译:《布罗茨基传》,页237-238。

约瑟夫·布罗茨基

漆的柱子后面。

他们气喘吁吁，但是谁也不敢抬起手来抹去额头的汗水。

奥登诗中对这种近乎崩溃甚或僵死的状态做了异常准确的描述：

> 我很容易就能想象出这么个老人，
>
> 爱斗嘴，不怎么体面，最后来到了
>
> 荒凉海滩上的一个破败港口，
>
> 向容易受骗的人讨酒喝；
>
> 我也能设想一个老糊涂躲山谷里
>
> 抄写大量晦涩难解的教谕诗；
>
> 可看到平原时我就不由心头一颤：
>
> "哦，上帝，拜托，永远不要让我住在那里！"
>
> 想想这些山峰的下场就有些可怕：
>
> 连绵的雨、吱嘎作响的冰川击溃了
>
> 峻拔壮丽的岩石，山中沉睡的女神
>
> 正渴望被某个凿子的轻触唤醒，
>
> 那些瞎眼野兽经过时留下的东西只不过是
>
> 某种轻微物质，轻柔地沾上制陶工袖口的

一抔黏土、类似混凝土的一块碎石

就会让任何封闭空间丧失功能。①

涅瓦河三角洲的平坦地段原本是一块幅员辽阔、沼泽
化的冲积平原,彼得·阿列谢耶维奇一世皇帝陛下②在这
块土地上兴建了一座城市,以"对付一位傲慢的邻居"。

"波罗的海"火车站的小吃部同时也是一家酒馆,在这
里,总能看到一个穷困潦倒的老叫花子,他的外套袖子上
缝着"奥运会–80"字样。

莫顿街的半地下室让人联想到约瑟夫随母亲和祖父母
疏散到切列波维茨时住过的那个半地下室房间。

在彼得格勒区和瓦西里岛漫步,颇有些在"小意大利"
观光的感觉。

最后,你还可以把哈德逊河与科马罗沃的芬兰湾相提
并论。

约瑟夫回到家的时候,天已经黑了。

他蹑手蹑脚地走到桌子跟前,以免吵醒阳台上熟睡的

---

① 威斯坦·休·奥登:《田园组诗》。转引自 W. H. 奥登著,马鸣谦、蔡
海燕译,王家新校:《奥登诗选: 1948–1973》(上海译文出版社, 2016),
页 49–50。

② 即彼得大帝(1672–1725)。

猫咪。

约瑟夫哪能料到,此时此刻,在列宁格勒,父亲仍在试着想象儿子的那个梦,但一无所获,因为他从没到过纽约,而且近来不知为何总是梦见列宁格勒被围困时的样子,比如说梦见他正在给基洛夫工厂值夜班的工人和在冬宫广场上扫雪的艾尔米塔什博物馆的讲解员拍照。

> 下雪了,整个世界变得人手不足。
> 这段时间——平克顿侦探们异常嚣张,
> 因为疏忽了上述事实留下的蛛丝马迹
> 无论天性如何,你都能超越自我。
> 无须为这些发现支付酬劳;
> 整个警察分局一片寂静……①

这时,从哈德逊河上远远地传来拖船凄厉的汽笛声。难道这真的是弗里亚金号?

---

① 约瑟夫·布罗茨基:《下雪了,整个世界变得人手不足……》。

哀歌 2

　　古希腊悲剧中的哀哭,具有表现剧情高潮及做最后总结的作用。

约瑟夫·布罗茨基和米沙·巴雷什尼科夫在瑞典,一九九二年
八月(本特·扬费尔德摄)

玛丽娅·莫伊谢耶夫娜·沃利别尔特喜欢翻来覆去地告诫自己的儿子,不要总是读多斯·帕索斯,最好多读点俄国经典著作,比如屠格涅夫的《猎人笔记》或《父与子》。

约瑟夫回答:"好的,妈妈。"但他还是爱读约翰·多斯·帕索斯。

比如《北纬四十二度》。

　　在银器公司工厂边的池塘上溜冰那儿有一股古怪而模模糊糊的味儿是从鲸油肥皂堆中发出的有人说他们就是用这肥皂把银刀叉和银汤匙擦拭得锃亮以供出售　　清晨冰面熠熠发光脏冰像锯条般震响刚被早来的溜冰者划得白花花的　　我学不会溜冰老是摔跤　　人人都说留神那些重重地倒下去的小子　　那些捷克人和波兰人的孩子将雪球中塞了石头在墙上涂写脏话在小巷里干脏事他们的父母就在这些工厂内干活

　　我们可是干干净净的年轻的美国高年级童子军得心应手地使着球棒宰鹿队打冰球在冰上溜8字阿基里

414

斯埃杰克斯亚加米农　我学不会溜冰老是摔跤①

这种情况当然很少见,但有时哈德逊河沿岸会结冰,这时格林威治村西部的居民就会涌向码头,来观赏这一罕见的自然现象。有些人(这样的人占大多数)来的时候带着小酒壶,他们不慌不忙地喝着里面的威士忌(大西洋上吹着刺骨的寒风),另一些人则随身带来了冰鞋。

他们很快换好冰鞋,勇敢地踏上冰面。

他们调皮地笑着。

冰刀划破冰面。

他们手牵着手,在贴近岸边的冰上滑行,那些绝望透顶的人滑得最远,滑到了水和冰的边缘,然后再折回来,他们脸上洋溢着兴奋的表情,甚至因为看见了什么而欣喜若狂,他们欢呼雀跃,却无力描述自己的感受。

之后他们再次向远处危险的地方滑去。

约瑟夫望着热闹的码头,心想,这种游戏他从小就非常熟悉,那时他逃学去了丰坦卡,在那里下到覆盖着薄薄一层积雪的冰面上,跪下来,试图透过那层冰看一看漆黑的水下

415

---

① 转引自约翰·多斯·帕索斯著,董衡巽、朱世达、薛鸿时译:《北纬四十二度》(上海译文出版社,1988),页91-92。

536

游弋的鱼儿。

> 季节——冬季。边境安宁。梦里
> 满是婚后的某些家务,比如制作涩味的果酱,
> 而曾祖父注视着在鱼钩上颤动的鱼形金属片,
> 它徒劳地想要摆脱狗鱼的命令。
>
> 牛呼哧一声卧倒,你就能在十二月严寒的昏暗中
> 看到,除了自己毫不掩饰的耻辱感——
> 新月飘移到满是灰尘的窗玻璃上,窗子在
> 莫斯科十字架的上空,仿佛剽悍的胜利。
>
> 圆顶,像头颅,而且尖顶——也像跷起的脚尖。
> 好像在死后的门槛外面,我们注定要在那里彼此
>   相逢……①

当然,他不可能看到任何一条鱼。

当然,聚集在这里的人群,其中也包括那些此时此刻正

---

① 约瑟夫·布罗茨基:《季节——冬季。边境安宁。梦里……》。转引自约瑟夫·布罗茨基著,娄自良译:《布罗茨基诗歌全集 第一卷(下)》,页 164。

在溜冰的人,他们之中任何一位都不曾想过,在码头和冰面之间,在那艘被冻住的二战装甲舰和深水里的鱼儿之间,在滑冰的和迎着寒风喝威士忌取暖的人之间,既存在着空间,也存在着时间。

前者为环境和个人意愿所制约,后者虽然不受任何限制,但是与个人意愿同样不无关联。

比如这位身着条纹毛衣、头戴绒球针织帽、姿态优美的小女孩,这个穿着绣有"洛杉矶湖人"字样的飞行员夹克的年轻人,或者这对中年人,对于他们来说,这样的场面并不罕见(一九四三年、一九五六年、一九六一年及一九六八年的冬天,都还记忆犹新!),而他们之所以来到这里,仅仅是因为每年这个时候都要在这里安闲自在地活动活动身体——他们所有人与时间的关系各不相同,因而时间也以不同的方式对待他们。

416　　约瑟夫望着他们,陷入了沉思,要知道他和时间也有私人恩怨,而对于时间来说同样如此,特别是当他在空气中和地面上游走之时,他完全不尊重任何客观规律,甚至无视它们。就像眼前这些人,他们无视物理定律和基本常识,穿着冰鞋直接溜到覆盖着一层薄冰的水面上,但是肾上腺素(即自由)的注入战胜了自我保护的本能。

长期依赖这种猛药有致命的危险。但是没有人考虑这一点,他们认为感性高于理性,复杂胜过简单。

摘自约瑟夫·布罗茨基的随笔《一个和其他地方一样好的地方》:

一个人旅行得越多,他的怀旧感便越是复杂。在梦中,由于狂躁症或晚餐的缘故,或是由于两者的共同作用,有人追赶我们,或我们追赶别人,置身于街道、胡同和林荫道的复杂迷宫,这迷宫仿佛同时属于好几个地方,我们置身于一座地图上不存在的城市。惊慌失措的飞奔通常始自故乡城,然后会无可奈何地止于我们去年或前年逗留过的城市中一道灯光暗淡的拱门下。同样,这位旅行者最终会不知不觉地发现,他到过的每个地方都会成为他夜间噩梦的潜在场景。

让你的潜意识摆脱此类重负的最好办法就是拍照,因为你的相机就是你的避雷针。洗印出来的陌生建筑立面和街景会丧失其强大的三维效果,不再具有一种可能替代你现有生活的氛围。但是,我们不能不停地按快门,不停地对焦距,同时手里紧紧抓着行李、购物袋和伴侣的胳膊肘。怀着一种特殊的复仇感,陌生的三维效果会闯入那些毫无防备的人的感官世界——在火车站、机场和公交车站,在出租车上,或在

417

晚间不慌不忙出入餐厅的散步途中。①

一九七四年秋天,约瑟夫认识了巴雷什尼科夫,他俩一直都在"让自己的意识摆脱重负"。

摘自米哈伊尔·巴雷什尼科夫的回忆录:

有时是我给约瑟夫拍照,有时是他给我拍,好多照片都还保留着。我记得他的相机特别好。尼康牌的。特别棒的一个小照相机……带广角镜头……我们散步的时候总是带着两卷胶卷。一卷是他给我拍照用的,另一卷则是我给他拍照用的……他认为自己更适合当摄影师,而不是诗人……他确实喜欢摄影,也珍惜拍出来的照片。"自家人的照片。"他是这么说的。"这才是真正的照片,"他说。……都是我拍的。约瑟夫说:"这些照片应该保留一辈子。"

遵从布罗茨基的意愿,二〇四六年(约瑟夫·亚历山德罗维奇去世五十年后)才能公开他的档案,考虑到这一点,

---

① 布罗茨基:《一个和其他地方一样好的地方》。转引自约瑟夫·布罗茨基著,刘文飞译:《悲伤与理智》,页36。

我们只能相信伟大的舞剧演员米哈伊尔·尼古拉耶维奇·巴雷什尼科夫所说的话。

而且我们只能猜测这些"真正的照片"究竟是什么样的。

约瑟夫背靠一堵砖墙。

巴雷什尼科夫的身影映在橱窗上。

约瑟夫在电话亭旁边抽烟。

巴雷什尼科夫吊在体育场的单杠上。

约瑟夫闭着眼睛站在空旷的大街上。

巴雷什尼科夫摆出半羊人舞蹈造型,一动不动地站着。

约瑟夫惊讶地望着自己相机上的胶卷计数器。

巴雷什尼科夫指着"36 号"门牌。

418

一卷胶卷就这样用完了,总共拍了三十六张照片。

约瑟夫当然会感到失望。

……除了在照片上,你在哪里还能

永远没有皱纹,永远年轻、活泼而又傲慢?

因为时间一旦遇到记忆,便明白自己毫无权势可言。

黑暗中,我一边抽烟,一边吸入海浪腐臭的气息。[1]

---

[1] 约瑟夫·布罗茨基:《亲爱的,我今天很晚才离开家……》。

毫无疑问，他一定记得那张黑白老照片，照片上，玛丽娜·巴斯马诺娃站在莫斯科火车站的月台上——长长的头发修剪到肩部以下，额头苍白，仿佛覆盖着一层白雪，警觉而又专注的目光凝视着相机镜头旁边。照片上的巴斯马诺娃像极了扎拉·利安德，约瑟夫最喜爱的歌曲——意大利作曲家尼诺·罗塔配乐的《诺夫哥罗德的玫瑰》，就是她用自己那低沉的、近乎男声般的嗓音演唱的。

当时沃尔库塔号列车开上了第二条铁轨。

失望转化为委屈，委屈转化为愤怒，愤怒转化为心灰意冷。

后来，约瑟夫在他去世前四年，即一九九二年，创作了最后一首献给玛·巴(玛丽娜·巴斯马诺娃)的诗。

女友容貌变丑，移居到了村里。

那里的小镜子从未听说过公主的故事。

河水波光粼粼；大地皱纹密布——

她恐怕已经忘记了那个想念她的男人。

那里清一色全是男孩。他们是谁所生，

唯有收留他们的人才知道，

要么谁也不是,要么那人躲在摆放圣像的角落。
于是到了春天,唯有懂规矩的人才会出来耕作。

去趟村子里吧,我的女友。
在田野里,更确切地说,在小树林里
更容易望着地面,穿好衣装。
在那里,方圆百里唯独你有一支口红,
但你还是别把它拿出来为妙……①

　　从莫斯科火车站发车的沃尔库塔号很可能就是开往这些地方的。

　　约瑟夫·布罗茨基:"善于选择,偏好细节——这二者是记忆与艺术的相似之处。对于艺术(特别是对于小说而言),这是一种赞美,但是对于记忆来说,这样的观察方式就显见是一种侮辱了。不过,受侮辱也是活该。记忆所包含的恰恰是各种各样的细节,而不是一幅场景的完整画面,要是可以这么说的话,不是'整场演出'。有一种观念,认为我们通过某种方式就能一下子、整个地回想起所有的事,这

_____

　　①　约瑟夫·布罗茨基:《女友容貌变丑,移居到了村里……》。

种支撑着我们人类生息繁衍的观点是没有依据的。记忆更像是一座图书馆，里面没有按字母表进行排序，也没有任何人的作品集……

"每一个被道出的词都需要某种延续。这延续可以由不同的方式来进行：逻辑地，语音地，语法地，押韵地。语言就这样展开着，如果不是逻辑，那么就是语音在指出，语言需要自身的发展。因为，已道出的东西永远不是语言的终端，而是语言的边缘，由于时间的存在，这边缘之外总有什么东西要随之而来。而随之而来的东西，总比已道出的东西更有趣，但是，这已不是由于时间的缘故，而更像是对时间的违背。"①

一幅绘画作品是由诸多细节构成的，它明显不同于真实的事物，而且与最初的构想也有区别。正因为如此，这类描写才能激发出人的想象力，鼓舞并要求人继续发挥想象。一个文本诞生了，在某一时刻，它开始自我生成（自我再生产），之后就只剩下维持原状而又不失腔调了。正如安德烈·毕托夫所强调的："只有在特殊状态下才能写出这样的文本。这种突发奇想、真情流露、词与词之间极其密切的联系，这样

① 约瑟夫·布罗茨基：《诗人与散文》。转引自约瑟夫·布罗茨基著，刘文飞译：《文明的孩子》，页126。

的文本,你若换一种状态便不知道该怎样开篇和结尾。"

然而谁都无法长期处于这种兴奋状态,就像你不能没完没了地榨取自身的回忆、文字和声音,发掘各种音调一样。如果彻底脱离现实,则有可能造成精神错乱,当然,这种精神错乱往往会被扣上"装疯卖傻"的帽子。

摘自萨沙·索科洛夫的回忆录:

我被送进了卡先科精神病院的半暴力科。这是一所最伟大的生活学校。不可想象!当时这儿也是全国最有趣、最自由的机构,一座匪巢,一家令人难以置信的、热闹的剧院,疯人剧团。这里的一百号人白天无权待在病房,因而不得不在长长的走廊上蹿来蹿去,而你只能停下脚步,靠墙站着,只能观察这些人,观察他们的面部表情,观察他们在说什么。能说些什么呢!多少人在这里一待就是几十年……都是慢性精神分裂症患者。好在我的神经系统还算强大。我真走运……一贯如此……任何一家普通的疯人院内部,我想,都安插着一群人,即所谓的秘密警察,他们帮助医生和护士维持整个机构的秩序,也就是说一旦发生某些突发事件,他们就会参与进来。比如说他们会把人捆起来,让人给他打针,之后他就能安静很长一段时间。有人来找我了，后来我才知道这是著名的疯子米沙·塔拉诺夫。他向我伸出一只手，自我介绍道："怎么，**假装的**吗？以后你和我们就是一伙儿的了。"他还帮我逃过了打针。他担负起了辅导我的责任。

但是对于布罗茨基来说，相似的经历远远不及《愚人学校》的作者所感受到的那样卓有成效而又令人乐观。

尽管他在长诗《戈尔布诺夫与戈尔恰科夫》中充分再现了索科洛夫所描述的那个"令人难以置信的、热闹的剧院，疯人剧团"，在这里，每个角色都专注于自身的表演，谱写着一曲绝对难以想象的世界末日大合唱。

"漆黑夜幕下的大都市。"

"画上线的学生练习本。"

"有一个很大的疯人院。"

"仿佛世界秩序中的真空。"

"正面掩蔽着冷透的院子，

院子里满是雪堆、木柴。"

"这不也是在讲话吗，

既然一切都以话语来描述？"

"这里——人们也都疯了，

由于恐惧——从娘胎里带来的和冥界的恐惧。"

"而人们自己呢？恰恰就是

把与自己类似者称为人们的

可能性？""可是他们的眼神？

他们的四肢？脑袋和肩膀？"

"事物获得名称之后，立即

成为言语的一部分。"

"也是身体的诸部分？""正是。"

"而这个地方？""就称作院嘛？"

"而日子？""日子都有名称。"

"噢，这一切成了孜孜以求者的所多玛！……"①

身体的组成部分和言语的组成部分在诗人的意识中交织在一起，因而已经无法打断这一连串的幻想，无法把二者——比方说，把心痛和心动——区分开来。

422

小梗塞

一九七六年十二月十三日，三十六岁的约瑟夫·亚历

① 约瑟夫·布罗茨基：《戈尔布诺夫与戈尔恰科夫》。转引自约瑟夫·布罗茨基著，娄自良译：《布罗茨基诗歌全集 第一卷（下）》，页33-34。有改动，倒数第四行"物体的诸部分"根据原文改为"身体的诸部分"。

山德罗维奇·布罗茨基突发大面积心肌梗塞,之后在纽约市长老会医院住院到年底,出院时,他收到了一份长长的日常用药清单及各种明确的诊断建议。

然而不论诊断建议还是各种各样的药品全都无济于事,鉴于患者长年累月形成的生活习惯,这一点是理所当然的。一九七八年十二月五日,在同一所长老会医院,布罗茨基接受了冠状动脉搭桥手术。然而,才过了一年,约瑟夫便再次因为血液循环不足而住进了医院。经过十二天一个疗程的治疗之后,布罗茨基收到了一份更长的必用药物清单,同时医生还提出一个不容商议的要求——戒烟。布罗茨基根本不可能接受后面这个要求。

据瑞典的俄罗斯语言学家、翻译家和出版商、约瑟夫的朋友本特·扬费尔德回忆:"抽完烟后,约瑟夫总要完成同一套仪式:他会咬掉他的'肯特'或'切斯特菲尔德'香烟的过滤嘴,然后用食指把它弹开——直接弹进家里的壁炉中,有时弹得准,有时弹不准。不太明白他干吗要买过滤嘴香烟。尽管他十分清楚吸烟对于心脏病患者来说有多危险,可他还是从未认真试着把烟戒掉。"

一九八五年十二月十三日,布罗茨基的心脏病再次发作。两周后,他做了第二次搭桥手术,在手术台上,他的心脏病第三次发作了。

摘自约瑟夫·布罗茨基接受所罗门·沃尔科夫采访时的谈话：

其实一切都很简单。发生了一次血管梗塞，之后我又四处奔波了两年。情况一点也没有好转，甚至变得更糟了。我呢，说实在的，也还好——还抽烟什么的。这时候医生决定给我开刀了，因为他们做了各种各样的化验，确信四根动脉里有三根"不通"，对吧？堵得死死的。所以他们决定从旁边绕着安几根动脉。他们就像拆汽车一样切开了我的身体，把血、体液全抽了出来……总之，是台相当大的手术。也就是说他们安装了三条环形的"备用通道"，也可以说是三座立交桥。但是结果证明，这三条"通道"中只有两条能正常发挥作用，第三条却"烂泥扶不上墙"。所以这个手术不得不重来一遍。经过这一番折腾，身体有时候极不舒服，有时候却又一切正常，似乎什么都有可能发生。可是一旦疼起来，又确实疼得厉害。难受得要命。而你却束手无策。主要的不是说这真的有多可怕……因为你最终还是会适应这一切的。你还会觉得你来到了一个写着"科里亚和玛莎到此一游"的地方。也就是说，你会觉得你曾经到过那儿，见过并且现在也了解那儿的一切。但是即便如此，这种病还是有点让人沮丧。它只会消耗你。

　　众所周知，缺血性心脏病除了会给病人带来持续不断的生理上的痛苦外，还会带来巨大的心理考验，让人焦虑、恐慌、睡眠变差。因此经常出现这样的情况：约瑟夫独自一人在酒店房间里彻夜无眠，之后他不得不歇缓良久，因此很多计划好的活动都得延期举行或者干脆取消。

　　本特·扬费尔德记得："他从来不会因为自己的病情而大惊小怪；他宁可试着少跟别人谈及病痛。但这病时常发作。有一次……我往罗马打电话找他，我听见他的声音里流露出一种不祥的恐慌。他抱怨说自己胸痛。他独自一人待在房间里。我问他为什么不叫医生，他回答说，他不相信意大利医生。那天晚上我们通了好几次电话，他尽管疼痛，可还是不愿意联系医生。最后他让步了，决定找医生来给自己做检查。后来约瑟夫对那位医生赞不绝口，说医生来得非常及时，他的医术高明极了，而现在他也感觉好多了。诊疗减轻了他的恐慌。"

　　一九八七年三月，布罗茨基做了冠状动脉血管成形术（一种扩张狭窄的心脏血管的外科手术）。然而患者的健康状况并未得到改善，到一九八八至一九八九年间，据主治医师及约瑟夫本人证实,由于胸骨后面剧烈疼痛,他有时只能走几百米,他随身带着硝酸甘油,步履蹒跚,走走停停。

一九八八年夏天,瑞典著名的心脏病学专家约翰·卡内尔为布罗茨基看病,他马上就明白了,要求布罗茨基戒烟是白费力气,因此他更关注患者的精神因素,换言之,也就是更关注患者的心理状况,在这种情况下,他的治疗后来取得了一些积极的疗效。

小梗塞——约瑟夫苦笑着用这个词为自己那几年的病情下了定义。

一九八八至一九九三年,布罗茨基的病情相对稳定。然而到了一九九四年冬天,他因为被诊断为"unstableangina"——不稳定型心绞痛——而住进了医院。

据本特·扬费尔德回忆:"一九九四年夏天,他的健康状况再次有所好转,尽管他还是抱怨说自己服用的很多药'改变了他的个性'。我们最后一次见面是在纽约,一九九五年春天,那时他已经行动困难了。从中国餐厅到汽车之间只有很短的距离,但心脏疼痛迫使他好几次停下脚步歇口气。

"出于医学方面的原因,做第三次搭桥术的可能性被排除在外,因此只剩下两种选择:要么做心脏移植,要么维持现状。无论如何都必须戒烟了。而要做移植,就得签署一

425

份文件,表明他清楚做这项手术有哪些相关风险。但是他在这件事上举棋不定。'据说死亡率是百分之十一点三,但是对于被这个百分比所覆盖的人来说,则是百分之百。'约瑟夫对我说。而且即便活下来,他也担心自己会变成需要坐轮椅的残疾人。他把这些医技人员称作'牛仔',说他们不明白使用别人的心脏意味着什么。

"时间一点点地过去了,而约瑟夫依旧无法下定决心做移植和戒烟。这种要命的优柔寡断包含着某种不幸的意味——他什么都明白,却匪夷所思地认为这种优柔寡断是生命力的标志。'我得了三次心脏病,做了一次血管形成术,'他后来在一篇(用英文写的)札记中指出,'很明显,我的生命即将终结。然而,只要我一想到应该采取哪些措施推迟那件不可避免的事——既然这事无论如何也不能避免(我也明白推迟与避免之间有着怎样的差别)——我就会产生一种奇怪的无忧无虑的感觉。而这种无忧无虑的感觉,在我看来,是那件不可避免之事所发出的声音。它使我继续活着,一天天地活下去;这种无忧无虑的感觉甚至有可能被理解为,错误地理解为——生活本该如此。'"

426   "奇怪的无忧无虑的感觉",是内在与外在时间完全失调的表现。

表面看来似乎还有机会——做心脏移植,严格遵守作息制度,有世界级的心脏病专家保驾护航。这样的机会使人感到安心!但是与此同时,却又不可避免地害怕意识发生改变,担心自己将不再是自己,而变为最新的医学研究成果,而且最主要的,是害怕失去属于自己的空间和时间,从而成为他人心脏的依附者。

由此可见,这种"奇怪的无忧无虑的感觉"其实并不那么奇怪,尽管在思维正常的凡人看来,死神的降临是有预谋的(不该与之对抗)——这样的想法至少看上去十分奇怪,如果不是疯狂的话。

圣阿姆夫罗西·奥普京斯基(俗名亚历山大·米哈伊洛维奇·戈连科夫,1812–1891)常说:身体长期不适及患病的经历对于磨炼人的灵魂和克制内心的欲望有所帮助。

布罗茨基未必听到这位来自奥普塔的圣阿姆夫罗西奥普塔进堂修道院的苦修者、托尔斯泰与陀思妥耶夫斯基交谈者所说的这一番话,然而他的直觉告诉他,自己的疾病是某种非常私人化的东西的核心所在,这种东西唯有他能认识到,而且是必不可少的。当然,随着无休止的住院治疗、手术及各种检查的不断展开,这个内在空间收缩得越来越小,而双手与海军部大厦滨河街附近的涅瓦河水面之间的距离也在不断缩短。

请保留我的影子。我无法解释。抱歉。

现在就这么做。请保留我的影子,请保留它。

不会在灌木丛中奔跑着追赶你了。

是时候离开了。我走之后你会留下来。

再见吧,墙壁。我走了。让灌木丛酣然入梦。

穿过熟睡的医院。我被月光照亮。就像你一样。

我会努力把今晚永远珍存在心房。

别生我的气。有些事应该让它成为过去……①

一九九六年一月二十七日那天,米哈伊尔·尼古拉耶维奇·巴雷什尼科夫在迈阿密庆祝自己四十八岁生日。傍晚,电话铃响了,是约瑟夫打来电话向他祝贺。他俩约好等巴雷什尼科夫返回纽约后见面。

之后布罗茨基下楼去会见客人。当天晚上在他家做客的有钢琴家和音乐老师叶丽扎维塔·列昂斯卡娅,翻译家、编辑亚历山大·苏梅尔金。他们聊诗歌和音乐一直聊到很晚。

后来约瑟夫的妻子玛丽娅·索查妮送走了客人,布罗茨基也再次上楼回到了书房,为第二天的南哈德利之行

---

① 约瑟夫·布罗茨基:《写给墙壁的信》。

准备书籍和手稿。

但这次他未能成行，因为在一月二十七日至二十八日夜间，约瑟夫·亚历山德罗维奇·布罗茨基与世长辞。

一九九六年一月二十八日清晨。

"发生了这样的事，我们也很遗憾，不过还是要请您打起精神，详细讲述一下一九九六年一月二十七日至二十八日夜间的情况。"

"现在谈这件事，对我来说太难了。"

"我们向您表示诚挚的慰问，但我们必须按程序办事，尽可能还原这个悲伤的夜晚的全部事件的经过。"

"好的，我尽力而为，但是我太难过了，可能会说错。"

"没关系，我们听您说。"

"星期六晚上，有人来我家做客，他们离开后，约瑟夫就去整理手稿和书籍，为开学做准备。"

"请您说说您家客人的姓名。"

428

"叶丽扎维塔·列昂斯卡娅和亚历山大·苏梅尔金。"

"他们是俄罗斯人吗？"

"对。"

"他们的举止没有任何不寻常或可疑之处吗？您觉得呢？"

"没有,一切都跟平时一样,我们谈论诗歌,约瑟夫读诗,之后他们就离开了。"

"几点钟?"

"这我不能肯定,大约是,十二点半左右……"

"好的,接下来发生了什么?"

"约瑟夫说,他还要再工作一会儿,他向我道过晚安就起身进了自己的书房。"

"当时布罗茨基先生有什么感觉吗?"

"一个经历过好几次心脏病发作的人,能有什么感觉?"

"请原谅,我的问题唐突了,女士,但我指的是他昨晚的精神状态。"

"他看上去累了,累极了……"

"您知道之后发生了什么吗?"

"之后,早上,我就发现他……回忆这件事太难过了,我受不了……"

"夜里您听到有响动吗?"

"没有。"

"没有——是您没听到,还是没有响动?"

"我没听到,我睡着了。"

"我们知道您很难过,但还是得请您详细说说,早晨您走进布罗茨基先生的书房时看到了什么？这非常重要。"

"好的。"

"您是在几点钟发现布罗茨基先生的遗体的?"

"早上九点。九点钟我上楼去看他。约瑟夫倒在地上。穿戴得整整齐齐的。"

"也就是说,他没有睡觉,没准备睡觉?"

"确实如此。"

"请问,他是怎么倒着的,脸冲下还是冲上?"

"我也说不清,好像是冲上,他的眼镜放在桌子上,旁边有本书。他面带微笑。"

"一本什么书?"

"希腊讽刺诗。"

"一月二十八日到过事发现场的一位警员证实,布罗茨基先生的遗体脸冲下倒着,他的眼镜打碎了。您该怎么解释这件事?"

"我不知道……"

"警察赶到之前您翻动过尸体?"

"不……我不记得……这太可怕了……"

"我们同情您,但还有一个非常重要的问题——一月二十七日夜里,布罗茨基先生给什么人打过电话吗?"

"没有,没打过。"

"但我们掌握的情况是,布罗茨基先生给巴雷什尼科夫先生打过电话。您知道这个电话的事吗?"

"对,对,他往迈阿密给巴雷什尼科夫打了电话,昨天他过生日。"

"巴雷什尼科夫能证实此事吗?"

"大概能吧!我不知道他能做什么,不能做什么……请让我静一静!我把能回想起来的情况全都告诉你们了!我现在非常难过,这您能理解吗?"

"当然,夫人,当然能。但我们也是职责所在。"

那只密西西比猫卧在窗台上,眼睛一眨不眨地关注着事态的发展。

430   调查程序终于结束了,密西西比猫独自留在房间里,它用爪子蒙住了眼睛,一动不动地躺了许久。它感觉这个白天已经结束,夜晚降临了。

它用爪子蒙住眼睛,像极了那只待在从列宁格勒开往科诺沙的火车的卧铺车厢里的猫咪瓦西里。

难道真有这样的巧合吗?当然不是,因为那节车厢里根本就不存在一只叫瓦西里的猫,而只有一顶带有内卫部队军官帽徽的、普普通通的灰黑色护耳棉帽。

剧　终

　　古希腊戏剧中悲剧的结尾部分。演出过程中,演员与歌队庄严地从半圆形表演场退场。

布罗茨基和玛丽娅·索查妮,在他最后的生日那天,一九九五年
五月二十四日;布罗茨基的朋友、译者乔治·克莱恩(George
Kline)把自己的"二战"领航员制帽送给了他,他喜欢戴着这顶
帽子(M.彼得罗夫摄)

表演①

　　歌队伫立在半圆形舞台上,分为左侧的半支歌队和右
侧的半支歌队,他们仿佛从高处俯视着半圆形表演场,这个
表演场在剧场里延伸出十几俄丈远。

　　剧中人物一个接一个地从侧幕后方慢慢走出来,占据
了舞台前部的位置,那是一块长方形场地,位于半圆形表演
场的上方。

　　剧场里的灯光渐渐暗淡下来。

　　只剩下半圆形表演场的中间位置、左右两侧的歌队所
在之处以及后台前面的脚灯舞台是亮的,因此我们只能看
清舞台上的演员们脸上戴着的面具。

　　这是普通人、英雄、神祇、亡魂、幽灵、神话传说中的怪
物、独眼巨人、半羊人及牧神的面具,此外还有一些用来表
现痛苦和快乐、恐惧和钦佩的面具。

　　这时响起了吹奏双管阿夫洛斯管的声音。这声音是从
侧幕后方传来的,越来越响亮,营造出一种紧张氛围,预示
着舞台演出即将开始。

　　歌队似乎捕捉到了这首前奏曲的乐音,开始随着音乐

---

　　① 这一章节中以诗歌形式出现的部分均出自布罗茨基于一九八六年创
作的长诗《表演》。

摆动起来,在整个半圆形表演场上来回移动,发出低沉的、延绵不断的声音,就像你把海里的贝壳贴在耳朵上时听到的那种嗡嗡声。

乐声逐渐停止,演出开始了。

演员们依次摘下面具,露出了本来的面孔。

我们当然能认出他们是谁。

达尼伊尔·格拉宁:

这个地方我熟悉,就像中国的边疆一样!

亚历山大·普罗科菲耶夫:

这个人我熟悉!审讯的标志不是肉体,

而是军大衣上的省略号。不是大脑,而是逗号。

不是喉咙,而是漆黑的夜晚。不是眼睛,而是除号。

右侧的半支歌队:

"那个电唱收音机卖多少钱?"

"萨沃纳罗拉是谁?"

"大概是个缩写词吧。"

"不好意思,茅房在哪儿?"

(米哈伊尔·巴雷什尼科夫扮演的普希金登上舞台,开始表演舞蹈,他的头上戴着一顶飞行帽。)

谢尔盖·多甫拉托夫:

一辆快车载着一位形单影只的旅客在旷野上疾驰。

歪歪斜斜的车轮仿佛一伙波尔塔瓦好汉，

上面沾着格多夫扳道工用手指抠出的油脂。

车轮把翻倒的瓶中流出的液体浇灌到雪原、小站和岔道口上，

使它们现出勃勃生机。

左侧的半支歌队：

"生活，好像抽奖一样。"

"她嫁给了一个犹太人。"

"他们把国家引上了绝路。"

"发工资前先给我十个卢布吧。"

（弗拉基米尔·布里塔尼什斯基扮演的尼古拉·瓦西里耶维奇·果戈理出场了，他的头上戴着一顶海军帽。他朗诵道："第聂伯河在风平浪静的日子里是可爱的，那时它的广阔的河水浩荡而平稳地流过森林和山岳。不起一丝涟漪；没有一点响动。一眼望过去，你不知道这条雄伟的巨川是在流动着还是静止的，它仿佛整个儿是用玻璃做成的，像一条蓝色的明镜般的道路，宽阔无垠，漫长无尽，在一片绿色世界中向前蜿蜒伸展着。这时候，烈日喜欢从高处向下窥望，把日光浸入寒冽的玻璃般的河水，岸旁的森林也爱把鲜明的影子倒映在水面上。"①）

————————

① 转引自尼古拉·果戈里著，满涛译：《狄康卡近乡夜话》(人民文学出版社,2006)，页186–188。

安德烈·毕托夫：

食品店里——货物少得可怜；老鼠窜来窜去，在寻找食物。

一个穿羊皮裤的人，把硬邦邦的犄角藏进羊羔皮里，

变身为陵墓基座上的暴君。

左右两侧的歌队齐声唱：

"据说，全体会议开幕了。"

"用劈柴扎她双眼中间的地方。"

"犹太守财奴高傲地从阿拉伯人宁静的小屋上方飘过。"

（谢尔盖·米哈尔科夫装扮成穿着睡衣的列夫·托尔斯泰，登上半圆形表演场。）

亚历山大·乌曼斯基：

囚犯们在欧洲徘徊，徒劳地寻找马桶，

他们在哪儿都能撞上腼腆的蠢货。

他们想要一个码头，这样阿芙乐尔号在海浪上漂浮之时，

就能在连续不断的恐怖事件之初发起炮火打击。

436 **右侧的半支歌队：**

"哪里有鸡蛋，哪里就有煎锅。"

"据说，伏特加的价格很快就会恢复到一卢布。"

"妈妈，我不喜欢爸爸。"

（卡罗尔·安舒茨扮演的外国降落到半圆形表演场上，歌剧剧本里是这样描写这个形象的——"外国吵嚷着走了进来，他带着一个违禁的半球体，裤兜里还插着一只平淡无奇的地平仪。他把叶尔莫莱称作费雷德里克或夏尔，对法律吹毛求疵，因为关税问题发火，他大声喊叫：'看你们怎么过！'拉斐尔与布纳罗蒂光滑的肉体令人尴尬不已——他们的后背一丝不挂"。）

卡罗尔·安舒茨：

你们过得怎么样？

瓦西里·阿克肖诺夫：

我们爽得很！

歌队：

"全世界无产者

向着饭店前进！"

（约瑟夫·朱加什维利①出现在半圆形表演场上，剧场里瞬间乱作一团，人们惊骇不已，全都吓傻了。这个穿军装的人把双手背在身后，默默地来回走了很长时间，他目不转睛地盯着暗处，似乎在寻找什么人，此时此刻，你绝对不会

----

① 即斯大林。

想到这个角色是由谁扮演的。)

朱加什维利：

劳伦斯，你在哪儿？

从舞台后面传来一个声音：

我在这儿！

叶甫盖尼·叶夫图申科：

他们迅速瞄准对方，扣动扳机，

接着，一缕薄烟从枪管里冒了出来……按照导演的想法，

那位一天抽一包烟的国父就这样丢掉了性命。

高加索山脉巍峨伫立，犹如仪仗队一般。

褐色的眼眸中喷涌出帕纳列乌利①村的泉水。

左侧的半支歌队：

"给我来一份导演吃的那种牛排。"

"北莫尔斯克的纤夫

"正在拖拽巡洋舰，

"放射状的纤绳把他们折磨得瘦弱不堪。"

（约瑟夫·朱加什维利终于离开了半圆形表演场，取而代之的是由萨沙·索科洛夫扮演的未来思考者，他穿着一身草绿色的军便服，脚蹬一双橡胶靴，肩膀上挎着一杆猎枪。）

---

① 格鲁吉亚的村庄。盛产同名葡萄酒。

法官叶卡捷琳娜·萨维里耶娃：

有人带来了原子弹和弹道导弹。

他们载歌载舞："我们是武夫、莽汉！

"俄罗斯人将与德国人并排倒下。比方说，倒在斯大林格勒城下。"

与此同时，回旋加速器低声嚎叫不休，仿佛守寡的农村妇女一般，

乌鸦在国防部大声聒噪。

右侧的半支歌队：

"我们终将躺进棺材，尽管丧钟尚未敲响！"

"这是母狗还是公狗？"

"由因果关系导致的钩心斗角

"总是随着人的死亡而告终。"

（索尔仁尼琴登上了半圆形表演场，剧场里的观众对他的出现报以长时间的掌声，经久不息，掌声终于沉寂下来。）

索尔仁尼琴：

现在我是头号人物。

在我的心间驻留着一只火鸟以及我对君主的眷念。

请让我再次受洗，否则就给你一记耳光。

（就在他说完这番话之后，整个舞台立刻活跃起来，半圆形表演场上出现了一群少先队员——他们"有的举着用

胶合板做成的模型,有的拿着手写的告密信,内容五花八门",带领这群少先队员的是历史老师利季娅·利希岑娜。此外还有:一位民警,他一边挥舞着双手,一边叫喊"够了";一群边防军人;几个人口众多的犹太家庭,他们拎着大包小包和其他破烂玩意儿;几位打着标语的共青团员,标语上写着"滚回你的以色列";几位来自列宁格勒泽尼特队的球员;以及由鲁道夫·努列耶夫和米哈伊尔·巴雷什尼科夫扮演的思考过去的人。)

利季娅·利希岑娜(高喊):

我们挤满了整个舞台!就剩下爬到墙上去了!

从舞台上传来一个声音:

我在这里!

左右两侧的歌队齐声合唱:

"孩子是爱的结晶。

你现在孤身一人在这世间。

还记得那首歌吗?

我曾在黑暗中哼唱。

这是猫,这是老鼠。

这是营地,这是塔台。

这是——时间,它正在悄悄地

杀死爸爸和妈妈。"

（舞台上逐渐安静下来，喧哗声消失了，全体演员一动不动，姿态各异，就像小时候玩游戏"一波海浪"①时一样，这时约瑟夫·布罗茨基从舞台前面下降到半圆形表演场上。）

他遵照着装规范穿了一件燕尾服，打着白领结，左胸前的衣兜里别着一方白手帕。燕尾服下面是一件系着三粒纽扣的白马甲。

约瑟夫冲着演员们鞠躬，然后转身向观众躬身致意。

布罗茨基：

快来卧室——喏，瞧：

枕头上——好几枚勋章……

（剧场里的观众和台上的演员对约瑟夫这一席话报以雷鸣般的掌声，瑞典国王卡尔十六世·古斯塔夫随后授予其诺贝尔文学奖，共计三十四万美元。）

卡尔十六世·古斯塔夫：

约瑟夫·布罗茨基!②

（礼堂里，闪光灯不停地闪烁）

歌队：

永远没有人知道，众神准备为凡人做些什么

---

① 俄罗斯儿童游戏。和我国的儿童游戏"一不许动，二不许笑，三不许露出大白牙"基本相同。

② 原文为英文。

他们无所不能：对千千万万普通人，既可赠与

也会因其不负责任收回仅有的一切，

只给我们留下理智，用以感受失去的痛楚。

众神能言善语，但不可与之商谈，

不要走得太近，也不必刻意躲避：

众神不擅区分噩梦

与不堪的现实，

他们与我等凡人息息相关。

这正是欧里庇得斯悲剧《美狄亚》的开场与合唱中所描绘的场面。

亡人岛

显然，在拍摄诺贝尔奖授奖纪念照之前，约瑟夫格外紧张，很想抽支烟。对于这个拍照环节，瑞典方面准备得相当认真——摄影师不慌不忙地装好哈苏相机，调整好光线，测定完曝光量，最后，又把必须出现在镜头里的所有人全都召集在一起，当然，这个过程不可能一蹴而就。因此一直待在原地根本就毫无必要。

约瑟夫备受煎熬，最后终于忍不住溜了出去。

他说他身体不太舒服，想呼吸一下新鲜空气。

约瑟夫·布罗茨基

他冒着十二月的严寒来到户外,鼓起胸膛,深深地吸了一口波罗的海的寒气。

不过他马上就抽起烟来,瞬间感觉舒服多了。

他心满意足地沉浸在香烟的缕缕烟雾中。

约瑟夫·布罗茨基:"一个人之所以写诗,意图各不相同:或为了赢得所爱女子的心,或为了表达他对一片风景或一个国家等周围现实的态度,或为了塑造他当时所处的精神状态,或为了在大地上留下痕迹——如他此刻所想的那样。他诉诸这一形式——诉诸一首诗——首先是出于无意识的、拟态的意图:白色纸张上垂直的黑色单词淤块,仿佛能使一个人想到他在世界上的个人处境,想到空间与他身体的比例。但是,与促使他拿起笔的各种意图无关,与流出其笔端的一切所起的效果无关,对于他的读者,无论其读者是多还是少——这一事业迅即的结果,就是一种与语言产生了直接联系的感觉,更确切地说,就是一种对语言中所说、所写、所实现的一切迅即产生依赖的感觉。

"这种依赖性是绝对的,专断的,但它也会释放自由。"①

就在此刻,在约瑟夫仰望斯德哥尔摩寒冷的天空之际,

---

① 约瑟夫·布罗茨基:《诺贝尔奖受奖演说》。转引自约瑟夫·布罗茨基著,刘文飞译:《文明的孩子》,页39。

列宁格勒的上空也和这里一样寒冷,种种记忆完全不再是从前的模样,而是变得真实起来,真实得不再有时间、空间,也不再有记忆上的疏漏。

比方说,在格林卡大街那栋房子的门厅里,从楼上传来"砰"的一声开门声,紧接着,压低嗓音说话的声音带着回声顺着楼梯、栏杆传下来,消失在石头小屋和壁龛中。

门"砰"的一声,关上了。

"年轻人,您怎么又在我们这层楼吸烟了!赶紧把烟掐灭,否则我就报警了!"约瑟夫一转身,看见面前站着一位中年妇女,容貌文雅端庄,眼睛上方扣着一顶毛茸茸的马海毛帽子,身穿一件均码棉纶风衣和一双长筒胶皮靴子,这双靴子显然是在"红三角"工厂买的。

"您听到我说话了吗,年轻人?赶紧把烟掐灭!"

约瑟夫无可奈何地从窗台上爬下来,一声不吭地离开门厅,来到大街上。

他听到身后有人抱怨:"真是岂有此理!"

一股湿冷的气流从克留科夫运河长驱直下,刺骨的风吹得圣尼古拉斯海军教堂的大钟叮当作响。

天空被一栋栋公寓楼的房顶挤在中间,动弹不得。

没关好的通风窗被穿堂风吹得不停撞击着窗框。

约瑟夫望到对面那栋房子的阁楼敞着窗子。

> 阁楼的窗户开着。
>
> 我望了一眼阁楼的窗户。
>
> 窗台撞到了我的肚子。
>
> 一只鸽子在云彩下翻飞。
>
> 云彩上面的蓝色天穹不像天花板,而像一口冰窟。①

鱼儿在冰窟里游弋。

母亲时常叨念,说疏散前她常去涅瓦河边,用一口平底锅从那儿的冰窟窿里舀水,因为当时已经不通自来水了。

就着冰冷的空气和烟草的气息吸完最后一口烟,布罗茨基又回到了礼堂。

442　那些没找到他的人从四面八方围拢过来,请他合影。他微笑着,一副宽宏大量的模样。随后庆祝活动继续。

这时约瑟夫扭头望着已经空无一人的舞台,就在不久前,这里上演了根据他的诗《表演》排演的、历时二十九分五十七秒的一出舞台剧。他困惑地耸了耸肩——难道这一切都是真的吗?

---

① 约瑟夫·布罗茨基:《征服宇宙》。

约瑟夫·布罗茨基:"至于这座大厅,我想,它几小时前还空无一人,几小时后又将空无一人。从这大厅四壁的角度来看,我们的出现,尤其是我的出现,纯属偶然。概括地说,从空间的角度来看,任何一个出现在这大厅里的人都是偶然的,除非他的出现具有那种恒久的、通常不具生命特征的风景特性,比如说冰川、山峰和河湾。正是某个人或某件事在一处早已习惯自身内涵的空间中毫无征兆地出现,才能制造出一种事件感。"①

空间是有限的,而且任何事物都无法重复和改变,就在你明白了这个道理的那一刻,你便对它产生了适应性。显然现在为时已晚,表演也结束了。你只能寄希望于时间,但是这个希望极其微薄而又相当渺茫。当然,你可以在涅瓦河或威尼斯运河的河堤上行走,赶超光阴,落在它的后面,与它齐头并进,甚至依附于它的表面。这种选项当然存在,但它远远不合乎所有人的心意,而这也是可以理解的——水上潮气重,在水上很难站稳当(容易晕船),贪吃的海鸥不停地鸣叫,在这里,人们的脚下没有坚实的土地,水平线也是倾斜的,总是移来移去,而且还有沦为正义的约伯所描

---

① 约瑟夫·布罗茨基:《受奖演说》(致辞)。转引自约瑟夫·布罗茨基著,刘文飞译:《悲伤与理智》,页60-61。

述的列维坦之猎物的巨大风险。

　　摘自约瑟夫·布罗茨基的随笔《不可救药者的路堤》：

　　关于水上旅行，即使是短程的旅行，也总有某种原初的东西。你会被告知，你不应该在那里，而这与其说是你的眼睛、耳朵、味觉或手掌告知的，还不如说是你的脚告知的，作为一种感觉器官，它可以察觉到奇怪的表演。尤其是在夜晚，当水面变得像路面一样时，水把水平度原理弄得动荡不定。不管在你的脚下它的代用品——甲板——有多么牢固，在水上，你会比在岸上稍微警觉一点，你的机能会更多地用在平衡上。例如，在水上，你永远不会像在街上那样心不在焉：你的两条腿支撑着你，你的理智处在警醒状态，你就像是某种圆规。好吧，也许，当你航行在水上时让你的理智更加敏锐的东西，实际上是那些愉快古老的脊索动物的一种遥远曲折的回声。无论如何，在水上你对别的东西的感觉变得更加灵敏，似乎被一种共同的和一种相互的危险强化了。而迷失方向作为一种心理范畴，与其作为一种导航范畴不相上下。尽管这样，十分钟后，虽然我们还在向同一个方向航行，我却看见我在这座城市认识的那个唯一的人的箭头至少和我的偏离了四十五度。很可能是因为这段大运河太亮了。①

交通艇（海运客轮）驶离威尼斯的穆拉诺码头，向着圣米歇尔岛，也就是名气更大的"亡人岛"进发了。

这里埋葬着庞德和佳吉列夫、斯特拉文斯基与多普勒。

风平浪静。

冥河的航程不到十分钟。

而当初，一九四三年，舍克斯纳河的航程则要漫长很多。

或许这只是三岁小男孩约瑟夫的感觉而已？

一个身披雨衣的老人用尽最后的力气划着桨，他的面 444
孔模糊不清。

水与船舷齐平。

他问道："妈妈，我们马上就要沉下去了吧？"

而码头上已经伫立着一支由战俘和被囚禁的工农红军军人组成的歌队，就像古希腊悲剧中所描写的那样。队员们神情紧张，似乎因为痉挛而显得局促不安。他们在等待命令……

---

① 转引自约瑟夫·布罗茨基著，张生译：《水印：魂系威尼斯》（上海译文出版社，2016），页 12–13。

然而那里没有任何歌队，只有内务人民委员部带狗的警卫。

　　军犬拼命想要挣脱牵绳，但母亲不惧怕任何人。她把约瑟夫抱在怀中，下了船，没有理会任何人，向着营地管理机构所在的棚屋走去。

　　所有人都彬彬有礼地为她让出了道路，有人甚至向她鞠躬致意。

索 引

(索引页码为原书页码,即本书边码)

Аврелий Марк(Marcus Aurelius) 奥勒留,马可,227

Авраменко И. К. 阿夫拉缅科,伊·科,327

Адмони В. Г. 阿德莫尼,弗·格,215

Азадовский К. М. 阿扎多夫斯基,康·马,113,344

Айги Г. Н. 艾基,根·尼,167

Айтматов Ч. Т. 艾特马托夫,钦·托,356

Алейников В. Д. 阿列伊尼科夫,弗·德,385

Александр Македонский(Alexander the Great) 亚历山大大帝,
227

Алешковский Юз 阿列什科夫斯基,尤兹,356,399

Аллилуева С. И. 阿利卢耶娃,斯·约,345

Алов　阿洛夫,59

Альфонсов В. Н.　阿利丰索夫,弗·尼,327

Андропов Ю. В.　安德罗波夫,尤·弗,19,23

Андрэ, Эрих(Andrée, Karl Erich)　安德烈,埃里克,246

Ануфриев Александр　阿努菲利耶夫,亚历山大,322

Аншютц, Кэрол(Anschütz, Carol)　安舒茨,卡罗尔,351-352,
357,373,436

Аншютц, Норберт(Anschütz, Norbert)　安舒茨,诺伯特,351

Апостол Павел　使徒保罗,259

Ардов В. Е.　阿尔多夫,维·叶,263,340

Ардов М. В.　阿尔多夫,米·维,226,263,315

Ардовых, семья　阿尔多夫一家,198,353,262

Армстронг, Луис(Armstrong, Louis Daniel)　阿姆斯特朗,路易
斯,32,363

Астафьев В. П.　阿斯塔菲耶夫,维·彼,356

Ахмадулина Б. А.　阿赫马杜琳娜,贝·阿,309

Ахматова А. А.　阿赫马托娃,安·安,14,156-157,161,165,
169,170,171,175,198,225-227,242,271,283,297,339,
341-342,406

Бабёнышев А. П.　巴比奥内舍夫,亚·彼,242

Байрон(Byron)　拜伦,205,278

Баратынский Е. А.　巴拉丁斯基,叶·阿,82,84,92,115,165,

280-281,290,300

Барышников М. Н.　巴雷什尼科夫,米·尼,13,30-31,345,
417-418,427,429,434,438

Басалаев Л. С.　巴萨拉耶夫,列·谢,47

Басманов А. О.　巴斯马诺夫,安·奥,332-333

Басманов М. И.　巴斯马诺夫,米·伊,148,255

Басманов П. И.　巴斯马诺夫,帕·伊,144

Басманова М. П.　巴斯马诺娃,玛·帕,143,145,156,169,
251-252,256,261-265,268,271,273,298,319,334,
342,418

Басманова Н. Г.　巴斯马诺娃,娜·格,286

Батюшков К. Н.　巴丘什科夫,康·尼,277,281

Бах, И. С.(Bach, J. S.)　巴赫,约·塞,27,31,109

Башлачев А. Н.(Саша)　巴什拉乔夫,亚·尼(萨沙),332-333

Беккет, Сэмюель(Beckett, Samuel Barclay)　贝克特,塞缪尔,69,
285-286

Белли, Мелвин(Melvin, Belli)　贝利,梅尔文,133-135,222-223

Белоусова Л. Е.　别洛乌索娃,柳·叶,345

Бенуа А. Н.　贝努瓦,亚·尼,144,255,264

Берггольц О. Ф.　别尔戈丽茨,奥·费,185-186

Бергман, Ингмар(Bergman, Ernst Ingmar)　伯格曼,英格玛,380

Бернс, Роберт(Burns, Robert)　彭斯,罗伯特,116

Берия, Л. П　贝利亚,拉·帕,306

Беше, Сидней(Bechet, Sidney Joseph)　贝切特,悉尼,32

Биркертс, Свен(Birkerts, Sven)　伯克茨,斯文,405

Битов А. Г.　毕托夫,安·格,103,113,171,180,420,435

Блейн, Эндрю(Blain, Andrew)　布赖恩,安德鲁,402

Бобышев Д. В.　鲍贝舍夫,德·瓦,157,164-165,169,172,
181,252,260-262,264-266,272,324,342

Богаевский К. Ф.　博加耶夫斯基,康·费,317

Богун И. Е.　鲍贡,伊·叶,85-88,286

Браун,Клиффорд(Brown, Clifford Benjamin)　布朗,克里夫特,
32

Брауна Н. Л.　布劳恩,尼·列 ,191

Брежнев Л. И.　勃列日涅夫,列·伊,372

Британишский В. Л.　布里塔尼什斯基,弗·利,104-106,113,
122,180,435

Бродский А. И.　布罗茨基,亚·伊,13-21,23-31,33-34,48-
49,64,76,87,90-91,104,117,183,189,194,261-262,
267,340,413,441,446,503,512,548

Бородин А. П.　鲍罗廷,亚·波,23

Булов Александр　布洛夫,亚历山大,244

Бурлака Л. К.　布尔拉卡,列·康,321

Буссенар, Луи(Louis Henri Boussenard)　布塞纳,路易,207

Буттафава, Джанни(Giovanni Buttafava)　布塔法瓦,乔瓦尼,344

Вагнер, Рихард(Wagner, Richard) 瓦格纳,理查德,154

Вайль Б. Б. 瓦伊利,鲍·鲍,131-132,151,248

Вахтин Б. Б. 瓦赫金,鲍·鲍,181,197-198,226,320

Вер, Луций(Lucius Verus) 维鲁斯,卢修斯,227

Вергилий(Publius Vergilius Maro) 维吉尔,287

Вивальди, Антонио(Vivaldi, Antonio Lucio) 维瓦尔第,安东尼奥,141-142

Вигдорова Ф. А. 维格多洛娃,弗·阿,202,226,249

Виноградов Л. А. 维诺格拉多夫,列·阿,100

Виньковецкая Д. Ф. 维尼科维茨卡娅,戴·费,153

Виньковецкий Я. А. 维尼科维茨基,雅·阿,103

Владимов Г. Н. 弗拉基莫夫,格·尼,356

Воеводин В. П. 沃耶沃金,弗·彼,208,211

Воеводин Е. В. 沃耶沃金,叶·弗,191,208,211,215

Вознесенский А. А. 沃兹涅先斯基,安·安,355

Войнович В. Н. 沃伊诺维奇,弗·尼,356

Волков Соломон 沃尔科夫,所罗门,47,50,63,116,126,128,165,207,279,285,343,423

Волошин М. А. 沃洛申,马·亚,314,316

Вольперт Д. М. 沃利别尔特,朵·莫,69

Вольперт М. Б. 沃利别尔特,莫·鲍,22

Вольперт М. М. 沃利别尔特,玛·莫,22,46,54,142,252,328,413

Вольф С. Е.　沃尔夫,谢·叶,113

Воронин С. А.　沃罗宁,谢·阿,184,186

Восленский М. С.　沃斯连斯基,米·谢,345

Вучетич Е. В.　武切季奇,叶·维,88

Высоцкий В. С.　维索茨基,弗·谢,333,345

Вяземский П. А.　维亚泽姆斯基,彼·安,165,277

Габричевский А. Г.　加布里切夫斯基,亚·格,315

Галимзянов А. Г.　加利姆疆诺夫,阿·加,42

Галич А. А.　加利奇,亚·阿,345,356

Гдалин А. Д.　格达林,亚·达,103

Гегель (Hegel, Georg Wilhelm Friedrich)　黑格尔,129

Гек, М. К.　格克,马·康,59

Герман Ю. П.　戈尔曼,尤·帕,183,185,211

Гинзбург Арина　金兹堡,阿丽娜,123

Гинзбург А. И.　金兹堡,亚·伊,123-125,188

Гладилин А. Т.　格拉季林,阿·季,308,356

Глинка М. И.　格林卡,米·伊,23,290

Гоббс, Томас(Hobbes, Thomas)　霍布斯,托马斯,67

Гоголь Н. В.　果戈理,尼·瓦,99,435

Голышев В. П.　戈雷舍夫,维·彼,317,377

Голявкин В. В.　格里亚夫金,维·弗,113,181

Гончар О. Т.　冈察尔,奥·捷,188

Гораций,Квинт Гораций Флакк(Quintus Horatius Flaccus) 贺拉斯,287

Горбаневская Н. Е. 戈尔巴涅夫斯卡娅,娜·叶,124,126,356

Горбовский Г. Я. 戈尔波夫斯基,格·雅,103-104,113,124

Гордин Я. А. 戈尔丁,雅·阿,82,109,219,224,226,252

Горкин А. Ф. 戈尔金,亚·费,301

Городницкий А. М. 格罗德尼茨基,亚·莫,103

Горький Максим 高尔基,马克西姆,127,179,184,283,336

Гранин Д. А. 格拉宁,达·亚,183,185-188,191-192,209-210,225,320,401,434

Греков М. Б. 格列科夫,米·鲍,72,138,362

Гренков А. М. 戈连科夫,亚·米,426,见 Преподобный Амвросий Оптинский

Грибачёв Н. М. 格里巴乔夫,尼·马,325

Грудинина Н. И. 格鲁基尼娜,娜·约,202,226

Гувер, Джон Эдгар(Hoover, John Edgar) 胡佛,约翰·埃德加,134

Гумилев Л. Н. 古米廖夫,列·尼,340

Гуревич Н. П. 古列维奇,纳·巴,321-322

Давыдов Д. В. 达维托夫,丹·瓦,277

Давидович Сильвана 达维多维奇,西尔瓦娜,344

Даниэль Ю. М. 达尼埃尔,尤·马,356

Данте Алигьери(Alighieri,Dante) 但丁,234,257

Дар Д. Я.　达尔, 达・雅, 103

Делоне В. Н.　杰罗涅, 瓦・尼, 356

Дельвиг А. А.　杰尔维格, 安・安, 165, 277

Денисов П.　杰尼索夫, П. , 216, 218, 220

Джойс, Джеймс(Joyce, James)　詹姆斯・乔伊斯, 69

Ди Каприо, Леонардо(DiCaprio, Leonardo)　迪卡普里奥, 莱昂纳
多, 404

Диккенс, Чарльз(Dickens, Charles)　查尔斯・狄更斯, 306

Довлатов С. Д.　多甫拉托夫, 谢・多, 184, 356, 362-363, 389,
399, 434

Довлатова Елена　多甫拉托娃, 叶连娜, 365

Долинина Н. Г.　多利尼娜, 娜・格, 202

Дони, Анна　唐尼, 安娜, 344

Доплер(Doppler)　多普勒, 443

Достоевский Ф. М.　陀思妥耶夫斯基, 费・米, 69, 170, 234,
281, 376, 399, 426

Доу, Джордж(Dawe, George)　达维, 乔治, 88

Друзин В. П　德鲁辛, 瓦・帕, 182

Дудин, М. А.　杜金, 米・亚, 186, 209-211, 320, 401

Дудинцев В. Д.　杜金采夫, 弗・德, 186

Дымшиц, М. Ю.　德穆希茨, 马・尤, 152

Дэвидсон, Брюс(Davidson, Bruce Landon)　戴维森, 布鲁斯, 286

Дягилев С. П.　佳吉列夫, 谢・帕, 406, 443

Еврипид(Euripides) 欧里庇得斯,15,43,73,130,202,314,439

Евтушенко Е. А. 叶夫图申科,叶·亚,309,319,355,436

Елесин 叶列辛,150

Ерёмин М. Ф. 叶廖明,米·费,100

Ерёмина Серафима 叶廖明娜,谢拉菲玛,249

Ефимов И. М. 叶菲莫夫,伊·马,226,273

Жаркова Маргарита 扎尔科娃,玛格丽塔,322

Жаркова Ю. Е. 扎尔科娃,尤·叶,322

Жданов А. А. 日丹诺夫,安·亚,22,40,405

Жданова Мария 日丹诺娃,玛丽亚,244

Живова Ю. М. 日沃娃,尤·马,263

Жуков Г. К. 朱可夫,格·康,28

Жуковский В. А. 茹科夫斯基,瓦·安,278

Забалуев Альберт 扎巴卢耶夫,阿尔贝特,249

Завидонов С. П. (Стас) 扎维多诺夫,斯·彼(斯塔斯),59

Зиновьев А. А. 季诺维也夫,亚·亚,356

Зощенко М. М. 左琴科,米·米,181

Иванов К. М. 伊万诺夫,吉·米,189

Иванов Б. И. 伊万诺夫,鲍·伊,226

Иври Яаков 伊夫利,雅科夫,353

Иловайская-Альберти И. А 伊洛瓦伊斯卡娅-阿莉别尔蒂,伊·阿,401

Ионин А. 约宁,亚,189,223

Йетс, У. Б. (Yeats, W. B.) 叶芝,威·巴,298

Кавафис, Константинос (Cavafy, Constantine P.) 卡瓦菲斯,康斯坦丁,256-257,259,283

Казарес, Мария (Casarès, Maria) 卡萨雷斯,玛丽亚,141,260

Каналетто (Canaletto) 卡纳莱托,93

Кандинский В. В. 康定斯基,瓦·瓦,315

Капица П. Л. 卡皮查,彼·列,191

Карпинский А. П. 卡尔宾斯基,亚·彼,156

Катулл (Catullus) 卡图卢斯,87-88,286,297,300

Карл XVI Густав (Gustaf, Carl XVI) 卡尔十六世·古斯塔夫,439

Карнелл, Юхан (Carnell, Johan) 卡内尔,约翰,424

Касатонов Миша 卡萨托诺夫,米沙,286

Кафка, Франц (Franz, Kafka) 卡夫卡,弗朗茨,69,237,240,251,273,297

Кежун Б. А. 凯荣,鲍·阿,209

Кеннеди, Джон Ф. (Kennedy, John F.) 肯尼迪,约翰·菲,134

Кетлинская В. К.　凯特林斯卡娅,维·卡,182-183,185,210

Кетлинский Казимир　凯特林斯基,卡济米尔,185

Ким А. А.　金,阿·安,356

Киров С. М.　基洛夫,谢·米,389

Княжнин Я. Б.　克尼亚日宁,雅·鲍,384

Козлова Лариса　科兹洛娃,拉丽萨,261

Кондратов Александр　康德拉托夫,亚历山大,100

Кондратов Эдуард　康德拉托夫,爱德华,98-99,282

Коновер, Уиллис(Conover, Willis)　考诺沃,威利斯,32

Копелев Лев　科佩列夫,列夫,340,356

Коржавин Наум　科尔查文,纳乌姆,356

Коробова Эра　克罗波娃,艾拉,261

Корчной Виктор　科尔切诺伊,维克多,346

Косарева Н. С.　科萨列娃,尼·谢,197-198,320

Костаков Александр　科斯塔科夫,亚历山大,202

Кочетов В. А.　科切托夫,弗·阿,181-184,210

Крамской И. Н.　克拉姆斯柯依,伊·尼,234

Кранах, Лукас(Cranach, Lucas)　克拉纳赫,卢卡斯,144,156

Красильников Михаил　克拉西利尼科夫,米哈伊尔,98-100,
　102,105,113,282

Красовицкий Станислав　克拉索维茨基,斯塔尼斯拉夫,113

Кристиан-Жак　克里斯蒂安-雅克,141,260

Ксанф　克桑托斯,79

Кузнецов Анатолий 库兹涅佐夫,阿纳托利,345,356

Кузнецов Эдуард 库兹涅佐夫,爱德华,152,353

Кузнецова Марианна 库兹涅佐娃,玛丽安娜,336

Кулле Сергей 库列,谢尔盖,100,106,113

Кумпан Елена 库姆潘,叶莲娜,103

Кун, Н. А. 孔,尼·阿,44

Курфюрст Бранденбургский 勃兰登堡选帝侯,195,227

Кушнер Александр 库什涅尔,亚历山大,103,124

Кюхельбекер В. К. 库切尔贝克,维·卡,278

Ланге, Г. Ф. 兰格,格·费,144

Ларионова Элеонора(Нора) 拉里奥诺娃,埃列奥诺拉(诺拉),
77,85

Лафоре, Мари(Laforêt,Marie) 拉福莱,玛丽,23,372

Леандер, Зара(Leander,Zarah) 莱安德,莎拉,261,266,319

Лебедева М. 列别杰娃,М.,215

Леонская Елизавета 列昂斯卡娅,叶丽扎维塔,427-428

Леонтьев Константин 列昂季耶夫,康斯坦丁,376

Лермонтов М. Ю. 莱蒙托夫,米·尤,278,388

Лернер Я. 列尔涅尔,雅,189,191,223

Лимонов Э. В. 利莫诺夫,爱·维,356,399,400

Лисицына Л. В. 利希岑娜,莉·瓦,42,61,68,143,164,216,
286,405,438

Лисициан Рузанна Павловна　利希奇安,鲁扎娜·帕夫洛夫娜, 290

Лисициан Карина Павловна　利希奇安,卡利娜·帕夫洛夫娜, 290

Лобачевский Н. И.　罗巴切夫斯基,尼·伊,397

Логунов П.　洛古诺夫,П.,216,218-219

Лифшиц Л. В. (Лосев)　利弗希茨,列·弗(洛谢夫),54,100, 106,114-115,123-124,129,225,272,300,308,326, 354,402

Львов А. Л.　利沃夫,阿·利,358

Лысенко В. Г.　雷先科,瓦·格,321-322

Мак Леонид　马克,列昂尼德,321

Максимов Владимир　马克西莫夫,弗拉基米尔,356,401

Мальковати, Фаусто (Malcovati, Fausto)　马尔科瓦蒂,福斯托,344

Мандельштам О. Э.　曼德尔施塔姆,奥·埃,14,406,407

Мамлеев Юрий　马姆列耶夫,尤里,356

Марамзин В. Р.　马拉姆津,弗·拉,181,389

Маркс Карл(Marx, Karl)　马克思,卡尔,129,224,229,363-364

Марчиано, Рокки(Marciano, Rocky)　马西阿诺,洛奇,363

Маршак С. Я.　马尔夏克,萨·雅,116,303

Марышев Дмитрий　马雷舍夫,德米特里,244

Маяковский В. В.　马雅可夫斯基,弗·弗,102,154,336

Медведев М.　梅德韦杰夫,米,189,223

Мейлах Михаил　梅伊莱赫,米哈伊尔,252,340,344

Меттер Израиль　梅特尔,伊兹拉伊利,202

Микешин М. О.　米科什,米·奥,170

Микоян А. И.　米高扬,阿·伊,302

Мильчик М. И.　米利奇科,米·伊,361

Миронов Н. Р.　米罗诺夫,尼·罗,301

Мирошниченко Григорий　米罗什尼琴科,格里高利,184-186

Михайлов Юрий　米哈伊洛夫,尤里,98-99,282

Михалков С. В.　米哈尔科夫,谢·弗,341,401,435

Морозов И. В.　莫洛佐夫,伊·瓦,401

Мурузи　穆鲁济(家族),54,137,166

Мусоргский М. П.　穆索尔斯基,莫·彼,23

Набоков В. В.　纳博科夫,弗·弗,357,380,389

Найман Анатолий　奈曼,阿纳托利,157,164,173,226,252,
　261,313,340

Наринская Г. М.　娜琳斯卡娅,佳·米,236

Науменко Майк　纳乌缅科,麦克,148

Некрасов В. П.　涅克拉索夫,维·普,203,224,356

Нерон(Nero)　尼禄,227

Нефедов　涅费多夫,245

Николаев А. 尼古拉耶夫,A.,216,218,221

Ницше, Фридрих(Nietzsche, Friedrich) 尼采,弗里德里希,273,
336

Нолан, Кристофер(Nolan, Christopher) 诺兰,克里斯托弗,404

Нуреев Рудольф 努列耶夫,鲁道夫,345,438

Образцов В. Н. 奥勃拉措夫,弗·尼,107

Овидий (Ovidius) 奥维德,287

Оден У. Х. (Auden, W. H.) 奥登,威·休,14,283-286,289,
297-300,375-376,378,406,408

Окуджава Булат 奥库加瓦,布拉特,345

Освальд Ли Харви(Oswald, Lee Harvey) 奥斯瓦尔德,李·哈维,
134

Островский А. И. 奥斯特洛夫斯基,阿·伊,196

Ошанин Лев 奥沙宁,列夫,196

Пампанини, Сильвана(Pampanin, Silvana) 潘帕尼尼,西尔瓦
娜,344

Панова В. Ф. 潘诺娃,维·费,181,183,185,197,327

Паркер, Чарли(Charlie Parker) 帕克,查理,321

Пассос, Джон Дос(Passos,John Dos) 帕索斯,约翰·多斯,398,
413

Пастернак Б. Л. 帕斯捷尔纳克,鲍·列,116,283

Паунд, Эзра（Pound, Ezra） 庞德，埃兹拉, 300, 443

Пестерев К. Б. 彼斯捷列夫，康·鲍, 242, 250

Пестерева А. М. 彼斯捷列娃，阿·米, 242, 245

Пестерева Т. И. 彼斯捷列娃，塔·伊, 242-243

Петр Алексеевич Ⅰ 彼得·阿列谢耶维奇一世, 408

Петров А. П. 彼得罗夫，安·帕, 21

Петрунин 彼得鲁宁, 201

Платонов А. 普拉东诺夫，安, 49, 69

Плотников В. Ф. 普罗特尼科夫，瓦·费, 385

Пляскин Витя 普利亚斯金，维嘉, 384, 389

Поженян Григорий 鲍若尼扬，格里高利, 321

Поляковым, В. 波里亚科夫，瓦, 152

Преподобный Амвросий Оптинский 圣阿姆夫罗西·奥普京斯
基, 426, 见Гренков А. М.

Прокофьев А. А. 普罗科菲耶夫，亚·安, 182-183, 185, 187,
191-192, 208-211, 308, 401, 434

Проперций（Propertius） 普罗佩提乌斯, 287

Протопопов Олег 普罗托波波夫，奥列格, 345

Проффер, К. Р. 普罗弗，卡·雷, 374-376, 378, 380, 391-392

Проффер, Эллендея（Proffer, Ellendea） 普罗弗，埃伦德亚, 376

Пушкин А. С. 普希金，亚·谢, 99, 154, 203, 220, 277-280,
301, 336, 379, 388, 434

Ронсар, Пьер де(Ronsard, Pierre de)　皮埃尔·德·龙萨,278

Райнхардт, Джанго(Reinhardt, Django)　莱因哈特,姜戈,32

Рамакришна(Ramakrishna)　罗摩克里希那,129

Рассел, Бертран(Russell, Bertrand)　罗素,伯特兰,129

Рейн Е. Б.　莱茵,叶·鲍,82,110,143,157,164-165,173,
181,226,236,252,265,340

Рильке, Р. М.(Rilke, R. M.)　里尔克,赖·马,283,300

Робер, Гюбер(Robert, Hubert)　罗伯特,休伯特,53,62,117

Родденберри, Джин(Roddenberry, Gene)　罗登贝瑞,吉恩,133

Рождественский, В. А.　罗日杰斯特文斯基,弗·亚,327

Ромашова Р.　罗玛绍娃,Р.,216,219,220

Рота, Нино(Rota, Nino)　罗塔,尼诺,266,418

Руби, Джек(Ruby, Jack)　鲁比,杰克,134

Руденко Р. А.　鲁坚科,罗·安,301

Румянцев　卢米扬采夫,201

Рыбаков А. Н.　雷巴科夫,阿·纳,308

Рылеев К. Ф.　雷列耶夫,康·费,54,277

Савельева Екатерина　萨维里耶娃,叶卡捷琳娜,202-206,216-
217,219,227-228,437

Салтыков-Щедрин М. Е.　萨尔蒂科夫-谢德林,米·叶,67,80,
268,306

Сартр, Жан-Поль(Sartre, Jean-Paul)　萨特,让-保罗,302

Святой Иоанн Златоуст　金口圣约翰,259

Северцова Н. А.　谢维尔措娃,娜·阿,315

Семенов Г. С.　谢苗诺夫,格·谢,105,107,110,187

Семичастный В. Е.　谢米查斯特内,弗·叶,301

Сент-Экзюпери(Saint-Exupéry, Antoine de)　圣埃克苏佩里,135

Сельвинский И. И.　谢尔文斯基,伊·利,227

Сергеев А. Я.　谢尔盖耶夫,安·雅,319

Сергеева Л. Г.　谢尔盖耶娃,柳·格,319

Синявский А. Д.　西尼亚夫斯基,安·托,356

Слуцкий Б. А.　斯卢茨基,鲍·阿,113-116

Смирнов И.　斯米尔诺夫,伊,73,216,219

Собесский Ян　索比斯基,扬,227

Соболев Л. С.　索波列夫,列·谢,180

Соколов А. В. (Саша)　索科洛夫,亚·弗(萨沙),152,356,
　383,384-386,388,391-392,399,420,421,437

Соколов Всеволод　索科洛夫,弗谢沃洛德,385

Соловьев Сергей　索洛维约夫,谢尔盖,200,202

Солженицын А. И.　索尔仁尼琴,亚·伊,188,356,397-398,
　400-401,437

Соколова Лидия　索科洛娃,利季娅,385

Сорокин Ф.　索罗金,Ф.,215,224

Соснора В. А.　索斯诺拉,维·亚,166-167,180,188

Софокл(Sophocles)　索福克勒斯,217,228,289,316,328

Сохурек, Говард(Sochurek, Howard) 索赫里克,霍华德,286

Соццани Мария(Sozzani-Brodsky, Maria) 索查妮,玛丽亚,11-13,427-429

Спиридонов И. В. 斯皮里多诺夫,伊·瓦,106

Сталин И. В. 斯大林,约·维,21,42-43,50-51,66,100,132,143,161,181,210-211,306,309,436

Стравинский И. Ф. 斯特拉文斯基,伊·费,315,443

Струве Н. А. 司徒卢威,尼·阿,401

Сумеркин Александр 苏梅尔金,亚历山大,427-428

Сурков Алексей 苏尔科夫,阿列克谢,181

Таланов Миша 塔拉诺夫,米沙,421

Тарковский Андрей Арсеньевич 塔尔科夫斯基,安·阿,322

Тарковский А. А. 塔尔科夫斯基,阿·亚,340-341

Тарутин Олег 塔卢京,奥列格,103

Твардовский А. Т. 特瓦尔多夫斯基,亚·特,184,308,401

Тихонов Николай 吉洪诺夫,尼古拉,181

Тищенко Борис 季先科,鲍里斯,143

Толстиков Василий 托尔斯季科夫,瓦西里,202

Толстой Л. Н. 托尔斯泰,列·尼,66,127,203,283,315,426,435

Топорова Зоя 托波洛娃,卓娅,202,205-206

Троцкий Л. Д. 托洛茨基,列·达,98,127

Тургенев, И. С. 屠格涅夫,伊·谢,413

Тяглый Т. 佳格雷,Т.,215

Тэлботт, Строуб(Talbott, Strobe) 塔尔博特,斯特罗布,374-376

Уманский А. А. 乌曼斯基,亚·阿,129-136,149-151,189,
221,225,435

Уфлянд Владимир 乌弗良德,弗拉基米尔,100-101,103,113,
180,333

Ушаков 乌沙科夫,359

Фадеев Александр 法捷耶夫,亚历山大,181

Федин К. А. 费定,康·亚,181,401

Феллини, Федерико(Fellini, Federico) 费里尼,费德里科,261

Фицджеральд, Элла(Fitzgerald, Ella) 菲茨杰拉德,埃拉,32

Фолкнер, Вильгельм(Faulkner, William) 福克纳,306

Фрейд(Freud, Sigmund) 弗洛伊德,51,65,67

Фридрих, Вильгельм I(Wilhelm I, Friedrich) 弗雷德里克·威廉
一世,195,227

Фрост Р. Л. (Frost, Robert Lee) 弗罗斯特,罗·李,14,283,
286-288,300

Хазанов Борис 哈扎诺夫,鲍里斯,356

Хармс Д. И. 哈尔姆斯,丹·伊,378

Хемингуэй(Hemingway, Ernest Miller)　海明威,306

Хрущев Н. С.　赫鲁晓夫,尼·谢,182

Цветаева М. И.　茨维塔耶娃,玛·伊,14,163,170,175,279,
　281,283,315

Цехновицер Ю. О.　采赫诺维采尔,尤·奥,153-154,295

Чайковский П. И.　柴可夫斯基,彼·伊,23

Чепуров А. Н.　切布罗夫,阿·尼,191

Черномордик В. М.　切尔诺莫尔季科,弗·米,245-246,251

Чехов А. П.　契诃夫,安·帕,318, 376

Чуди Ирина　楚季,伊莉娜,166

Шаляпин Ф. И.　沙里亚宾,费·伊,98

Шарымова Наталья　沙雷莫娃,娜塔莉娅,113,130

Шахматов О. И.　沙赫马托夫,奥·伊,128-136,151,222-223,225

Шебеко Вера　舍别科,维拉,19,35

Шефнер В. С.　舍夫涅尔,瓦·谢,327

Шевцов И. М.　舍夫措夫,伊·米,184

Шевченко А. Н.　舍甫琴科,阿·尼,346

Шипунова Анна　施布诺娃,安娜,245

Шмаков Геннадий　什马科夫,根纳季,344

Шопен(Chopin)　肖邦,42

Шостакович Д. Д.　肖斯塔科维奇,德·德,303,339

Штерн Л. Я.　施特恩,柳·雅,83,85,144,145,154,261-262,344

Шульц С. С.　舒尔茨,谢·谢,132,136,149-151,153,156,261

Шумихина Лидия　舒米欣娜,利季娅,250

Эвклид(Euclid)　欧几里得,397

Эллингтон, Дюк(Ellington, Duke)　埃林顿,杜克,32

Эсхил(Aeschylus)　埃斯库罗斯,316

Эткинд Ефим　埃特金德,叶菲姆,202,226

Ювачёв И. П.　尤瓦乔夫,伊·帕,378

Языков Николай　亚兹科夫,尼古拉,277

Янгфельд Бенгт(Bengt Jangfeldt)　扬费尔德,本特,422-424

Яшин Александр　亚申,亚历山大,186